本书是全国教育科学"十三五"规划课题国家一般项目"教育虚拟社区助学者伦理规范构建与评价研究（BCA190078）"成果。

RESEARCH ON ETHICAL NORMS FOR
EDUCATIONAL VIRTUAL COMMUNITY
STUDENT ASSISTANTS

教育虚拟社区助学者伦理规范

胡凡刚 ◎ 著

科学出版社

北 京

内 容 简 介

本书基于智能时代教育虚拟社区的育人价值,针对普遍存在的伦理失范问题分析助学者伦理失范的内涵、表征和成因,阐明教育虚拟社区助学者伦理规范的内涵。在此基础上,基于儒家伦理道德理论、目的论与功利主义理论、义务论、教育虚拟社区交往理论等,从基本品行规范、社区管理规范和社区促学规范三个方面构建教育虚拟社区助学者伦理规范,分析助学者伦理规范作用的实践表现、作用原理和影响因素,构建教育虚拟社区助学者伦理规范应用的评价指标体系。

本书可作为教育虚拟社区管理者、教师和助学者的培训教材,也可作为高等教育相关专业教师和研究人员,以及基础教育管理者和教师的参考书。

图书在版编目(CIP)数据

教育虚拟社区助学者伦理规范/胡凡刚著. —北京:科学出版社,2024.3
ISBN 978-7-03-078285-4

Ⅰ.①教⋯ Ⅱ.①胡⋯ Ⅲ.①虚拟学校-赞助-伦理学-研究
Ⅳ.①G434-05

中国国家版本馆CIP数据核字(2024)第059340号

责任编辑:朱丽娜 冯雅萌 / 责任校对:杨 然
责任印制:徐晓晨 / 封面设计:润一文化

科学出版社 出版
北京东黄城根北街16号
邮政编码:100717
http://www.sciencep.com

北京建宏印刷有限公司印刷
科学出版社发行 各地新华书店经销
*
2024年3月第 一 版 开本:720×1000 1/16
2024年3月第一次印刷 印张:17 1/2
字数:301 000
定价:**99.00元**
(如有印装质量问题,我社负责调换)

前　　言

随着教育信息化的发展,以技术促进学习、变革学与教的方式构建新型学习生态成为人们关注的重点。在此背景下,教育虚拟社区(educational virtual community, EVC)以其基于网络技术的跨时空开放性、教与学活动的社会性、基于交互的生成性等特征引起了我的研究兴趣。对教育虚拟社区的了解越多,我越能够深刻洞察到其在转变学与教的方式、培养学生的综合素养、立德树人等方面的独特价值,由此一头扎进这个领域的理论和实践探索中,从最初对网络教育和文化的初步探索,到对教育虚拟社区的内涵、特征、构建以及其中交往活动、协作活动的深入研究,再到对教育虚拟社区伦理规范的构建、应用和评价研究,已经度过了20多个春秋。这些年来,我常以"不自见,故明;不自是,故彰;不自伐,故有功;不自矜,故长"来鞭策自己,在教育虚拟社区相关研究领域默默耕耘,努力提高自己的研究能力,使基于自我研究旨趣的探索与国家教育信息化的发展需求和趋势同频共振,为推动相关领域的研究与实践发展稍尽绵薄之力。

在探索过程中,我与研究团队逐渐聚焦于教育虚拟社区助学者伦理规范的研究。这其实是追求教育虚拟社区学习者和社区共同体持续发展的必然选择。教育虚拟社区为学习者提供了丰富的资源、便捷的交互方式、社会化学习情境，但同时其虚拟性、匿名性等特征也带来一系列伦理问题，如师生脱离现实交往、漠视伦理道德、侵犯知识产权和隐私权、交互中的话语霸权等。因此，必须重视教育虚拟社区伦理问题，对它的研究不仅是必要的，而且是重要的和紧迫的。助学者作为教育虚拟社区中的核心主体，可为教育虚拟社区提供学术性和人际性两方面支持服务。他们不仅为社区学习者的学习交往活动提供答疑、解惑、咨询、资源、指导、反馈等与课程学习有关的服务，而且通过与学习者的交流为其提供心灵慰藉和心理支持，帮助他们舒缓和排解各种负面情绪，促进社区学习活动有序进行，营造和谐、温馨的良好社区学习环境与氛围。助学者的思想理念和社区助学行为对学习者和整个教育虚拟社区有着广泛而深入的影响。然而，现代技术的应用常常使教育虚拟社区助学者陷入沉迷技术功利偏离育人本位、智能技术赋能遭逢角色失语、自甘沉沦平庸淡薄责任意识、技术理性弥散割裂师生情感等伦理失范的风险。现有社区规范难以适应教育虚拟社区的发展和助学者的成长需要，且已有相关研究多为泛论性介绍，未能深入到"助学者伦理规范"的层面，因此，开展教育虚拟社区助学者伦理规范的相关研究具有重要的理论价值和实践意义。

本书即对教育虚拟社区助学者伦理规范相关问题进行探索的阶段性成果。全书共六章：第一章为智能时代教学改革呼唤教育虚拟社区，梳理智能时代教学改革的目标、意蕴、现状，分析在此背景下教育虚拟社区的育人价值；第二章为教育虚拟社区的历史沿革，从社区到教育虚拟社区的这一概念衍化过程，以及元宇宙时代的教育虚拟社区、教育虚拟社区经典案例出发，阐释教育虚拟社区的内涵、价值和功能；第三章为教育虚拟社区助学者伦理失范，阐析教育虚拟社区助学者伦理失范的内涵、表征，并从助学者主体内生层面、社区技术客体应用层面和社区外围环境保障层面分析教育虚拟社区助学者伦理失范的原因，最后探讨如何规制教育虚拟社区助学者伦理失范;第四章为教育虚拟社区助学者伦理规范的构建,在阐析教育虚拟社区助学者伦理规范概念内涵的基础上,基于儒家伦理道德理论、目的论与功利主义理论、义务论、教育虚拟社区交往理论,从基本品行规范、社区管理规范和社区促学规范三个方面构建教育虚拟社区助学者伦理规范;第五章为教育虚拟社区助学者伦理规范的作用,分析助学者伦理规范作用的实践表现、作用原理和影响因素,并基于实践进行省思;第六章为教育虚拟社区助学者伦理规范的应用,阐述助学者伦理规范应用的学理和评价指标体系,并对教育虚拟社区助学者伦理规范应用进行总结与展望。

《荀子·劝学》中有言:"学之经莫速乎好其人。"我之所以能够从容地进行上述理论与实践探索,不仅仅在于具备开展相关研究的基础条件,更得益于诸多老师、同学和朋友的帮助。刘敏、张洪孟、庞茗月、于英姿、张春雪、王绪强、刘静、杨凯等老师和同学为本书的出版付出了大量精力。在此即将付梓之时,向收集资料并参与编辑校订的各位友人、向为本书出版付出心血的科学出版社的编辑表示诚挚的谢意!

教育虚拟社区助学者伦理规范是一个新颖的研究领域,鉴于该论题的超前性以及我学术水平和认知的局限性,本书难免存在不足之处,尚祈专家和读者不吝指教,以使本书得以修订和逐渐完善。

胡凡刚
2023 年 6 月 15 日

目　　录

前言

第一章　智能时代教学改革呼唤教育虚拟社区 ……………………………… 1
　　第一节　智能时代呼唤教学产生深刻改革 ……………………………… 2
　　第二节　智能时代教学改革的现状与举措 ……………………………… 15
　　第三节　教育虚拟社区融入智能时代教学改革 ………………………… 28

第二章　教育虚拟社区的历史沿革 …………………………………………… 45
　　第一节　从社区到教育虚拟社区 ………………………………………… 46
　　第二节　元宇宙时代的教育虚拟社区 …………………………………… 56
　　第三节　教育虚拟社区经典案例 ………………………………………… 60

第三章　教育虚拟社区助学者伦理失范 ……………………………………… 73
　　第一节　教育虚拟社区助学者伦理失范界说 …………………………… 74
　　第二节　教育虚拟社区助学者伦理失范表征 …………………………… 96
　　第三节　教育虚拟社区助学者伦理失范归因 …………………………… 111
　　第四节　教育虚拟社区助学者伦理失范规制 …………………………… 121

第四章　教育虚拟社区助学者伦理规范的构建 ……………………………… 133
　　第一节　教育虚拟社区助学者伦理规范概述 …………………………… 134

第二节　教育虚拟社区助学者伦理规范构建的理论基础…………… 140
第三节　教育虚拟社区助学者伦理规范构建的伦理原则…………… 151
第四节　教育虚拟社区助学者伦理规范的确立……………………… 162

第五章　教育虚拟社区助学者伦理规范的作用……………………………… 179
第一节　教育虚拟社区助学者伦理规范作用的实践表现…………… 180
第二节　教育虚拟社区助学者伦理规范的作用原理………………… 189
第三节　教育虚拟社区助学者伦理规范作用的影响因素…………… 197
第四节　教育虚拟社区助学者伦理规范作用省思…………………… 212

第六章　教育虚拟社区助学者伦理规范的应用……………………………… 219
第一节　教育虚拟社区助学者伦理规范应用学理分析……………… 220
第二节　教育虚拟社区助学者伦理规范的迭代应用………………… 231
第三节　教育虚拟社区助学者伦理规范应用评价…………………… 240
第四节　教育虚拟社区助学者伦理规范应用总结与展望…………… 255

第一章
智能时代教学改革呼唤教育虚拟社区

　　智能时代的兴起和发展推动互联网与不同领域融合的景象蒸蒸日上，教育在网络技术的应用下开始向智慧化路径转型。不断嬗递的智能技术催生了人类学习交互的新空间——教育虚拟社区。教育虚拟社区这一全新的数字化生存方式宛如洞悉教育变革冗杂变局的智士一般，将具备共同的价值观、认同感与个人特质的成员汇聚至一起，在自适应学习、学习分析技术等智能技术的帮助下，勾勒着教育个性化与技术人性化叠合交织的线条，以全新的文化理念、智能的育人方式构筑出真正平等、开放、自主、多元的教学交互空间，进而帮促学生高效的个性化学习，于社区中理论与技术的学习、使用、相处与治理之道上，探秘智能时代个体与技术交互共存的实践价值理路。

第一节　智能时代呼唤教学产生深刻改革

对于"教学"的理解，不能与时代脱节，教学永远是"不同时代下的教学"，时代特性对于教学主体、目标、内容、方法的影响无法规避，需要将"教学"推入所处的"时代"，通过剖析这个时代，以领悟不同时代下的教学改革。如今人类已大跨步迈入智能时代，人工智能的迅速发展与广泛应用，不断敦促并孕育着被其所取代了工作岗位的"新无用阶级"，如此而来，人类可能随时面临着被技术型工作淘汰的风险[①]。在此情况下，只有实现当代教育人才培养之变革，寻求人才培养的实践价值理路，方能满足人与社会和谐同生共存的发展需求，实现教育人才培养之现代化。

一、智能时代来临前的教学变革之旅

就历史学视阈下出发，不同社会背景下的社会生产与生活需要不同，因此，为有效帮促社会成员具备适应生存与发展实践的技能，不同社会背景下的教学意蕴与改革路径既具有相互关联性，亦存在着异质性。古代社会的教学具备着原始性、专制性、道统性等特性，近代社会的教学具备着世俗化、系统化、普遍化等特征，而现代社会的教学则具备着丰富性、多元性、智能性等特质，不同历史背景下的教学更迭与内容为智能时代的教学变革奠定了坚实的背景基础，同时也共同组成了中国教育瑰丽璀璨却又漫长曲折的发展进程。

[①] 杨倩，王伟宜. 创造性学习力：智能时代大学人才培养的转向[J]. 清华大学教育研究，2022，43（5）：141-148.

（一）古代社会的教学意蕴与改革

人的本质是一切社会关系的总和，涵盖了在一定的社会关系下开展的一系列有目的的实践活动。古代社会中的人首先经历的便是以群体纽带为基础的非独立发展阶段，先人以成员的身份依附于不同的群体中生存，此时人的生产能力只得以在局限的范围和孤立的地点上发展着，劳动生产力处于低级发展阶段[1]。

原始的社会生活与实践活动起始于制造工具，并在学习、传递制造工具的经验过程中逐步产生了原始教育。先人要通过掌握技能以确保自身生存，与此同时，由于人与人之间存在着依赖关系，他们相处之时必然涉及伦理道德问题。因此，原始社会的教育目标在于培育个体的性格、技能与道德品质，教学内容主要是传授生存、劳动与生活经验，教学手段也仅局限于言传身教。

伴随着原始社会成员赓续承袭一代代人所累积的生活经验和生产技能，社会生产和生活水平不断提高：政治上，阶级开始分化；经济上，剩余产品和私有财产开始出现；文化上，文字开始出现。于此背景下，人类社会被划分为统治阶级与被统治阶级两大阶级，正规的教育活动场所"学校"亦在统治阶级的支撑下拉开帷幕。奴隶社会中的教育为特权子弟独享，教育目的在于使被统治者服从现有的统治秩序、等级秩序更为明确具体、同一宗族的人更为凝聚友爱[2]，因此学校的教学内容将重点置于六艺——礼、乐、射、御、书、数中，而被统治阶级只得以继续接受自然形态的家庭教育，形成"劳心者治人，劳力者治于人"（《孟子·滕文公上》）的对立态势。

随后，孔子创办了与官学并行于民间的教学形式——私学，日益粉碎了奴隶社会政教合一、官师合一的旧官学教育体制，且伴随着八方风雨、河不出图的国家政权更替时期，人们越来越注重思想政治领域的教育，积极选拔武士贤才以巩固朝代政权。战国时期的礼贤下士成就了百家争鸣的盛况，使各派学术不断标新立异、蔚然成风[3]；两汉时期的独尊儒术结束了诸家纷争的现象，实现了官学的统一、私学的盛行与教育儒学化，出现了班级授课制的教学形式，在一定程度上也禁锢了社会成员的学术思想自由与创造性思维的发展；隋唐时期、宋元时期的科举制为大量的

---

[1] 涂艳国. 教育的历史发展新论[J]. 教育研究与实验，2007（5）：4-8.
[2] 章小谦. 中国教育概念的产生——夏、商、西周时期的教育概念[J]. 华东师范大学学报（教育科学版），2011，29（4）：70-78.
[3] 张传燧，谢秀美. 稷下学宫及其办学理念述析[J]. 现代大学教育，2008（3）：19-22.

寒门弟子进士中第提供了机会，封建社会教育事业发展到了鼎盛时期，各类书院、学校等教育组织大量涌现，学校教育教学制度与各级教育管理体系持续完善；明朝与清朝早期的八股取士虽适应了封建社会的人才需求，但趋炎附势、思想僵化、不求实学等不正之风在各类书院盛行，阻滞了教育教学与学术思想的提升进步。

通过观察古代社会教学的发展历程可以得知，古代社会的教学意蕴在于维护当权者的阶级统治，古代社会的教学改革路径与统治者的需求息息相关，政治改革伴随着教学变革。其中科举制使国家人才选拔的标准与学校教学内容相结合，直接导致教学内容的单一，学生个体发展的差异性被忽视，真正有才能的人为入仕也被禁锢于僵化的考试内容中，难以学到真正能够发挥自身价值的知识，教学的变革发展仍在路上。

（二）近代社会的教学意蕴与改革

19 世纪末，西方列强使用坚船利炮打开闭关锁国的中国大门后，谋求民族振兴的仁人志士提出了"师夷长技以制夷"，即通过引入西方先进的武器，以抵制列强的略地侵城。然而，甲午战败给了人们痛击，人们开始将目光转移至西方先进的政治制度，百日维新、辛亥革命等运动兴起，但最终依旧以失败告终。后来，部分先觉者又意识到文化变革的重要性，至此，五四运动、新文化运动等思想启蒙运动风起云涌，最终为中国带来了思想观念的解放，三个阶段共同构成了近代社会丰富的教学意蕴，并敦促着教学改革朝着向强向善的方向发展。

鸦片战争初期，面对西方列强的坚船利炮，清政府在战场上节节败退，被迫签订割地赔款的不平等条约。面对如此境地，"师夷长技以制夷"的思想为人们所认可，并较早被应用至教育领域中，主要体现在教学内容与手段的变革。教学内容不仅涵盖中国的旧文学，还加入了西方的科技、军事等知识。为有效学习西方的先进科学和技术，洋务派兴办了学习国外军事技术、言语等技能的学校，一方面委派了大量学生出国留学，使得教学形式发生了重大变化；另一方面在校内有效采取团体讲授的教学方法，有记载称"此时采用班级组织与新教学法，并非对于新制度有精深的了解。只以为西洋日本之强盛，由于西艺之发达，中国欲救败图存，非习西艺不可；而西艺的授受，是用那样办法，故亦不得不仿效之。惟当时对于西洋之认识，只是艺的一事，中国的旧中学问尚未视为完全无用，故旧法尚于无形中有所保存。

此期的教育方法，实是中西杂揉"[①]。但团体讲授法实则采用的是机械化的教学步骤，以及注入式教授知识的方式，因此伴随着西方各项事物的引入，部分教学方法也进入国内学者的视野中，如德国教育家齐勒（Ziller）和莱因（Rein）基于赫尔巴特（Herbart）的形式教学阶段而提出的五段教学法理论，该类教学方法后续逐步成为学堂教学的规范方法。

甲午战败后，人们将目光转移至西方的政治制度，以康有为、梁启超、谭嗣同等为首的维新派主张政治制度的革新和教育制度的改良，他们将各地方书院改革为兼习中西学的学堂，主张废八股，将教学内容的重点置于历史、政治和时务等范畴中，试图让更多人学习时政，把握当前国家所处的危局，但由于涉及当权者的相关利益，最终以失败告终。

1911年，孙中山领导的辛亥革命推翻了清王朝，结束了几千年来封建帝国的统治，使"民主""共和"等观念逐步深入人心，教育的宗旨由古代的"忠君尊儒"发展为"民主自由"。教学亦随之产生了变革：女性获得了更多的受教育机会，女子院校逐步兴起；教学目标蕴含了"德、智、体、美"四育因素，更为注重培养身心和谐发展的健全人格；教学方式中相继引入了反传统、以学生为中心的各种教学法，譬如设计教学法、道尔顿制（Dalton plan）等，学校还倡导从学生的实际学习与生活出发，开展实验研究等；教学内容开始注重国文、自然、数学、外语等多元化学科，为后续逐步融入国际社会奠定了教育基础。

古代社会与近代社会的教学变革呈现出同样的道理，即教育与经济政治环境的变化具有高度的正相关性。近代开始，我国逐步吸取西方的教育教学方法，如道尔顿制、智力测验法、温内特卡制（Winnetka plan）和德克罗利教学法（Decroly method）等，为我国教学改革带来了前所未有的参照模式，促使教育界各学者对传统的教学方式开展深层次的反思，进而助推我国教育教学改革的进一步发展。不论如何变革，近代社会的教学意蕴都在于寻求救亡图存的道路，教学与不同时代下国情民性相结合的这一点，对于我们如今推进教育改革发展也具有重要参考意义。

（三）现代社会的教学意蕴与改革

现代社会的来临不仅意味着人类文明的高度发展，还意味着人们逐步开始

[①] 舒新城. 现代教育方法[M]. 北京：商务印书馆，1920，446.

跨入互联网所构筑的场域中，社会生活将发生天翻地覆的变化。现代教育是现代社会中的产物，北京师范大学教育学原理国家重点学科项目组将现代教育界定为"从资本主义大工业和商品经济发展起来到共产主义社会完全实现这一历史时期的，致力于与生产劳动相结合、培养全面发展个人的教育"[①]。而现代教学则是现代教育的重要有机成分，所谓现代教学，是指新技术革命时代的教学理论与教学实践[②]。与古代教学相对应，现代教学是人类社会教学发展历程的高级阶段之一，是为了适应现代社会的发展而日益诞生和发展的教学理论与模式的集合[③]。

由前所述，不同时代下的教学改革需联系该时代的背景条件加以理解。

就政治条件而言，各类国际性教育组织逐步成立，我国教育趋向国际化发展。20世纪50年代后，世界版图趋向稳定，全球多数国家怀抱着追求自由平等与和平发展的观念，与他国逐步开展了各领域的合作关系。教育作为全球的共同利益，在此大环境下亦逐步实现了国际化的发展，产生了类似于联合国教育、科学及文化组织（United Nations Educational, Scientific and Cultural Organization, UNESCO）、金砖国家高等教育多边合作（BRICS Multilateral Cooperation in Higher Education, BMCHE）、国际青少年教育研究及发展联合组织（International Youth Education Research and Development United Organization, IYERDUO）等共同促进教学改革、科研服务和文化交流的国际性教育组织，这些教育组织不仅有利于实现不同国家之间的教育优势互补，还有助于提高各国的教育国际化水平，从而为其他领域的合作奠定了良好的沟通基础。

就经济水平而言，科学技术与社会经济对人才的需求使教育逐步趋向技术化与个性化发展。现代社会中以机械设备的使用和无生命能源的消耗为核心的专业化社会大生产开始逐步占据经济发展的主导地位，互联网等科学技术的高度发达使得社会生产效率全面提高，社会生产分工逐步精细，人民群众的物质生活日益丰富，人均消费水平不断提升。一方面，科学技术深入各个领域，教育趋向技术化发展。另一方面，在经济的不断发展下，社会对高素质劳动力的需求逐渐增加，而这些劳动力则源自受教育程度较高的部分人口，因为劳动者的受教育程度越高，其收

---

① 黄济，王策三. 现代教育论（第三版）[M]. 北京：人民教育出版社，2012，135.
② 王本陆. 关于现代教学基本概念的探讨[J]. 课程·教材·教法，2002（11）：11-17.
③ 黄济，王策三. 现代教育论（第三版）[M]. 北京：人民教育出版社，2012，281-297.

入水平更有可能越高，因此人们更为重视自身与后辈的教育，从而促使着后期教育趋向个性化发展。

就思想观念而言，崇尚科学、探求变革、终身学习成为人们思想之常态。第二次世界大战以来，各国曾在不同时期中经历了数次重大且深刻的变革，面临着数次严峻且艰巨的挑战。为了应对人类社会发展中的各项挑战，UNESCO等具备前瞻性战略目光的组织机构开始在全球范围内倡导并实践"终身教育"，越来越多的个体开始敦促自己不再固步自封，而是通过互联网等信息技术汲取各类新知识，不断提高自身适应挑战与奉献社会的能力，实现"终身学习"的价值理念。与此同时，随着社会的发展，人们的视野见识得以开阔，思想观念得以更新，逐步趋向现代化。为获取更好的资源与发展，人们的竞争意识和时间观念加强，崇尚科学、探求变革、终身学习成为人们思想之常态。

综上，为积极应对现代化趋势，提升本国的各项能力，现代社会的教学意蕴在于注重培养全面发展的个体，以满足个体步入社会实现自我价值的需求。正如20世纪50年代后诞生并逐步发展的现代教学理论中，美国心理学家斯金纳（Skinner）的程序教学理论、德国瓦根舍因（Wagenschein）的范例教学论等都是在教学实验与改革中探索出来的教学理论，以积极应对满足个体全面发展之需求。然而，教育与经济、政治环境的变化具有高度的正相关关系，互联网等科学技术的高度发展催生出了智能时代，使得现代教学改革的整个过程与智能技术处于共存共生的境况。智能时代的教学意蕴如何，教学改革路径应当何去何从，还需由时代特征入手，把握人才培养目标与方式，进而探觅智能时代的教学改革路径与意义，并在教学实验和实践中探索新的教学理论与观念。

二、智能时代视阈下我国人才培养目标之嬗递

自古代社会起，随着教育领域的不断变革，我国的教学更多的是一种"应试"教育。"应试"教育虽然培养了一些"高分高能"者，但更为普遍的是"高分低能"者，尤其是在现代社会发展的更高阶段——智能社会中，"高分低能"式的人才培养模式难以适应社会生产、建设、发展的需要，弊端与问题逐渐凸显。

（一）智能时代的时代特征与发展

教育的形态总是伴随着技术的发展和生产关系的变迁而发生变革，不同时代下的教学意蕴和教学改革与该时代的特征息息相关，由于智能技术的快速发展，物联网、云端空间、碎片化、智能化等新术语不断进入人类的视野。

按照马克思主义的基本观点，生产方式的变化是划分人类不同时代的基本标准。马克思（Marx）在《资本论》中指出："各种经济时代的区别，不在于生产什么，而在于怎样生产，用什么劳动资料生产。"[1]恩格斯（Engels）也说："每一历史时代主要的经济生产方式和交换方式以及必然由此产生的社会结构，是该时代政治的和精神的历史所赖以确立的基础。"[2]那么，随着人类社会生产方式和劳动方式的变化，我们现在是不是可以肯定地说，一个崭新的时代"智能时代"已经到来，这个时代在20世纪90年代被称为知识经济时代，在21世纪前10年被称为互联网时代，现在看来称之为智能时代更加恰当。

1. 知识免费、资源共享、平台开放、智慧共创

在当今时代，知识、信息、数据资源的免费共享已经变成了一种基本社会形态，这种免费资源在手机等智能移动终端设备的帮助下已经变得丰富多彩、唾手可得。在这个时代，会使用手机、智能电视的每一个人都可以通过网络快速地获得信息、创造知识、分享自己的观点和智慧，在原有信息的基础上形成"创生性信息"，最终酿就了庞大的互联网信息系统，每个人都可以积极地、主动地参与到知识、智慧的创造中来，都可以突破地域和时间的限制随时随地分享、传播自己的经验、看法和发明创造。从这个角度看，人类社会已真正进入了一个知识共享、智慧复用、平台开放、协同创新创造、思想快速传播的时代，这个时代的第一个特征就是知识免费、资源共享、平台开放、智慧共创。

2. 普通大众成为知识创造和智慧传播的主力

在免费、开放、共享的智能时代大背景、大趋势下，在文字、图片、软件、声音、视频等知识和智慧资源没有时间和地理空间限制地被复制、被复用、被固化、

---

[1] [德]马克思，[德]恩格斯. 马克思恩格斯文集（第五卷）[M]. 中共中央马克思恩格斯列宁斯大林著作编译局，编译. 北京：人民出版社，2009，210.

[2] [德]马克思，[德]恩格斯. 马克思恩格斯文集（第二卷）[M]. 中共中央马克思恩格斯列宁斯大林著作编译局，编译. 北京：人民出版社，2009，14.

被扩散和被再创造的时代大潮流下，普通大众、广大非精英阶层第一次广泛、深入地参与到了知识、智慧、经验、技术等交流与共享的历史潮流之中，第一次成为推动人类社会科技进步、社会文明的主要力量，成为知识、智慧传播和创造的主要力量，使社会风向与趋势不再掌握在少数精英分子的手中，这是智能时代的第二个特征。从这个角度而言，知识、智慧、经验在普通大众之间的传播速度、深度和广度，决定着一个国家和社会科技进步、文明发展的速度与脚步。

3. 用户体验和网评拉动生产和资源配置方向

在大众知识、智慧能够被快速传播和复用的大背景下，在大众发明、创造、经验、知识、智慧成为历史发展和人类进步的主要推动力量的大趋势下，人类社会物质产品的生产和销售方式也在发生着深刻的变化。首先，不是工业社会的那种大批量生产推动大批量销售和大批量消费，而是小批量、个性化需求通过网络平台聚集到一起拉动形成大规模定制、个性化生产和个性化消费。其次，不是消费者不满意去投诉生产者并要求生产者、销售者退款和赔偿，而是若消费者不满意就根本不会购买，生产者也就启动不了生产。最后，不是生产者、销售者的广告宣传、价格优惠吸引和刺激消费者购买，而是用户的体验、口口相传、网络评价决定着订单的方向。因此对于社会生产而言，大众的真实需求与产品体验最为重要，这在一定程度上推动了社会生产的高质量发展，进而促进经济社会的发展。以消费者为中心，由用户体验决定生产组织方式、资源配置方向和生活服务业态的时代已经到来，这是智能时代的第三个特征。

除此之外，智能时代还具备"万物皆媒""精确支持""人机协作"等不同的特征[①]，这些特征共同组成了智能时代的意蕴与背景，同时也影响着各个领域的不断变革。为匡助个体适应智能时代的生存与发展需求，助力国家文明发展的步伐，人才培养目标的要求亦随之产生了变革，以此为未来智能时代的教学改革提供一定的指导思路。

（二）智能时代的人才培养目标之变革

人类文明史实则是教育与科学相互鞭策的历史。放眼望去，工业革命以来的人

---

① 彭兰. 智能时代的新内容革命[J]. 国际新闻界，2018，40（6）：88-109.

类文明发展的各个历史阶段，每一阶段的变迁都伴随着重大产业的变革和经济社会的发展，其中最为重要的原因便是科学技术的发展。智能时代，技术发展作为生产力的核心，其对世界的变革作用也引发了社会对于人才的需求变化，进而影响了社会对于人才培养目标的现实诉求，知识迭代、技术发展和产业结构的升级不断扩充着劳动力市场对于创新型、高技能型人才的需求。尽管不同的人对于"智能时代需要什么样的人才"这一问题并没有相同的答案，但无论是经济合作与发展组织（Organization for Economic Co-operation and Development，OECD）提出的《学习罗盘2030》（Learning Compass 2030），还是我国强调德智体美劳全面发展的教育体系，都超越了传统的人才培养目标，强调核心素养、创新培育、终身学习、全面发展[1]，这主要体现在人才培养目标的核心及其所涉及的范围变化上。

从人才培养目标的核心来看，"省力设备代替部分工作的同时，也将改变整个任务的特性"[2]，智能时代"智能物"的出现引发了工作世界的调整重构，它将取代人的四肢劳动，使得"人"与"智能物"都能"各施所长"。根据麦肯锡全球研究所（Mckinsey Global Institute，MGI）的研究，到2055年，将有接近一半的工作任务实现技术自动化[3]，面对"智能物"所展现的无尽神力，创新思维、情感关怀等成为人的独特"盔甲"。因此，随着"智能物"认知智能、计算智能等的不断完善，有些甚至可能会超越人类的智能，那些不能被"智能物"所替代的素养能力将成为人才培养的核心目标，如情感、想象、创造等体验，自我反思、价值判断的能力等。这些能力所蕴含的"智能物"难以产生的"动机"、不会设限的"想象"等，都是"人之为人"的特质。人类更应在此基础之上，学会与技术和谐相处和共赢，不仅要牢牢学会和把握住"智能物"，还要真正学会应用这些"智能物"，使它们为人类社会做出更多的贡献。

从人才培养目标涉及的范围来看，智能时代，教育与技术得以实现"智能化"融合，这在一定程度上解决了教育与技术"两张皮"的问题，打破了从小学到大学的线性壁垒，又能实现家庭、社会和学校"三位一体"的空间融合，学习场所与个人空间的无缝衔接更是搭建了开放式的终身学习体系。正如以色列哲学家赫拉利

---

[1] 余胜泉，刘恩睿. 智慧教育转型与变革[J]. 电化教育研究，2022，43（1）：16-23，62.
[2] 曹培杰. 人工智能教育变革的三重境界[J]. 教育研究，2020，41（2）：143-150.
[3] 中国新闻网. 麦肯锡报告：现今一半工作可在2055年实现自动化[EB/OL].（2017-01-13）. https://www.chinanews.com/cj/2017/01-13/8123570.shtml.

（Harari）所认为的，把人生阶段划分为先学习后工作的模式已经过时，要想不被淘汰，唯有不断学习去打造全新的自我①。因此，智能时代，所有的学习似乎都成为通往终身学习的"台阶"，亦成为智能时代人才培养目标的一部分。在此过程中，人类更应通过终身学习来提高自己不断适应社会的能力，由此才能不被快速更迭发展的时代所抛弃，成就另一个自我。

总的来说，"理想新人"是智能时代人才培养目标的"整合式表达"，如培养具有好奇心、终身学习意识、人文素养、计算思维等的人。除此之外，"理想新人"还应该是能够不被"智能物"所逼促的人，也就是能够控制并合理使用"智能物"的人，这也成为智能时代"学会学习与生存"的必然要求。究其本质，智能时代的人才应能够清晰把握技术与自我的关系，并将这种关系赋予真善美，进而促进个体成长。

三、智能时代视阙下我国的教学意蕴之改革

在智能时代数字化的比特世界中，出现了这样一种平等主义的现象，即所有人类都能够在一个大而空洞的空间内，听到一些小而孤独的声音。在这个知识内容快速生产、更迭与传播的新时代，教育范式革新的核心开始逐步向"主动式的学"转换，构建学习驱动型的教育体系成为智能时代教育变革的主方向②。不论是学习动机、学习能力还是学习毅力的培育，都能够帮助学习者适应当前技术和产权快速更迭的社会，面对资源唾手可得的境况，只有当学习者主动学习时，随时学习与终身学习才有可能成为一种常态，只有不断学习，学习者才能在未来的社会生存中，在面对复杂的社会问题时，主动应用批判性思维与认知去辨析问题、保障合作、积极实践，最终实现个体与社会发展目标的统一③。

---

① [以]尤瓦尔·赫拉利. 今日简史：人类命运大议题[M]. 林俊宏，译. 北京：中信出版社，2018，301.
② 关成华，陈超凡，安欣. 智能时代的教育创新趋势与未来教育启示[J]. 中国电化教育，2021（7）：13-21.
③ Barry J Z. Attaining self-regulation：A social cognitive perspective[A]//Boekaerts M，Pintrich P R，Zeidner M. Handbook of Self-Regulation[M]. San Diego：Academic Press，2000，13-39.

（一）智能时代教学变革的旋律：育"理想新人"

只有当教育领跑时，才能为社会发展提早准备人力资源，人力资源的构建才能使整个社会享受智能技术带来的经济回报。为建立这样一种智能时代的教育新生态，智能技术在其中发挥着不可湮灭的作用，同时教学亦应当被重视起来。不同学者对于教学的含义存在着不同的见解。广义的教学是指将"教师的教"和"学生的学"统一起来的活动，王策三先生曾在专著《教学论稿》中指出，教学的基本含义在于"传授与学习"[1]；顾明远先生指出，教学的过程则是将课程内容作为"中介"开展的师生双方教与学的"双边"活动[2]；佐藤正夫（Masao Sato）先生认为，教学包括传授教材的"教"与掌握教材的"学"两类活动，旨在帮助学生发展知识、能力等[3]。狭义的教学是指教师教授学生知识的单边活动，例如，夸美纽斯（Komenský）在《大教学论》中便阐明，教学是将"一切事物教给一切人类的全部艺术"[4]。而后，西方教学理论发展中出现的"instruction"一词，都将"教学"的含义偏重在"教"的层面，忽视了学生的"学"。为防止概念混淆，我们在此明确本书中的教学所采用的是其广义的意蕴，即"教学"是指"教师的教"和"学生的学"的统一活动。

然而，不同时代下教学的侧重点亦是相异的，为适应世界的变革所引发的对于人才需求的变化，满足生产力被技术所敦促的发展需求，智能时代人才培养目标的现实诉求在于培育终身学习的"理想新人"，即具有创新思维、好奇心、终身学习意识、人文素养、计算思维等特征的高素质人才，这亦可称为教学变革的主旋律。智能时代的标志物在于各种智能化的技术与载体，因此智能时代的教学中必然也会利用到一定的智能技术，那么，怎样在智能时代的教学变革中应用智能技术培育"理想新人"呢？其中虚实交互相融、数据全面驱动、双边高度互联等技术的应用不仅为教学活动的开展、课堂边界的拓展等提供了更多的可能，还以科学型、创新型、多边型、数据化的方式为智能时代中的"理想新人"培育提供了技术支持。由于后续章节中会对此做出详细说明，此处不再赘述。

---

[1] 王策三. 教学论稿[M]. 北京：人民教育出版社，1985，83-85.
[2] 顾明远. 教育大辞典（增订合编本）[M]. 上海：上海教育出版社，1998，711.
[3] [日]佐藤正夫. 教学论原理[M]. 钟启泉，译. 北京：人民教育出版社，1996，34.
[4] [捷]夸美纽斯. 大教学论[M]. 傅任敢，译. 北京：人民教育出版社，1984，2.

还应当注意，为了使个体不仅能够在智能技术所萦绕的社会背景中熟练操作"智能物"以满足生产、生活需求，还能够在使用"智能物"的过程中保持初心，在完成目标的过程中不被机器逼促，许多学者将研究重点放置于技术伦理方面，向人们传递了在技术使用的过程中需进行必要的伦理判断的观念，在技术与社会伦理开展良性互动之时，应有效应用技术造福于人类及其环境，造福于人类的教学活动。

（二）智能时代教学变革的核心：主动式学习

当然，智能技术应用于教学领域的过程中还会对教学方法和教学观念产生相应的影响[1]。例如，智能技术研究成果主要展现为新技术与新产品的出现，而智能技术与产品的迭代则会不断敦促着教育者更新教学方法，开展各类教学创新活动，不断重塑新的知识观，进而保障学习者对新知识的掌握；智能技术的融入为大规模教育下实现学生的个性化发展提供了可能，教学充盈着全面性、个性化等特征；智能技术不仅能够强化教学实践中的人本理念，还能够敦促教师为实现自身在教学工作中的价值，进而产生"育己为先""对己革新"的发展理念，赋能未来教师的发展等。

其中，在信息快速生产、更迭与传播的智能时代，不同阶层、不同年龄的学习者能够突破时空限制与资源约束，查询到自己所需要的各类知识与资料，教师不再处于一种知识权威的地位，因而教学范式革新的核心在于由被动式的"教"向主动式的"学"发展。所谓"主动式学习"，更多的是指学习者根据自己的现实需求，通过自主安排、探索、发现并获取相关的知识资源，来解决自己的困难与疑惑，不断提高自己的各项能力与素质，为社会各领域贡献自己力量的一类学习方式。由于主动式学习更多的是在强调一种"自觉"、"热情"与"投入"，为此在教学变革的过程中应当逐步构建学习驱动型的教育体系。

智能时代为构建学习驱动型的教育体系和以学习者为中心的教育生态贡献出前沿技术支撑，其中构建学分"立交桥"为驱动多元化途径的学习、匡助终身教育的实现提供了制度保障；基于大数据的学习地图为学习者把握学习内容、确定拼搏方向和锁定学习目标提供了数据支持；教育区块链技术的应用为保障社会性学习

---

[1] 王钤，刘畅，王晓霞. 教育 2.0 时代人工智能与教学的融合探究[J]. 教育理论与实践，2020，40（27）：62-64.

隐私、谨防暗箱操作、提升学习者安全感提供了技术支持；终身学习的载体建设与发展为构建学习型社会、实现教育治理新格局、提高终身学习效率提供了环境保障等。在此过程中，学校与各类教育机构不再是闭塞的社会性单元，而是利用网络汇聚形成集体智慧聚变的节点，为实现智能时代的教学变革贡献了重要的力量。

（三）智能时代教学变革的副手：共生化资源

由前所述，智能时代的教学变革不仅需要培育"理想新人"，还应注重构建学习驱动型的教育体系，因此，在以学习者为中心的过程中不可避免地需要外部的资源支持，学习者与资源间存在着"共生化"的关系。所谓共生（mutualism），主要是指两类不同主体间所存在的紧密互利的关系，在这段关系中，一方能够为另一方的生存和发展提供有利的帮助与支持。学习者与智能时代数字化资源之间的关系便是如此，数字化资源能够为学习者的进步与发展提供相应的帮助，而学习者也可以提供与创造有关的数字化资源，两者相互依存、相互发展。在这个过程中，数字化资源不仅为学习者的能力进步与终身学习提供了帮助，还消解了地域界限与教师个体可能存在的知识、技能、经验等方面的局限，使学习者无论处于任何时刻、任何地点都能够获得所需的优质信息资源，实现了真正意义上的教育教学公平与便捷。

例如，我国构建的国家教育资源公共服务平台是一个基于云计算将现有的智能技术与教学过程进行深度融合，面向各类教育主体所构筑的，包括各种核心应用的教育云平台。该平台还汇聚了第三方的优质性教育资源及应用，使中小学的学习者能够随时随地通过各类移动设备学习到自己所需的知识点与内容。除了国家教育资源公共服务平台以外，还有国家中小学智慧教育平台、中小学教师备课备考平台、中国大学 MOOC、科普中国、"学习强国" APP 等平台都能够提供各种数字化资源，这些资源都能够为实现智能时代的教学变革提供有利的条件与机会。

因此，智能时代呼唤着教学产生深刻改革，与之前不同时代背景下的教学意蕴不同，智能时代的教学意蕴应当是在智能时代的背景下，教师应当有效使用物联网、第五代移动通信（5th generation mobile communication，5G）等智能技术，采用新的教学观念与教学方法，保障自身的教学与学生的学习，继而培育具有创新思维、好奇心、终身学习意识、人文素养、计算思维等特征的高素质人才。上述便是智能时代视阈下我国变革后的教学意蕴。

第二节　智能时代教学改革的现状与举措

伴随着经济社会的持续发展,我国教育普及工作实现了历史性跨越:截至2021年底,全国共有各级各类学校近53万所,在校生超过2.9亿人,九年义务教育巩固率达到95.4%,全国拥有大学文化程度的人口超过2.18亿人[①]。在教育普及的前提下,教学改革逐步成为改善人才培育质量、满足社会人才需求的重要渠道,相关教育者正努力在各自领域的课程教学中将理论研究与实践操作有效结合起来,转变原有的教学方式与思路,进而引导学生在课程学习中不仅要学会相关的课程理论知识,还要把握如何在现实生活中将知识高质量地应用于实践中,以满足新一代智能技术发展背景下的人才素养需求,这也就意味着,互联网、人工智能、大数据、区块链等智能技术与教育领域的融合正得以逐步深化。

一、智能技术推动教学环境的整体性变革

2017年以来,智能技术的商业化应用得以普及,人类社会开始进入智能时代,智能技术成为社会变革的关键要素,它在教育领域中的作用与价值也正在日益凸显,科技与教育的双向赋能,共同谱写着人类教育发展的新篇章[②]。从时间地域的

---

① 刘洋. 这十年,教育面貌发生格局性变化[EB/OL].（2022-09-10）. http://www.moe.gov.cn/jyb_xwfb/s5147/202209/t20220913_660529.html.
② 黄荣怀,王运武,焦艳丽. 面向智能时代的教育变革——关于科技与教育双向赋能的命题[J]. 中国电化教育,2021（7）:22-29.

角度而言，技术赋能教学变革不仅体现在校内教学上，还体现在校外教学与家庭教学中，最终由外（环境）而内（理念）变革当前教与学模式，重塑智能教学、智慧教学的新形态。

（一）智能技术赋能校园智慧化教学

UNESCO将信息技术在教育领域中的发展过程划分成起步、应用、融合、创新四个阶段[①]，在一定程度上体现出教育信息化发展的阶段性与过渡性。20世纪初期，我国教育信息化正处于起步与应用阶段，多数新型的信息设备被投入主要的教学环境——"校园"中，校园逐步发展成为数字校园，而数字校园构建的深意主要表现在数据整合与应用集成两个方面，即能够建设出一个将各类信息进行充分共享与传播的、具有统一标准的、能够为学校大众所使用的数字平台，进而实现校园信息资源的整合与应用。

数字校园的建设在一定程度上提高了校园各项事务与教学工作的处理效率，然而，在实际的建设与应用中仍旧存在着一些主要问题，学者胡钦太等将其总结为以下四方面：①数字校园建设的重点在于校园管理系统与信息门户平台的业务处理功能，并未切实以有效的资源样态融入教学的过程中；②数字校园对用户的支撑服务模式单一，处于被动操作应用的状态，不能充分调动起用户使用的积极性；③数字校园建设的特征（大集中式、并发式等）打破了原有信息处理系统的工作特征，致使较多的管理系统应用水平比不上原有的效果；④数字校园内的信息化环境与校外环境相对割裂开来，缺乏能使校内活动和校外活动有效联结的信息化应用环境。[②]因此，随着云计算、物联网、区块链、人工智能等新技术的发展与应用，数字校园开始逐步向智慧校园转型，进而真正实现技术与教学的深度融合。

在国内，"智慧校园"一词的出现主要源自2010年浙江大学在信息化"十二五"规划中提出的建设想法。有关"智慧校园"的内涵，不同学者有着不同的看法。杨霞和范蔚认为，智慧校园是新一代信息技术与教育深度融合的产物，是"智"与

---

① 汪基德. 从教育信息化到信息化教育——学习《国家中长期教育改革和发展规划纲要（2010—2020年）》之体会[J]. 电化教育研究, 2011（9）: 5-10, 15.

② 胡钦太, 郑凯, 林南晖. 教育信息化的发展转型：从"数字校园"到"智慧校园"[J]. 中国电化教育, 2014（1）: 35-39.

"慧"的结合体，其中校园的"智"须以技术为支撑，而"慧"则需要是通过文化发展来实现[1]；胡钦太等认为，智慧校园的内涵在于回归以人为本，实现校园各项活动的深度融合[2]；张仁美则认为，智慧校园是以推进信息技术与教育深度融合为目标，以物联网等智能技术为核心技术，以提供支撑各项应用服务的系统，来将校园教学、科研、管理与生活开展统筹规划的智慧环境[3]。此外，还有相应的概念阐述纷繁复杂，但结合这类观点我们可以得出，智慧校园的建设未离开技术和教学的合作与融合，具体表现在以下几点。

第一，基于物联网支持的校园事物智能互联[4]。物联网技术能够充分利用信息的传播与通信，提高智能化业务处理效率与管理模式的现代化发展效率，物联网技术应用于智慧校园的教学，不仅能够有效实现校园一卡通体系的升级建设，助力学生使用一张卡便能够"行遍校园"，还能够有效实现校园后勤保障管理系统的智能化发展，后勤保障部门与安保部门的工作对于学校有序开展教学活动是至关重要的，而物联网能够为其奠定坚实的技术基础。

第二，云计算驱动校园教学数据应用与数据测评[5]。物联网在对信息的采集、处理与应用的过程中，需要以具备强大计算能力和弹性增长存储资源的云计算作为支撑。当前，已有研究者基于云计算及虚拟化技术，通过整合原有资源，架构了校园云（The Cloud of Campus），以此实现校园智慧事务处理中复杂的数据存储、计算、研究和调整，同时还能帮助学校完成数字化教学工作。例如，学生早读、上课、自习时不再需要教师点名或学生签到，智慧校园能够将每位学生的考勤信息反馈给教师，帮助教师掌握出勤情况；抑或是师生可以使用校园网进入教学管理系统操作课程信息（如考试成绩、课程反馈、课程资源等），能够方便地查询到他们所需要的信息等。

第三，大数据实现校园教学资源应用的精准化。大数据作为一类数据的集合，具有数据存储数量（volume）巨大、存储种类（variety）繁多、存取速度（velocity）

---

[1] 杨霞,范蔚. 技术与文化双向融合：智慧校园建设的价值选择与行动路向[J]. 电化教育研究,2022,43（11）：45-52.

[2] 胡钦太,郑凯,林南晖. 教育信息化的发展转型：从"数字校园"到"智慧校园"[J]. 中国电化教育,2014（1）：35-39.

[3] 张仁美. 基于大数据技术的智慧校园平台建设探究[J]. 机械设计,2021,38（12）：162.

[4] 程利容. 物联网技术在智慧校园中的应用——评《智慧校园建设研究》[J]. 中国高校科技,2022（9）：106.

[5] 吕倩. 基于云计算及物联网构建智慧校园[J]. 计算机科学,2011,38（S1）：18-21,40.

较快、价值（value）密度较低的特点①，不仅能够对学生的数据信息进行一定程度的挖掘，分析并把握学生的学习特征与所需资源，进而开展相应的数字化个性资源推荐，还能够将数据信息可视化地呈现给教育者，帮助教育者采用适当的举措开展教学。

第四，区块链技术保障校园教学信息的可信性。建设智慧校园的最终目的在于更好地为校园教育提供多元精准的服务，在服务过程中，信息安全问题不容忽视，而区块链则有效地将密码学、社会学、经济学等领域知识进行了结合，从而高效率、高保障地将各种加密算法、共识机制等进行了创新与应用，构建了安全、可靠的教育信息系统。由于区块链技术能够较高程度地保障学生的信息安全不被轻易篡改，这也为教学综合评价的可信度提供了一定的保障，驱动教学公平公正地开展综合性评价。

第五，人工智能赋能校园教学智慧化发展。近几年，人工智能可谓是实现教育信息化高阶发展、推动教育变革创新的有效手段，并已然融入智慧校园的建设中，当前人工智能已发展出弱人工智能、强人工智能和超级人工智能三类阶段性样态，而人们的掌握程度正在由弱人工智能向强人工智能迈进。人工智能具备跨学科的特点，不同学科专家已经将其应用至不同的学科教学中，并取得了较为理想的效果。例如，在语文学科教学中，人工智能所支持的小学语文分级阅读平台具备智能化、个性化以及自适应的特征②，能够有效解决学生阅读过程中的各项困难和问题；在数学学科教学中，有学校将人工智能学习系统引入实际教学中③，使每个学生都享受到了创新性、个性化的教与学；在英语学科教学中，依托 iWrite 英语写作教学与评阅系统所构建的人机协同的英语写作教学模型④，有助于实现学生个性化、高效性、精准化的自主学习。还有不少案例展现出了人工智能与校园教学逐步深度融合的发展趋势，相信人工智能也将成为未来教育的重要推动力。

---

① 黄荣怀，王运武，焦艳丽. 面向智能时代的教育变革——关于科技与教育双向赋能的命题[J]. 中国电化教育，2021（7）：22-29.
② 张苏媛，张水. 人工智能（AI）支持下的小学语文分级阅读教学策略探究[J]. 教育理论与实践，2021，41（5）：52-55.
③ 王磊，张莹. "AI 数学课"：人工智能与在线教学的融合探索[J]. 现代教育技术，2020，30（3）：125.
④ 刘应亮，刘胜蓝，杨进才. 社会文化活动理论视域下人机协同教学及应用探索——以 iWrite 协同英语写作教学为例[J]. 中国电化教育，2022（11）：108-116.

除了人工智能以外，虚拟现实（virtual reality，VR）技术、增强现实（augmented reality，AR）技术、混合现实（mixed reality，MR）技术、数字孪生（digital twin，DT）技术、全息投影（front-projected holographic display，FHD）技术在应用至教育领域时，不仅能够使学生在虚拟仿真的场域中开展学习，还能为突破校园围墙，将校内教学与现实社会实际有效联结起来提供更多可能，更有利于培育全面发展型人才。

（二）智能技术助力校外创新型教学

未来社会更为关注与需要高质量人才，而非只会课本知识的"书呆子""憨秀才""死脑筋"。校外教育是我国教育体系中的重要组成部分，包含除学校外的文化场馆（图书馆、科技馆、美术馆、博物馆、海洋馆等）、校外培训机构和实践基地等[1]。校外教学是校外教育的核心内涵，在匡助学生个性发展、增强实践操作能力、培育爱美审美情操、实现身心健康发展等方面起到了十分关键的作用。针对当前智能时代技术快速发展的大趋势，多数国家的教育部门出台了相应的政策文件，以期促进校外教育更好地发挥自身优势。

经调研，近年来，多数校外教育场所利用智能技术开展了云端式、创新型教学服务，例如，已有学者在智慧教育发展的趋势下，尝试通过"秦汉文化网"等学术知识资源建设来探索新型博物馆的学习模式[2]；利用"AI甲骨文检测识别技术"创新博物馆甲骨文的知识普及与传播形式[3]；应用"AR-VR混合开发博物馆互动展示系统"，通过更为全面的信息和更为逼真的效果来实现更深层次的教学交互[4]；DSL Art Museum、国家博物馆网站等文化场所的云展览功能亦不断兴起，其中VR式的作品文字与录音展示，实现了云端教学活动的开展，使学习者足不出户便能学习到相关的历史文物与知识。除此之外，不少省（自治区、直辖市）文化

---

[1] 黄荣怀，王运武，焦艳丽. 面向智能时代的教育变革——关于科技与教育双向赋能的命题[J]. 中国电化教育，2021（7）：22-29.

[2] 孟中元，侯宁彬，容波. 智慧教育发展趋势下秦汉文化门户建设与博物馆公众教育的探索与实践[J]. 中国博物馆，2022（5）：112-116.

[3] 闫升，刘芳，孙岱萌，等. 博物馆基于人工智能的甲骨文知识普及与活化传承[J]. 中国博物馆，2021（3）：110-116，144.

[4] 李婷婷，王相海. 基于AR-VR混合技术的博物馆展览互动应用研究[J]. 计算机工程与应用，2017，53（22）：185-189，263.

场所和实践基地的公众号、APP等也开通了线上知识库,以人工智能语音式开展自主教学。

作为教育的重要组成部分,校外教学在智能技术的帮助下正处于快速改革与创新的阶段,未来更应加强智能技术与校外教学的融合,打造数字化、智慧化的校外教学服务体系,使校外教学成为学校教学的得力助手,为智能时代培育高素质创新型人才贡献出坚实的力量。

(三)智能技术革新家庭终身式教学

除了学校教育与校外教育外,家庭教育对个体发展、家庭发展和社会发展三者都存在着不可估量的价值,家庭教学是其中的重要组成部分。家长作为家庭教学的主导者,对于营造浓厚的家庭学习环境、建设智慧的家庭教学条件发挥着不可湮灭的作用,因此家长更应注重提升自身理性水平与家教能力。

2020年疫情期间,居家学习、居家办公的大环境背景同样助力了家庭学习环境的建设。在智能时代,互联网、手机、智能家具等技术工具的普及为不同家庭成员的学习提供了便利,原本家长只能通过下述媒介进行教育知识的学习:①纸质媒介(即有关家庭教育的专著、杂志等);②广播电视媒介(即有关家庭教育的电视剧、电影等);③家长间的经验交流与反思;④家庭教育讲座。但在智能时代,家长不仅可以通过便捷的网络媒介(即教育网站、网络视频、网络文章等)随时随地查询到自己想要了解的教育知识与问题,还能够通过购买多功能的智能家具营造数字化家庭学习空间。家长有能力、有资源在家庭中自主独立地进行学习后,便能够更加容易地培养自身的教育理性,唤醒自身的教育自觉[1],更加有利于对孩子开展课本知识、人格培育、性格发展等方面的教育,而这种影响将会伴随孩子的终生。

除此之外,互联网、手机、学习机等技术工具中还涵盖着大量的教学资源,智慧书房等智能家居同样能够匡助学生在家也能不受时间和地域的限制,学习到自己感兴趣的知识和内容,使学生在教育者的指引下树立终身学习的观念,未来居家学习、居家办公等也将逐步成为个体的学习常态。

---

[1] 吴永胜,卿小莲. 家长学习:提升家庭教育理性的应然路径[J]. 成人教育,2011,31(2):64-66.

二、智能时代推动教学理念的整体性变革

智能技术与教学的关系本质上是"工具理性"与"人"的关系，智能技术在为人类教学带来了相应的便利之时，亦带来了唯科学主义文化的泛滥、教师地位逐渐被取代、人的意识日益虚假化等技术性社会问题，为此我们应当辩证地看待智能时代信息技术对教学理念带来的影响与变革（图1-1），剖析智能技术为什么会带来如此影响与变革，进而选择恰当的技术手段进行研究，匡助其更为深入地融合进智能时代的教学改革中，从而促进当前的教学实现质的提升。

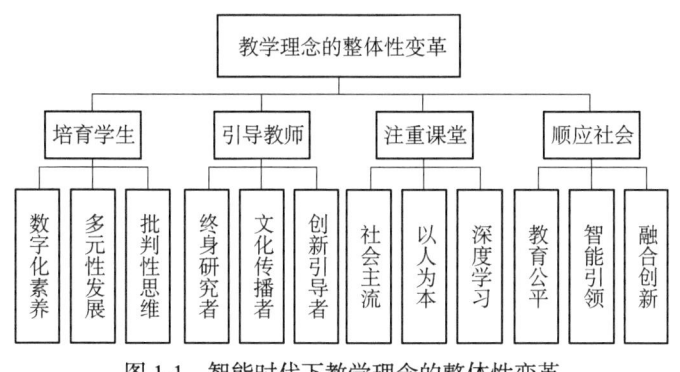

图 1-1 智能时代下教学理念的整体性变革

（一）社会应当坚持教育公平、智能引领、融合创新

新时代社会的主要矛盾在教育领域中主要体现在人民日益增长的对公平优质美好教育的需求和不平衡不充分的教育发展之间的矛盾[1]。智能技术的使用虽说在一定程度上促进了教育发展的平衡性与公正性，然而，信息资本作为一种特殊的资本形态，会依据不同阶层的学生对互联网的使用条件和现实应用的不同而产生一定的信息阶层差异，部分高水准的教育资源未能真正帮助弱势的学生群体，这又进一步加重了学生群体的信息阶层差异，助推了教育不公正的现象[2]。面对新时代的

---

[1] 任友群，冯仰存，郑旭东. 融合创新，智能引领，迎接教育信息化新时代[J]. 中国电化教育，2018（1）：7-14，34.

[2] 张济洲，黄书光. 隐蔽的再生产：教育公平的影响机制——基于城乡不同阶层学生互联网使用偏好的实证研究[J]. 中国电化教育，2018（11）：18-23，132.

教育矛盾，教育信息化应当正视矛盾，面向改革发展的新要求，切实保障教育公平，从侧重"智慧环境的建设"向"保障个体多元化发展的服务"转变，在此过程中，智能技术存在着保障教育公平现状、实现教育平衡发展的巨大潜力[①]。为了促进智能时代教育公平的美好愿景得以逐步实现，不仅需要教学管理者的努力，还需要教学研究者与实践者的帮助，以信息化的手段协同扎实推进教育公平的发展。

在推进教育公平、解决教育不平衡问题的过程中，相关的社会教育工作者还应注重创新融合多项新技术。智能技术为实现更加优质美好的教育提供了更多的可能性，教学应当以数据为支撑，通过互联网、大数据、智能算法等智能技术鞭策自身的改革和发展，保证满足人们对优质美好教育的需求，具体体现在如下几个方面。

1. 保障数字资源的再生与传播

智能技术使群体学习逐步向个体自适应学习转变，大规模的个体自主学习成为可能。在利用智能技术、使用数字资源的过程中，个体在大脑中不断地对知识进行理解与重构，而重构的新知识在广阔的互联网世界中被再一次传播，"数字资源网络"不断得以壮大。为了保障学习者对课后数字资源的利用，相关的数字资源开发者应及时关注网站、社群内的数字资源的使用，通过干预保障数字资源的再生与传播。

2. 支撑多场景化的教学

VR、AR、MR等智能技术能够营造多场景化的教学。在这样的教学场景中，学习者可以突破时空界限，开展灵活的学习活动，实施现实社会中难以实现的活动。因此，教育技术开发者应当注重开发多种课程内容的场景资源，以此支撑多场景化的教学活动。

3. 推动网络学习社群的建设

网络学习社群是一种特殊的组织形式，其中并没有起着中心作用的领导者与管理者，所有人以匿名化的形式平等存在着[②]。与此同时，网络学习社群中的学习者会以个性化、自主化学习的状态进行组织关系的构建、知识资源的共享等一系列

[①] 许玲，谢青松. 智能时代的教育公平：基本特征、制度保障及实现路径[J]. 成人教育，2022，42（2）：1-5.

[②] 林洁. 数字赋能：在线学习社群中知识共享活动的优化研究[J]. 教育理论与实践，2022，42（15）：48-51.

活动，最终形成可靠的、多元拓扑式的网点结构模式。智能技术所带来的网络学习社群不仅可以用于校园课堂教学，还可以用于校外、家庭中的自主学习。为此，学习社群的开发者与管理者应当及时推动学习社群的建设，关注社群成员的意愿，保障网络学习社群的可持续性发展。

4. 保障人机联袂的交互场所建设

智能技术为教师带来了敏捷、高效、科学的学情掌握方式，为学生带来了有效、便捷、有趣的理论学习与实践操作方式。若要在课堂上切切实实地使用好智能技术，让其为教学带来质量和效率的提升，就应保障社会中能够向学校提供人工智能技术的场所建设，并组织相关的技术人员切实提升技术研发速度，于此过程中，以理论和实践的方式扩充智能技术赋能教学的影响力，帮助更多的社会成员接纳新技术、学习新技术、掌握新技术，最终再造新技术。

（二）课堂应当体现社会主流、以人为本、深度学习

课堂是为教学课程内容而存在的，课程内容则是指相关的教育者依据课程目标，从学科知识以及学习者所需的当代社会生活经验中选择而来的知识与内容[1]。阿普尔（Apple）等认为，课程不应当仅仅帮助学习者获取学科书本知识的内容，还应当开发有关社会生活中的话题，并帮助人们思考、建构相应知识，以解决相关问题[2]。因此，对知识的教学应当放置在对时代政治、经济与文化背景的分析这一前提下。课堂内容的教学既离不开课本知识，又离不开所处的现实社会条件，体现社会主流能够匡助学习者更好地融入社会。当前人类所处的时代是智能时代，由于在课堂教学中学习脱离情景化的知识是不存在任何意义的，智能技术作为当今时代社会发展的主要标志物与解决问题的重要载体，应被引入课堂教学中来，帮助学生掌握社会发展的真实规律与真实样态，使他们对其所处的时代发展生成清醒的认知。

不论是早期的西方哲学史还是马克思主义思想史，都突出了"以人为本"的思想表达。其中，马克思主义的人本主义思想则是对过去的西方人本主义传统的继

---

① 张华. 课程与教学论[M]. 上海：上海教育出版社，2013，191.
② 转引自：孙婧，骆婧雅，王颖. 人工智能时代反思教学的本质——基于批判教育学的视角[J]. 中国电化教育，2020（6）：16-21.

承、扬弃与变革，它把人的本质定义为"一切社会关系的总和"①，而人的价值则是由人的本质所规定与制约的，因此该定义同时揭示了人的现实价值应当在实际社会生活中被揭露，哪些社会制度束缚和发展了人的价值，怎么解决上述问题等，体现出了马克思唯物史观的意义②。课堂是人类灵魂塑造的场所，对于人的自我和社会价值创造起着极为重要的作用，加之"智能物"的"闯入"，为坚持以人为本、以生为本的课堂原则，防止课堂中的"人"被"智能物"裹挟，教师在课堂中应当真正尊重、关注学生，塑造平等、有趣、真实的教学氛围，选择适合的教学方式，实现各类实践教学，优化并健全各类公正的评价体系，注重教学评价的全面性和科学性，真正帮助学生在智能时代中实现自身的价值。

除此之外，智能时代的课堂教学还应注重学生深度学习能力的培育。这里的深度学习主要是指学习者能够依据自身的生存需求和学习需求，通过各类资源主动、适当地选取高质量知识，在将知识进行理解、吸收和分析后结合自身原有的知识经验，在大脑中建构、整合出新知识，有能力的学习者还可以将自身的"再创知识"分享并影响其他人③。当我们将自适应学习技术、大数据挖掘技术、教学机器人等智能技术引入课堂后，我们会发现，身处在信息大爆炸的智能时代，虽然各类"智能物"在一定程度上为教学与人才培育带来了一定的便利性，但同样给学习者带来了多余的认知负荷，仅凭借识记与重复训练的被动学习是无法达到教学目标的，所以课堂教学还应注重学习者的深度学习，匡助学习者在面对大量的多元信息时能够快速甄别和选择自己所需的信息，并将这些信息在大脑中进行理解、分析、内化与迁移，再将其传播并影响其他人，从而为未来走进信息社会奠定坚实的基础。

（三）教师应当成为终身研究者、文化传播者、创新引导者

批判教育学家金奇洛（Kincheloe）认为，智能时代取消教师"教学去技能化"

---

① [德]马克思，[德]恩格斯. 马克思恩格斯全集（第四十六卷）：下册[M]. 中共中央马克思恩格斯列宁斯大林著作编译局，译. 北京：人民出版社，1980，36.

② 赵敦华. 西方人本主义的传统与马克思的"以人为本"思想[J]. 北京大学学报（哲学社会科学版），2004（6）：28-32.

③ 孙婧，骆婧雅，王颖. 人工智能时代反思教学的本质——基于批判教育学的视角[J]. 中国电化教育，2020（6）：16-21.

的最好方式便是鼓励教师成为研究者[①]。随着教师在课堂教学中对技术的学习与应用，不可避免地会出现教师的"教学去技能化"，即教师仅仅是使用"智能物"而非有效将其融入自己的教学中，为自己的教学效果增砖添瓦。因此，教师应当被鼓励成为智能时代中的教育研究者，通过对技术的研究来自由地使用它，否则被迫接受知识只会给教师徒增压力。由于智能时代的技术随着时间的推移而不断变革与改善，教师若要成为研究者，更为恰当地说，是终身研究者，需要不断去有条理地把控技术，用自己的情感与智慧凸显教师作为"人"的价值，这种价值是"智能物"无法取代的，从而实现真正意义上的"人机联袂"，而非为技术所逼促。

此外，教师应适当地成为一名文化传播者，这不仅是指向学习者传播学科文化知识，还要协助他们学习彼此之间、"人"与"人"之间的文化，在信息大爆炸的时代中尊重并接纳文化差异。不同的学习者存在相异的社会生活与文化背景，智能时代使得信息以比特流的形式跨越了时间、地域的局限，在空气中飞速传播着。若要有效帮助学习者的学习，就要帮助他们学会接纳不同的文化。当每个学习者的社会生活与文化背景为他人所接受时，他们便会愿意去进一步分享自己的"先验认知"与"再创知识"，这一方面便于教师进一步了解学生，主动研究学生的意识与能力，积极扩充、建构课程知识，调整自己的教育方式与手段；另一方面便于学习者理解、学习、尊重彼此的文化差异、观念与行为，使课堂教学不再成为仅仅传授课本知识的智力活动。这其实也体现了当代"以人为本"的教育观念。

不可否认的是，多样化网络资源和智能技术等凭借自身的便捷性与丰富性等特质，遍及社会生活中的不同领域。面对网络资源带来的海量信息，如何有序地对其进行搜集、过滤、重组和应用；面对智能技术的日新月异，如何对其提出创新性、超前性的实践构思，是对智能时代人才培养提出的新要求，而这些都与个体创新性思维的培育有关。有学者指出，智能时代的创新型人才应当具备以下几点特征[②]：①创新人格，即个体所表现出的有利于创造性活动开展的品质类型，存在高度的自觉性与独立性；②思辨能力，即个体思考与辨析问题的能力，类似于批判性思维；③计算思维，即一种以程序化和机械化为特征的思维形式，是应用智能技术实现创新的技能基础；④数字化学习能力，即个体在数字时代所表现出的一种综合学习能

[①] Kincheloe J L. Critical Pedagogy Primer[M]. New York：Peter Lang，2004，4.
[②] 关成华，陈超凡，安欣. 智能时代的教育创新趋势与未来教育启示[J]. 中国电化教育，2021（7）：13-21.

力；⑤设计思维，即通过认知、策略和实际应用的过程开发出新事物的设计理念；⑥人机联袂，即个体与机器的合作协同能力，是个体生存于智能时代中的必备技能。

面对智能时代创新型人才的培育要求，教师自身应当努力与时俱进，在传承中不断提升自身的创新能力，取以往教学目标、模式、方法和评价的精华，去其糟粕，通过前沿技术营造诸如场馆情景、自适应学习、学习社群等智慧化教学环境，向学习者提供丰富、合适的学习资源，进而引导学习者培育自身的创新型特征，实现创新型发展。

（四）学生应当注重数字化素养、多元性发展、批判性思维

智能时代社会的发展需要人们快速适应数字化和"互联网+"等的发展劲头，因此数字素养已然成为教学培育的必然需求。"数字素养"这一概念尚未形成统一的概念内涵。早在1997年，美国学者吉尔斯特（Gilster）将其阐述为"能够领略和应用计算机所呈现的各种数字资源与信息，以及理解其真正含义的能力"[1]。中国学者张薇在2006年指出，数字素养除了包括基础的计算机操作技能之外，还包括能够在网络中参与实践、获取和创造资源的能力[2]。除此之外，欧洲联盟（European Union，EU）、UNESCO、OECD、国际图书馆协会联合会（International Federation of Library Associations and Institutions，IFLA）等国际性组织也都给出了有关数字素养的定义，但暂未形成统一阐释。结合不同学者对数字素养的定义，我们可以总结出当前智能时代数字素养的内涵主要包括以下几点。

1）数字化技能素养，即能够在日常的生活与工作中根据实际需求操纵一些基础的数字化工具，不断训练自身与信息相关的认知能力。

2）数字化应用素养，即在基础性信息工具的使用之上，还能够操作一些高技术性的工具。

3）数字化创造素养，即应当具备一定的创造性能力，在使用基础性和高阶性工具的基础上开展创造性、创新性的活动，这个过程中涉及信息的伦理、道德与安全问题，应当具备相应的交流、合作与处理问题的能力。

---

[1] Gilster P. Digital Literacy[M]. New York: Wiley, 2007, 25.
[2] 张薇. 英语数字素养的研究型评价模式[J]. 外语教学与研究, 2006（2）: 115-121, 161.

因此，学习者在学习的过程中应当注重培育自己的信息技术操作能力、沟通与协作能力、数字资源应用能力、数字资源创造能力、技术问题解决能力、信息知识迁移能力，还要关注信息伦理、道德与安全问题，实现自身数字化素养的提升，消弭数字技术使用鸿沟，为以后步入数字化社会、实现自身价值奠定坚实的基础。

单单提升学习者在智能社会中的数字化素养是较为片面的，智能时代社会的发展更加需要多样化、层次化和结构化的人才，以适应社会事物快速更迭的现状，因而还应当注重学习者的多元发展，匡助其成为真正全面发展的人。学习者为了自身未来的发展，应当抓紧机遇，利用教师应用现代教育技术所营造的智慧化学习环境，将理论与实践应用有序结合起来，利用丰富的、情景化的学习资源，逾越科学与伦理冲突之间的鸿沟，突破地域与时间的限制，得到借助感官无法直接获得的答案。

当然，在教学的过程中不是教师教什么，学生就要盲目跟随教师学什么，真正的好学生不是储存知识的"容量瓶"，而是一个拥有批判性思维的研究者。"灌输式教学"下的学生因为升学率问题，不断"被迫"接受着单调的、乏味的书本知识，长此以往在未来社会中便会造成这样一种现象：接受过合理教育和训练、拥有着新颖良好技术的精英阶层将会领导着智慧化社会，而多数技能水平低下的劳工阶层将会为其提供服务，并逐步产生巨大的阶层差距[1]。为防止该现象的发生，就要分清"教学"与"灌输"的区别，学生应当学会在教学中将自己所获取的经验同来自不同途径的各种信息进行交叉和融合，在大脑中理解、重构和迁移知识，从而成为知识的建构者、创造者与应用者。学生只有形成这种高阶理解，才会拥有批判性思维，这种批判性思维能够被源自社会政治、经济和文化的、能够反映出事物间关系的资源所培育，从而帮助学生在课堂教学中以批判性的目光理解文本，对文本的实质内容、所秉承的教条、所呈现的各类形象提出正确的质疑[2]。在此过程中，学习者才能不断提升自己的创造力、批判力和增强自身的变革精神，学会更好地思考社会现象和应用各类技术工具，逐步缩小未来可能出现的阶层差异。

---

[1] [美]亨利·A. 吉鲁. 教师作为知识分子——迈向批判教育学[M]. 朱红文，译. 北京：教育科学出版社，2008，152.

[2] 斯坦伯格，金奇洛. 学生作为研究者——创建有意义的课堂[M]. 易进，译. 北京：中国轻工业出版社，2002，26.

第三节　教育虚拟社区融入智能时代教学改革

根据本章第二节的内容可以得知，智能技术不仅推动了校园、校外、家庭教学环境发生整体性变革，还实现了智能时代人才培养目标导向下教学理念的创新。面对纷繁复杂的智能技术种类，有一种技术既可以将校园、校外、家庭三类教学环境有效整合起来，还可以与智能时代的育人要求、教学理念的变革相呼应，这便是教育虚拟社区。所谓的教育虚拟社区，是一类基于跨时空的、开放的、自由的网络虚拟环境，其中社区成员（助学者、学习者等其他主体）之间通过专题研修、交互协作和资源共享等功能相互促进，最终形成具有共同社区文化心理的、生态式的社会关系共同体[①]。将教育虚拟社区融入智能时代教学改革中，可谓是在衬教学发展之力、赴时代发展之邀。

一、智能时代需要教育虚拟社区融入教学改革

伴随着科学技术的不断发展，信息技术与课程实践的整合工作也在持续推进，不同的技术拥有着不同的育人价值。在谈到技术的育人价值之前，我们需要先了解智能时代来临前教学育人过程中经常出现的困难和问题有哪些。由于教育是培养人的活动，而人又是一类具有极强主观性的动物，因此育人的过程不可避免地会呈现出动态变化的样貌。尽管育人的过程是动态变化的复杂过程，遇到的问题也是千奇百怪的，但是它存在着所有教育活动共有的育人问题，这些问题可以被归类为个性化教学服务难以保障、实践性知识因条件限制难以实施教学、生涩难懂的知识学生难以理解、当前的评价量化标准难以保障科学的教学、学生的学习兴趣难以激发等。

[①] 胡凡刚. 简论教育虚拟社区[J]. 电化教育研究，2005（9）：42-46.

针对上述情况，智能技术发挥了其特有的育人价值与作用：睿易云等教学平台应用了互联网、大数据、人工智能技术等，保障了对学生的个性化教学；VR、AR、FHD等技术以虚拟化场景手段保障实践教学活动的开展，激发了学习者的学习兴趣；开源硬件Arduino、GeoGebra等资源，以其直观性、可视化的特点帮助学习者理解生涩的知识点；日益成熟的人工智能教学评价系统能够利用智能感知技术等科学、深入地开展教学诊断与评价……然而，在技术发挥价值与作用的同时，还会出现一些技术伦理性问题，譬如智能技术支持的学习分析功能极易形成侵犯学生隐私的问题，基于智能技术构建的教育虚拟环境易发生师生主体性异化[1]等问题，这些技术伦理性问题为智能技术在教学领域中的应用与实践带来了现实层面的困难与挑战。

面对如此境况，教育虚拟社区呈现在人们面前，不仅提供了多种独特的技术功能，还以其独特的伦理规范特征保障着智能时代技术与人的和谐相处模式，较大程度上弥补了其他技术的短缺，为未来网络教学的发展提供了较多的借鉴与价值。面对智能时代的教学育人要求，教育虚拟社区不仅能够以其独特的应用特性保障学生数字化素养的提升、多元性能力的发展与批判性思维的养成，还能够帮助教师成为智能时代中的终身性研究者、文化式传播者与创新型引导者，使课堂中的教学活动能够以社会为主流、以师生为本位，使社会在智能时代的引领下实现教育公平，进而构筑和谐、完满、温和且实在的智能化教学环境，在智能时代的呼唤下培育高素质人才。

二、教育虚拟社区何以具备独特的育人价值

育人是教育的本质诉求，教育当以育人为本。教育领域中任何文化、认知和课程教学等之所以存在，都是由于它们本身存在着一定的育人价值，例如，课程教学存在着教授学生知识经验、帮助学生融入社会、保障学生完整人格发展等育人价值；学校德育存在着发展学生道德行为、激活学生个性创生、匡助教学回归育人本位等育人价值；学校体育存在着增强学生身体健康、匡助学生积极进取、培育学生正确

---

[1] 卢佳，陈晓慧，杨鑫，等. 智能技术教学应用伦理风险及其消解[J]. 中国电化教育，2023（2）：103-110.

胜负观的育人价值；学校美育存在着提高学生审美能力、培养学生艺术素养、帮助学生学会创造美等育人价值；学校劳育存在着树立学生劳动精神风貌、引导学生劳动价值取向、提升学生劳动技能水平的育人价值；中华优秀传统文化存在着引导公民修身正己、激励公民积极向上、帮助公民严格自律的育人价值等[①]。还有其他教育文化在不同方面以其独特的育人价值为教师所用，通过教学以期培育全面发展之人才。

由前所述，智能时代不同的技术、平台都具备一定的育人价值，教育虚拟社区从中脱颖而出。那么，教育虚拟社区有哪些独特的育人价值呢？为什么会有这些独特的育人价值呢？应当如何适当地将其应用至教育教学的改革中呢？下文主要针对以上问题进行阐述。

（一）教育虚拟社区以其自主性的特质发挥着独特的育人价值

教育虚拟社区是极具教育风格的线上虚拟学习社区，该社区之所以能够成立，并非是因为其中某位成员的教学任务，而是存在着共同兴趣与需求的人们建立起来的协作家园，存在着一定的自主性。正是由于教育虚拟社区的自主性[②]，这一类学习群体的成员对于社区内部文化与资源的学习充满了极大兴趣与内驱动机。当社区成员排除外部干扰因素时，各种创造性想法便如雨后春笋般涌现，成员的大脑中有关主题知识的认知结构会因同化和顺应的作用，不断从旧平衡状态达至新平衡状态，成员的认知建构能力得以不断提升，从而能够在一定程度上克服传统教学中学习者学习动机与学习兴趣较低的弱势，这也是教育虚拟社区的育人价值之一：学习是鼓励学生主动去学，在某一种感兴趣的组织或群体中获得自我归属感，进而通过积极研讨与提升，达到自我认同的境界。在这个过程中，智能时代学生的数字化交流与协作能力得以提升，课堂"以人为本"的思想得以体现，社会由"智能引领"的目标得以达成。

（二）教育虚拟社区以其开放性的特质发挥着独特的育人价值

教育虚拟社区是处于网络环境中的虚拟学习社区，存在着开放性的特质，可谓

[①] 张哲，王永明. 中华优秀传统文化的育人价值[J]. 人民论坛，2018（8）：116-117.
[②] 胡凡刚. 简论教育虚拟社区[J]. 电化教育研究，2005（9）：42-46.

是教育由封闭式走向开放式的渠道之一。作为高度开放的学习社群空间，教育虚拟社区没有外加的种种限制性条件，只要是对社区中的某一主题资源或研讨内容感兴趣的学习者都可以加入，成员加入时的身份不被限制，而社区的良好交互环境要求监察员的监察，即及时清理蓄意破坏会话的成员；教育虚拟社区的主题内容不受限制，且一直处于动态变化中，主题内容会随着社区成员所拥有的学习、生活经验的变化而变化；教育虚拟社区的成员关系与地位具备开放性，其中不存在固定的教育者与学习者的身份，教育者可以从社区中汲取有益于自身的知识内容，学习者也可以在社区中分享与主题相关的新知识与新内容，这也就意味着学习者可以成为教育者，教育者也可以成为学习者；教育虚拟社区的学习目标、学习空间也是不受限制的。

教育虚拟社区存在的开放性的特质包含了网络环境所特有的育人价值，在突破时空的限制下，有助于实现智能时代中学习者的数字化、多元化发展，有利于教师成为终身研究者，有利于保障课堂紧跟社会主流，还有助于社会实现教育公平，不同地域、不同身份、不同学历的人们能够聚集在这"小小的天地"中"畅所欲言"，在社区成员相互汲取、同化、融合知识的过程中不断实现个体人格的创新性与完满性发展，为未来智能型社会的发展提供高素质人才。

（三）教育虚拟社区以其平等性的特质发挥着独特的育人价值

除了自主性和开放性外，教育虚拟社区还存在着一个较为独特的特质——平等性。有学者指出，教育领域中的平等性主要涵盖三层含义[1]：首先，接受教育的权利平等。接受教育是一种权利，更是一种义务，每个人都依法享有平等接受义务教育的权利。其次，参与教育的机会平等。这不仅指个体参与教育活动的机会平等，还指个体在适宜条件下加入教育系统的机会平等。最后，接受教育的结果平等。个体都能够接受相同质量的教育，且这些教育对于他们未来的发展存在着同等的效能。我们想在此基础上再添加一条含义，即教育领域中的平等性还包含了教育人际交往的平等。在传统的教学活动中，不可避免地因角色关系的不同等而存在着教育人际交往的不平等现象，例如，师生之间由于传统的"尊师重道""程门立雪"

---

[1] 邓晓丹. 教育公平的本质：教育平等与教育效率的动态均衡[J]. 理论前沿，2007（9）：38-39.

观念而产生类似于"上级与下级"的关系。教育虚拟社区的存在则有效解决了上述问题，为实现教育人际关系的平等提供了条件与平台，社区成员的关系、地位都是平等的，不会掺杂外界的干扰性因素，这种网络化的交流中排除了各种社会暗示和物质条件。除此之外，教育虚拟社区还提供了匿名化服务，使个体在社区的和谐交流中放心地关注自己感兴趣的话题并发表自己的观点与见解，这更进一步地体现了教育虚拟社区的平等性特质。

教育虚拟社区的平等性特质为智能时代的教学提供了独特的育人价值，有利于学习者在社区研讨的过程中抛开一切杂念，有条不紊地陈述自身的观点或是反驳他人的观点，在此过程中实现自身的多元性发展、养成批判性思维。这不仅有助于教师在研修过程中不断汲取学习者的有用信息，改善自身的教学思路与方法，学习新知识，成为真正的教学研究员；也有助于课堂开展深度学习，正由于教学中的人际关系变得更加自由与平等，学生才能够不惧矛盾、大胆研讨，保证自身独特个性的充分发挥，进而实现课堂教学的深度学习；还有助于在社会中实现真正的教育公平。

（四）教育虚拟社区以其生成性的特质发挥着独特的育人价值

教育虚拟社区是一类动态的虚拟生态系统，内部包含社区研习者（花草生命）、社区管理者（辛勤园丁）、研讨平台（肥沃土壤）、教育资源（有机养分）、开放平等的环境（阳光和空气）、交流互动（光合与呼吸作用）等成分。作为一个完整的系统，依据系统科学的理论，我们可以得知，教育虚拟社区必然存在着整体性、协同性、非线性等关系，系统要素之间、系统与外界环境之间不断进行着非线性的物质与能量交换，代表着知识、文化、思想的比特流信息被内部要素所吸收、更正与抛弃，最终使教育虚拟社区持续性赶超旧平衡，达到新平衡。在整个过程中，社区成员会通过不断地互动，汲取与同化原有的知识资源，自主建构与生成具备不同价值的新信息，这些社区成员共创的新信息又会为他人所汲取与同化，最终帮促社区成为有目共赏的"知识存储大熔炉"，这便是教育虚拟社区生成性特质之所在。

教育虚拟社区生成性的特质在智能时代存在着必不可少的育人价值，不仅有利于学习者数字化素养的发展，还能使学习者从开阔的"社区文化天地"中迸发创造性的火花，获得美满个性的发展与批判性思维的养成；有利于教育者在其余社区成员的启发下成为社区文化的传播者、社区创新的引领者和终身学习的研究者；有利于课堂教学体现"以人为本"的教育理念，且在学习者内部不断自发形成新认知的过程中实现深度学习；有利于社区成员融合社会主流中的新观念、新思想、新信息，实现自我的飞跃性发展。

（五）教育虚拟社区以其伦理性的特质发挥着独特的育人价值

教育虚拟社区最为重要的组成要素便是社区成员间的交往活动。德国当代著名哲学家哈贝马斯（Habermas）在阐明交往行为的基础上构建了相关的理论体系，指出交往应当具备一定的合理性，此时交往的存在便更具有意义与作用。该观点主要从伦理学的意义上进行了阐释，表明了合理性的交往行为应当是主体间符合道德伦理的对话[1]。教育虚拟社区的交往便属于哈贝马斯所阐释的交往行为[2]。教育虚拟社区交往活动是通过厘清个体间的交往道德关系，展示、剖析各种交往行为的道德意义，推理、把握交往的方式、过程与结果的合理性，指引成员在交往中逐步形成相同且共鸣的道德理念，从而以一类可持续性发展的交往手段开展资源交互、信息传递、知识共享等活动，最大限度地抑制蔑伦悖理式的交往所带来的不良影响，强调教育内在的、自发性的伦理品质，最后形成适合社区交往的道德行为规范。当然，在类似于教育虚拟社区的网络教育应用平台中，难免会映射出各式各样的伦理失范行为，例如，部分社区成员为完成教学任务而剽窃或模仿他人的观点、发表过时内容等信息、上传与学习主题无关的娱乐性信息、泄露部分成员隐私等，为此许多学者重视并开始研讨有关社区交往的伦理途径，以期保障社区成员在交往过程中的有效性。

笔者所在研究团队由助学者层面入手，提出了教育虚拟社区助学者伦理规范的三层次[3]：①基本品行，助学者应当在社区运行的过程中做出符合伦理道德和教育本质的"爱教""善育"行为，在此过程中给予学习者耳濡目染式的内在感化，辅佐各位成员自发性规范社区行为；②社区管理，不同身份的社区成员在相同的研

---

[1] 龚群. 道德乌托邦的重构——哈贝马斯交往伦理思想研究[M]. 北京：商务印书馆，2003，28.
[2] 谢娟. 教育虚拟社区交往之伦理审视[J]. 中国电化教育，2012（7）：69-73.
[3] 胡凡刚，卢潇，庞茗月，等. 教育虚拟社区助学者伦理规范构建及作用[J]. 开放教育研究，2020，26（2）：92-101.

习目标下聚集于此，助学者作为成员研习的引导者、文化氛围的保障者、社区发展的推动者，更应以伦理规范为准则，利用管理手段不断净化社区环境，逐步构建蕴含聪慧、关怀与价值的自组织式文化共同体；③社区促学，社区成员均应基于共同的学习宗旨，实现个体的完满发展，助学者要注意及时反馈相关信息、适时激发学习兴趣、善诱引领社区话题、提供学习支持服务等，进而有效保障社区促学服务的开展。遵循上述伦理规范的社区助学者将会有效保障社区文化共同体的形成，实现主体理论知识与实践技能的发展。

谢娟指出，在教育虚拟社区交往伦理原则的制定上，权利与义务要相对等，社区成员在享受社区带来的各种功能便利的同时，也应当承担道德上的责任、使命与义务[1]。在教育虚拟社区交往方式的选取上，自律与他律应相联结。所谓自律，是指个体在自身活动的境况下，以高度的自觉性避免做出任何不道德的行为，进而完成各项任务；而他律则体现出了个体在交往活动的过程中受到了源自外在的客观标准或工具的影响，从而在无任何不道德行为的前提下完成原有活动。在网络教育伦理应用方面，社区助学者应当以促进主体"慎独"意识的形成为主线，加以他律的调控与监管，由此才能更好地保障教育虚拟社区交往的伦理秩序。在教育虚拟社区交往管理的方式上，自由与监管相结合，社区助学者应当在保障学习者自由交流的过程中进行信息监督，为构建和平友善的社区研讨环境提供良好的条件。

曾媛将2017年由中央电化教育馆组织研制的《专题教育社区伦理规范》应用至实践中并验证其作用，结果证明该规范能够显著性地由管理、促学、文化入手促进社区文化及成员的可持续性发展，同时为促进规范的有效应用，应做到以下几方面：推行伦理政策之时普及伦理规范意识，寻觅激励机制之时保障伦理规范应用，完善平台功能之时强化伦理规范约束，进而由社区运行视阈出发，彰显伦理学的实践品性，满足不同文化背景下社区成员的学习需求，鞭策新时代下网络教育应用的本源性发展[2]。

刘永琪等以曲阜师范大学的"学习科学与教育技术"教育虚拟社区为研究载体，设计、调研并实现了教育虚拟社区伦理规范对学习绩效作用的理想机理模型，基于此提出了伦理规范用以提升社区成员学习绩效的建议：首先，社区成员应注重

---

[1] 谢娟. 教育虚拟社区交往之伦理审视[J]. 中国电化教育，2012（7）：69-73.
[2] 曾媛. 虚拟学习社区伦理规范的作用研究——以国家教育资源公共服务平台专题教育社区为例[J]. 中国电化教育，2021（7）：122-127.

提升自身的信息素养，进而通过规范性的资源共享来促进个人的知识建构与创新思维的发展；其次，社区成员应注重强化自身的情感表达，在即时交互与合作探究的过程中充分抒发自身的情感，实现群体内在心理的共鸣，有助于集体荣誉感与学习绩效的提升；再次，社区成员应注重正确辨识社区的资源信息，规范自身的道德品格与判断能力，在鱼龙混杂的网络信息世界中完成纯粹且聪慧的"本我"人格之发展，实现学习绩效的提升；最后，社区成员应注重线上与线下相关伦理课程的学习，深化自身对社区交互行为的认知，不断通过各种方式保障自身合法权益不被侵犯，从而提升一定的学习绩效[1]。

钟欢和马秀峰在构建融入教育虚拟社区的智慧学科服务模式时指出，教育虚拟社区完善的伦理准则能够规范学科服务主体的交互，并在原有学者规整的伦理规范体系的基础上设计了用户、资源、技术、学科馆员、服务内容等各主体伦理规范准则，以期能够规约学科服务主体的规范性交互现况，保障学科服务中的信息交互向着可靠性、完满性、稳定性、规整性方向发展，继而助力学校一流学科的建设与推广[2]。

还有其他学者从不同角度研讨了有关社区交往的伦理途径[3]。总之，教育虚拟社区的伦理性特质为网络教育的发展提供了可靠的平台和保障，继而促进智能时代开展和谐、稳定且有效的教学工作。从人的发展机制视角进行分析，人类发展不仅受制于自身遗传、心理因素和外界环境的影响，还会依据自身行为结果改变后续行为方向，这亦说明人类的发展处于"个体-环境-行为"的交互影响中。教学因保障学生发展而诞生，由环境入手引进富有伦理性的智能技术，能够有效影响教育主体的行为、观念与心理，继而有效匡助数字化时代学生的多元性发展，保障教师的文化传播行为，贯彻课堂"以人为本"的理念，响应信息化社会"教育公平"的呼吁。因此，智能时代的教学呼唤教育虚拟社区的诞生，需要教育虚拟社区的应用。

---

[1] 刘永琪，李玉叶，庞茗月，等. 教育虚拟社区伦理规范提升学习绩效的实证研究——基于"学习科学与技术"教育虚拟社区的问卷调研[J]. 现代教育技术，2020，30（3）：73-79.

[2] 钟欢，马秀峰. 教育虚拟社区：智慧视域下高校学科服务的新阵地[J]. 图书馆学研究，2020（14）：70-75.

[3] 张洪孟，胡凡刚，谢坤. 教育虚拟社区伦理失范的归因分析及应对[J]. 中国电化教育，2014（4）：63-70；张洪孟，胡凡刚. 教育虚拟社区：教育大数据的必然回归[J]. 开放教育研究，2015，21（1）：44-52；胡凡刚，吴焕庆，李兴保，等. 教育技术学科"厚基础+精技能"人才培养体系的研究与实践[J]. 中国电化教育，2019（7）：115-121；胡凡刚，孟志远，庞茗月，等. 基于欧盟 AI 伦理准则的教育虚拟社区伦理：规范轮构建与作用机制[J]. 远程教育杂志，2019，37（6）：41-49.

三、教育虚拟社区何以融入智能时代的教学改革

当我们了解到教育虚拟社区所拥有的独特性质能够在智能时代发挥独特的育人价值时，我们便需要将理论真正反射到实践中，把握教育虚拟社区能够怎样融入智能时代的教学改革中。教育虚拟社区不仅能够突破时空限制将各类教育主体汇聚一堂，还能够为其提供丰富多样的教育功能，以确保最大限度地发挥网络教育应用的价值。因此，教育虚拟社区何以融入智能时代的教学改革还需再做探讨，在此之前，我们需要先了解教育虚拟社区的相关功能与用途。

（一）教育虚拟社区功能板块简介

教育虚拟社区的存在除了要具备一定坚实的硬件基础以外，还要具有丰富、充裕的软件服务。教育虚拟社区的真正价值在于通过为社区成员提供安全可靠的研讨平台，使得有价值的教育信息能够积累、教育资源能够分享、教育经验能够汇聚[1]，因此其中的软件功能与服务是极为重要的。教育虚拟社区的功能板块主要可以划分为六大板块，即学科交流板块、课题研修板块、教师管理板块、资源中心板块、管理评价板块和协作交流板块。

1. 学科交流板块

该板块主要用来公布某学科发展的最新信息、研讨学科的最新问题、开展学科的新闻播报、分享学科的最新资源、把握学科的成员加入等，进而帮助社区成员对其自身感兴趣的学科开展个性化的研究性学习。在整个过程中，不同学校或地域的社区成员可以加入同一学科的交流学习中。

2. 课题研修板块

该板块主要由对某一课题共同感兴趣的成员组成，教师在其中只是起到了辅助的作用，与传统网络教学中的信息移植教学方式不同的是，社区成员可以从课题研修板块中发布、交流、讨论有关该课题的相关信息与资源，协作完成不同课题的探究工作。

---

[1] 胡凡刚. 简论教育虚拟社区[J]. 电化教育研究，2005（9）：42-46.

3. 教师管理板块

该板块是教师进行管理服务的平台，在此过程中，其他社区成员也可以参与进来，并对社区研讨起到一定的助学作用。除此之外，相同或是相异学科的教师可以从中开展有关学科教学（教学目标、教学重难点、教学过程、教学评价等）问题的讨论。

4. 资源中心板块

该板块汇聚了社区内部的所有教育资源，社区助学者提供的资源可谓是原始资源，学习者在此基础上再次形成和分享的资源可被称为再生性资源，这类资源可被其他社区成员所参考和学习，包括用以满足教学基本需求的基础性教育资源、用以支持学校教学的校本化资源、用以实现社区成员个性化学习需求的市场化资源等。

5. 管理评价板块

该板块主要被社区成员用于相互监督、自我管理与自我评价，其中涵盖了部分评价工具，如 portfolio（文件夹）、item pool（评价试题库）、analysis（作业分析）等。社区助学者不仅能够从中有效开展各项课题研修、课程教学、社区伦理规范等管理工作，还能够对社区成员的教学成果实施科学、有效且个性化的评价；社区学习者不仅能够从中开展自我信息的管理工作，还能够从中收获个性化的评价，为其未来的生活奠定坚实的基础。

6. 协作交流板块

该板块为社区成员的协作交流提供了有力条件，与学科交流板块不同，协作交流板块可以被社区成员用来完成关于各项学科问题和感兴趣话题的经验沟通与策略分享等，其中还具备相应的协作交流工具，如角色扮演工具、虚拟白板、思维导图工具（如 X-Mind 和 Coggle）等，用以支持成员之间的协同交互活动。同时，社区成员可以将自己在学习提升过程中积累的材料、获得的数据、生成的作品、最新的收获、疑惑的问题、反思的素材等分享在交流板块或上传到资源中心之中，进而在不断的交互中达到自我价值的提升。

不论是学科交流板块，还是课题研修板块、资源中心板块等，这些教育虚拟社区中人性化的教学服务工具无不反映出教育虚拟社区的精神内涵：通过成员协作沟通而逐步构建社区文化心理，使成员渐渐生成社区文化认同感与需求感，而不是简单地将线下枯燥无味的教学活动移植到线上的网络环境中来。了解到教育虚拟社区的各项结构功能后，我们便可以依据其独特的育人价值，将其应用至智能时代的教学变革中来。

（二）增强数字化学习兴趣，辅助学习者自我的知识建构

教育虚拟社区是存在着共同兴趣与需求的人们建立起来的协作家园，存在着一定的自主性，因此我们可以把教育虚拟社区引入智能时代的教学活动中来。为满足数字化社会中课堂"以人为本"的教学原则，教师可以根据课程目标、教学需求、学生兴趣来构建不同的专题教育虚拟社区，应用智能技术引领的教育条件，利用学习者自我学习的积极性，通过社区学习与研讨来匡助成员的学习、工作，并改进其实践行为。

在依据学科知识所构建的教育虚拟社区中，学习者不仅可以选择自己较为感兴趣的、关于该学科的问题并参与其中的研讨，实现对学科逻辑体系与逻辑认知的超越，还可以匿名化的形式提出有价值的学习需求，帮助教师改进相关的教学方法，有助于满足教师成为终身研究者的发展需求，为提高教学质量"增砖添瓦"；在依据课外知识所构建的教育虚拟社区中，学习者可以不受时空限制地从中分享自己丰富的课外生活，如浏览国家博物馆线上展厅寻觅祖国历史复兴之路、参观国家美术馆云展厅领悟文化艺术间的交流传播等。在此过程中，学习者不仅可以学习到课外知识与社会经验，还能够实现同频共振，共助自身的健康快乐成长。

（三）实现数字化教育公平，弥补学习者短缺的教育资源

教育虚拟社区作为开放式现代远程教育的一种技术方式，在应用的过程中并未存在种种限制性条件，只要是对社区中的某一主题资源或研讨内容感兴趣的学习者，都可以加入社区的资源建设与课题研修中来，在社区管理成员的协调下，为社区发展提供更为坚实且可靠的力量。教育虚拟社区应用到智能时代的教学过程中最主要的便是能够有效改善社会中的"教育公平"问题，实现不同区域学习者的数字化、多元性、智能型发展。

就平时的教育而言，教育虚拟社区的存在能够汇聚多方资源，弥补部分学习者教育资源短缺的现况。就农村教育而言，教育虚拟社区的存在能够有效改善其教育资源匮乏与质量低的问题。有学者研讨并尝试将教育虚拟社区应用到了农村远程

职业教育中，结果发现，社区平台能够突破时空界限，有效弥补了农村远程职业教育的师资力量薄弱、教育信息资源不足等缺陷，以覆盖面广、全方位、开放式的特性为现代农民提供了个性化学习和教育服务[1]。就社会性教育而言，教育虚拟社区的存在能够实施跨地域的研修合作，以期培养适应社会、引领未来的高素质型人才。有团队实施了基于教育虚拟社区的拔尖人才培养工作，使不同地域的人才汇聚于此，实现自我价值。在此过程中，该团队抓住了信息技术与教育教学深度融合的趋势，构建出基础学科拔尖学生课内课外、校内校外、线上线下相结合的学习生活平台，探寻出了拔尖人才培养新范式，整个过程便是有效利用了教育虚拟社区开放性的特质[2]。

（四）创设公平性教学环境，保障学习者平等的角色定位

将教育虚拟社区引入智能时代的教学领域中时，应当注意要真正满足学习者平等性的需求。在这个过程中，不同角色的社区成员在研讨交流时存在着人格、精神上的完全平等的特质，但不可否认的是，教育虚拟社区教育性的特质以及现实社会中教育者与受教育者不同的角色定位，使得两者在社区中的交往目标、效用和表现方面均有着相异的特点。

教育者在社区中所扮演的是和谐社区环境的保障者、社区内容体系的创建者、良好社区互动的监管者和引导者等服务性角色[3]，而大多数学习者则是以外界目标为导向，在社区中完成学习、接收、响应、理解等研习性工作，进而完成自己的教学任务，实现自己的知识汲取、完善全面人格等目标。在整个过程中，教育者会依据教学需要和自身需要保持主观性的服务，而学习者则会下意识地产生"依赖"与"服从"的心理，该过程并不能实现真正意义上的教学平等。因此，教师将教育虚拟社区引入教学过程中时，应当采取诸如角色扮演、匿名研讨等举措。需要注意的是，虽然上述交往方式能够成为保障教育人际交往平等性的特殊活动方式，但由于交往主体的教学目的、方式、角度、责任与义务不同，也就难以实现真正平等共生

---

[1] 刘璐.教育虚拟社区在农村远程职业教育中的应用研究[J].继续教育研究，2010（8）：84-86.
[2] 沈悦青，郝杰，夏伟梁，等.基于教育虚拟社区的拔尖人才培养——以拔尖计划2.0全国线上书院为例[J].高等工程教育研究，2022（4）：122-127.
[3] 胡凡刚，茹欣欣.教育虚拟社区交往审视[J].中国电化教育，2007（1）：49-52.

的交往，所以此时可采取的策略就在于最大化减小现实角色对平等性社区交往的影响，通过教育虚拟社区所提供的条件，实现最大意义上的平等化教学。

（五）构建生产性教学环境，帮促学习者良好的认知生成

由前所述，教育虚拟社区中的成员会通过不断的协作交互来汲取与同化原有的知识资源，源源不断地自主建构与生成具有不同价值的新信息。作为教育虚拟社区的重要特质，生成性的特质给予智能时代教学改革以一定的启发，我们可以从助学者的角度出发思考，当教育虚拟社区被应用至教学过程中时，教师应当注重两方面的内容。

首先，教师应在社区中引导学习者开展一定的交流协作活动，不仅是因为智能时代的高素质人才需要在智能技术的支持下实现与人的沟通和交流，进而提高自己的沟通与协作能力，满足未来社会生活"人机协同"的要求，还因为学习者只有在与他人的研讨交互中，才能实现自我认知结构的崩解、接纳、同化与建构，产生新的信息资源与认知，实现有效共享，在此过程中还会提高学生的自我效能感与认同感，有利于良好教育虚拟社区学习氛围的形成。其次，教师应当在社区发展中及时给予学习者有用的策略反馈与行为评价，借用教育虚拟社区功能实施的多元、恰当而有趣的评价提升学习者知识生成的效率。例如，在香港中文大学资讯科技教育促进中心构建的"学习村庄"教育虚拟社区中，学习者能够以"村民"的身份可视化建立村庄（专题研习区）、房屋（个体观点区）、道路（观点联结线）等知识结构，教育者可以从中评估出价值性知识贡献度较高的成员（房屋较大或道路较多），并奖励声望与虚拟货币，抑或是开展点评，鼓励学习者通过交互增强自我身份认同感与兴趣，帮促社区不断产生新信息与新认知[1]。

（六）实现规范性教学交互，帮促学习者良好的理念养成

教育虚拟社区最突出的特征便是其具备较为完善的伦理规范体系，为智能时代的教学过程提供了可持续发展的条件。教育虚拟社区不仅有助于教学交互行为

---

[1] 周玉霞，李芳乐. 以学习村庄为例探讨游戏 促进持续探究的教学策略[J]. 中国电化教育，2010（5）：88-92.

的和谐开展，还能够增强学生的品行意识、保障教学活动过程中的施馈平衡、改善学习者在教学活动过程中价值观念的养成等。因此，依据教育虚拟社区的伦理性特征，将教育虚拟社区应用至教学领域时应当注意如下几点。

首先，伦理规范将直接体现在教学交互行为中。因此，从教学交互行为的角度而言，智能时代中的师生关系应当由"我-它"的权威服从阶段发展成"他-我"的双向共生阶段[1]，暗含出技术可以创设公正平等的教育环境，伦理规范则是在此基础上起到了画龙点睛的作用。社区助学者应当在数字化环境中应用伦理规范，充分利用好社区为成员供应各种用于协作交互的工具、软件（譬如角色扮演工具、多用户合作学习系统、虚拟白板等）的条件，制约和引导学习者的交往意识、行为与方式（并非是以强迫、逼促的手段），使学习者能够自发地规范自身举止，尽已所能、助人为乐，实现资源获取能力、信息迁移能力、知识应用能力、困难处理能力、问题批判能力以及数字化创新能力的提升。同时，在该过程中，助学者也应当更好地规范自身行为，在确保教学活动正常进行的过程中，匡助教育虚拟社区或其他网络教学环境再现《诗经》中"言念君子，温其如玉"的谦谦君子之道。

其次，伦理规范有利于在教学过程中增强学生的品行意识。因此，从教学品性意识的角度而言，伦理规范敦促着助学者在不同情境下的教学过程中，应当关注这样一类问题，即不应将全部重点置于知识内容的传授上，还要给予学习者耳濡目染般的感化，使其养成良好的道德品质与高尚情操，在保障智育的同时实现德育的目标，从而形成更为高阶、积极且主动的交互。除此之外，学习者应当在学习书本知识的基础之上，积极汲取并观察能够体现教育者高尚品质的行为，同时在社区伦理规范的引导下，主动在社区中为社区同侪提供优质资源，实现自我情感、态度、价值观等内在品格的提升。

再次，伦理规范有利于保障教学活动过程中的施馈平衡。因此，从教学资源施馈的角度而言，以往的教学活动中通常是教育者向学习者提供资源，学习者被动接受资源。而智能时代要求教育者成为终身的研究者，贯彻终身学习的理念，学习者也要具备数字化批判性思维，而非逐步变成麻木的接受资源的"机器"，以伦理规范要求教学资源的施馈平衡，在此基础上，教育虚拟社区中的"师师""师生""生生"等不同教育主体间能够相互分享优质资源，用以保障他人学习。其中，资源中

---

[1] 许亚锋，高红英. 面向人工智能时代的学习空间变革研究[J]. 远程教育杂志，2018，36（1）：48-60.

心板块中涵盖了丰富的课程资源，助学者可以提供用于满足教学基本需求的基础性教育资源，为学习者课后稳固基础知识提供途径；抑或是分享用于支持本校教学的校本化资源，为学习者课后查漏补缺提供条件；抑或是分享用于推动教育公平和终身学习的开放性资源，为改变资源配置不均提供门径；抑或是分享用于实现社区成员个性化学习需求的市场化资源，提高学习者的综合素质[①]。学习者可以分享自我学习与实践中的"宝藏"资源，一方面匡助助学者把握学习者在认知过程中的不足之处，使其尽快调整教学；另一方面还能为社区其他成员提供更多的选择性材料，使其实现自我的多元性发展。

最后，伦理规范有利于改善学习者在教学活动过程中价值观念的养成。因此，从教学中养成价值观念的角度而言，以往的教学活动中只有政治等社会科学类学科才更多地涉及学生价值观、人生观与世界观的培育。对于智能时代而言，社会已融入了太多新鲜的科技事物，为保障学生能够拥有在社会中立足的本领，学生需要全面地、多元化地发展。因此，助学者在教学过程中应当通过各种实例锻炼学生独立思考、明辨是非的能力，并教授给他们如何在拥有海量信息的网络世界中寻求适合自己的优质资源，如何在遇到困难和问题时通过数字化方式寻求解决渠道，并在此历程中锻炼、培育坚强的意志品质。而教育虚拟社区伦理规范则能够有效帮促学生各类健康价值观念的形成[②]，通过规范性守则，使学生在准则与助学者的引导下，在把握知识的过程中，逐步形成对自我正确的认知，继而不断努力、打败困难、坚持创新，最终练就坚忍不拔的毅力、踌躇满志的信心和勤奋刻苦的意志，为融入未来社会奠定坚实的基础。

上述内容初步体现了教育虚拟社区不仅能够发挥其独特的育人价值，还能够将其所拥有的独特性质应用至智能时代的教学改革中，全面提升社会、学校、家庭的教学质量，为未来社会之发展培育具备创新性、数字化以及批判性思维等多元发展的人才。国内有关教育虚拟社区的发现，最早可以追溯至早期一些具备较高信息数字素养和创新能力的中小学教师，他们在互联网上构筑了跨时空的"虚拟教研活动""虚拟教研中心"[③]，而后，在其功能与应用不断被扩大发展的前提下被称为

[①] 柯清超,王朋利,张洁琪.数字教育资源的供给模式、分类框架及发展对策[J].电化教育研究,2018, 39（3）：68-74，81.

[②] 刘永琪,李玉叶,庞茗月,等.教育虚拟社区伦理规范提升学习绩效的实证研究——基于"学习科学与技术"教育虚拟社区的问卷调研[J].现代教育技术,2020,30（3）：73-79.

[③] 周元春.中小学虚拟教研活动的特点、功能与组织管理方式研究[D].广州：华南师范大学,2004.

"教育虚拟社区"[①]。因此，教育虚拟社区在历经了初创阶段后，在国内各个学者的努力下正步入规范发展的阶段，虽然它的建设与实践过程中存在着一定的问题，但其价值性涵蕴并非仅仅包括上述部分。若想更深层次地把握与了解教育虚拟社区的含义、价值等，就要从教育虚拟社区历史沿革这一逻辑起点出发，把握教育虚拟社区的发展脉络，继而匡助教育虚拟社区为教育的全球化和终身教育体系的构筑贡献出一定的力量。

---

① 胡凡刚. 简论教育虚拟社区[J]. 电化教育研究，2005（9）：42-46.

第二章
教育虚拟社区的历史沿革

　　教育虚拟社区在促进"教"与"学"的过程中发挥着重要的作用。为了更好地了解教育虚拟社区的教育价值和教育意义,首先应该知晓什么是教育虚拟社区,教育虚拟社区是如何发展而来的,教育虚拟社区的要素有哪些,教育虚拟社区的功能有哪些,现实中的教育虚拟社区是如何发挥作用的。

第一节　从社区到教育虚拟社区

一、对社区的理解

"社区"这一概念经历了从德文"gemeinschaft"到英文"community",再到中文"社区"的演变过程,加之社区形式的多样性和复杂性,社区概念的内涵和外延不断得到丰富和发展。首次将"社区"一词用于社会学研究的是德国社会学家滕尼斯(Ferdinand Tönnies)。滕尼斯在1887年出版的《社区与社会》(Gemeinschaft and Gesellschaf)中最早提出"gemeinschaft"即社区的概念。德文"gemeinschaft"可以翻译为"共同体",表示任何基于协作关系的有机组织形式。滕尼斯认为,人类的生活方式从传统的乡村社会发展到现代的商业化社会,人际关系的特征和社会整合的方式发生了很大的变化。所以,他提出"社区"和"社会"这两个概念来分别表征人类共同生活的上述两种形态[1]。

社区主要存在于传统的乡村社会中,是由同质人口组成的具有共同习俗、价值观和认同感等社会心理特征的社会成员建立的密切关系、守望相助、富有人情味的社会团体。社区成员具有强烈的认同感,其社会关系的基础是某种自然意愿,包括情感、传统和人们之间的共同联系,连接人们的是具有共同利益的血缘、感情和伦理。

社会是由目的和价值取向不同的异质人口组成的,是靠分工和契约联系起来的,缺乏情感且关系疏远的社会团体。社会强调契约关系、等级关系的重要性,是人与人交往关系的主导形式。这些社会关系是基于某种理性意愿、个人主义和感情中立而形成的。滕尼斯基于工具理性,以及人与人之间机械结合所形成的冷冰冰的

---

[1] [德]斐迪南·滕尼斯. 共同体与社会——纯粹社会学的基本概念[M]. 林荣远, 译. 北京:北京大学出版社, 2010, 43-45.

社会关系对近代工业社会进行反思,他更加向往"社区"中存在的那种具有温情脉脉、深厚感情的社会关系[1]。

社区是指居住在某一地域内,由一整套社会关系联结起来的,形成有特定行为规范和生活方式的一群人。理论上,社区概括了人的一切社会关系,社区生活包括人的全部社会生活,也可把社区视为聚集在某一地域内的、互相关联的若干社会群体(家庭、民族)或社会组织(机关、团体等)的总和。社区的要素有四个:人口、地域、社区交往活动、维持集体生活所必须的共同行为规范和制裁制度。

20世纪20年代,美国的社会学家把滕尼斯的"gemeinschaft"译为"community",并很快成为美国社会学的主要概念。20世纪30年代初,"社区"一词由美国引入中国,最早由费孝通等燕京大学[2]社会学系的师生在系统介绍和引入西方社会学经典著作时,将"community"译为"社区"[3]。从此,"社区"逐渐成为中国社会学的通用语。

《辞海》对社区的定义是:以一定地域为基础的社会生活共同体,其基本要素包括:①有一定的地域;②有一定的人群;③有一定的组织形式、共同的价值观念、行为规范及相应的管理机构;④有满足成员物质和精神需求的各种生活服务设施[4]。

《中国大百科全书》对社区的定义是:社区是人们在特定区域内共同生活的组织体系[5]。爱德华(Edward)和琼斯(Jones)从社区结构和组织形式做出判断:有一群人,居住在一定的地理区域,在他们组织社会生活时行使一定程度的自治,以地方为基础来满足他们各方面的生活需要[6]。怀特(White)则从社区成员内在联系出发指出:"社区"一词一方面有一种情感上的力量,另一方面还有一种对于地方的、发生在身边的和熟悉的社会环境的归宿感[7]。

---

[1] [德]斐迪南·滕尼斯. 共同体与社会——纯粹社会学的基本概念[M]. 林荣远,译. 北京:北京大学出版社,2010,43-45.
[2] 燕京大学创办于1919年,1952年高校院系调整中被撤销,其文科、理科多并入北京大学,工科并入清华大学,法学院、社会学系并入中国政法大学。
[3] 费孝通. 二十年来之中国社区研究[A]//费孝通. 费孝通文集(第五卷)[M]. 北京:群言出版社,1999,530.
[4] 陈至立. 辞海(第七版)[M]. 上海:上海辞书出版社,2020,3976.
[5] 中国大百科全书总编辑委员会《社会学》编辑委员会,中国大百科全书出版社编辑部. 中国大百科全书:社会学[M]. 北京:中国大百科全书出版社,1991,356.
[6] 转引自:张新明. 网络学习社区的概念演变及构建[J]. 比较教育研究,2003(5):55-60.
[7] [美]威廉·富特·怀特. 街角社会:一个意大利人贫民区的社会结构[M]. 黄育馥,译. 北京:商务印书馆,2013,197.

滕尼斯以人际关系状况、形成、变化为观察对象，认为社区是有共同价值取向的同质人口所组成的关系亲密、出入相友、守望相助、疾病相抚、富有人情味的社会关系和社会团体。这种社会关系和社会团体是自然而然形成的，并不是有目的选择的结果，并非是基于一定的社会分工或契约关系[1]。可见，在滕尼斯的观念中，社区是指传统社会里关系亲密的社会团体，具有共同体的思想价值取向。

也有学者从其他视角出发对"社区"进行了定义，但基本上可以分为两类：一类是从功能主义的角度出发，认为社区是由有共同目标和共同利害关系的人组成的社会团体，即功能社区；另一类是从地域主义的视角出发，认为社区是在一个地区内共同生活的有组织的人群，即地域性社区[2]。但无论是从何种视角出发，对社区的研究和分析都可以从三个理论出发。一是社区交往理论。人不能生而无群，交往是人的本性，是人的一种基本需求。社区是具有密切关系、守望相助、富有人情味的社会团体，在社区内部，存在社区成员之间的交往；在不同社区，存在社区与社区之间的交往。二是文化理论。社区是指在特定空间中的人们因重要的社会行动联结而产生了情感的同一体。三是空间理论。人与人之间的交往、情感和认同都发生在一定的空间中，且这种空间存在一定的结构。

二、虚拟社区是社区发展的新趋势

虚拟社区是技术发展的产物，20世纪90年代，伴随互联网的飞速发展，身处世界各地的人们得以有机会通过互联网进行聊天、购物或就某一问题进行讨论，"虚拟社区"这一概念应运而生。该概念最早由美国学者莱茵戈德（Rheingold）提出，他也因此被称为"虚拟社区之父"。莱茵戈德把虚拟社区描述为一种与现实物理社会一样并行存在的在线网络社区。在这种网络社区中，社区成员可以互相交流、争辩、寻找有用信息，进行政治活动和谈恋爱等其他活动[3]。莱茵戈德认为，

---

[1] [德]斐迪南·滕尼斯. 共同体与社会[M]. 张巍卓, 译. 北京：商务印书馆, 2019, 77.

[2] 甘永成. 虚拟学习社区中的知识建构和集体智慧发展：知识管理与 e-learning 结合的视角[M]. 北京：教育科学出版社, 2005, 28.

[3] Rheingold H. A slice of life in my virtual community[A]//Harasim L M. Global Networks：Computers and International Communication[M]. Cambridge：MIT Press，1994，57-80.

凡是在现实物理空间中进行的人与人之间的交往活动，都可以在虚拟社区中完成[1]。虚拟社区包含的功能有群组讨论、在线聊天等。伴随移动互联网、云计算、物联网、大数据、人工智能、区块链等技术的发展，虚拟社区的功能也在不断丰富和拓展。

国内外学者从不同的视角对虚拟社区进行了分类。基于人的基本需求，哈格尔（Hagel）将虚拟社区分为兴趣社区、关系社区、幻想社区和交易社区[2]；基于不同的用途，琼斯（Jones）等将虚拟社区分为商业社区、人口社区、工业社区、兴趣社区、功能社区等[3]；依据学科特征的不同，夏南强和李倩将虚拟社区分为综合性社区、专科性社区和专题性社区[4]。需要指出的是，上述对虚拟社区的分类并不是绝对的，为了满足研究的需要，研究者基于不同的研究视角会对虚拟社区进行不同的分类。综合对比多种不同类型的虚拟社区可以发现，虚拟社区一般包括以下几个基本要素：一是要有一定的网上活动区域，社区是成员之间通过一定的网上区域进行交往的网络空间，如BBS、贴吧、网络聊天室等；二是虚拟社区要有一定数量的固定人群，一定数量的人群通过网络持续地、相对稳定地进行社区交往活动；三是虚拟社区要有共同的意识和文化，只有社区成员间有共同的价值观念和心理认同，社区成员彼此之间才会进行真正意义上的交往；四是虚拟社区中要有满足社区正常运行的技术和服务，虚拟社区要有专门的管理人员、技术人员进行维护；五是虚拟社区要有一定的伦理规约，为了维护虚拟社区的高效、健康、可持续发展，社区成员在进行社区交往活动过程中必须要遵循一定的伦理规约。

虚拟社区跨越现实空间和地域的障碍，使得社区成员之间基于共同的价值观念和文化追求，实现信息交换、知识传播和情感交流。因此，虚拟社区展现出与现实物理社会和现实物理社区所不一样的特征。首先，虚拟社区具有虚拟性。这表现为交往主体、交往客体和交往空间的虚拟性。在虚拟社区中，社区成员可以根据个人兴趣和喜好塑造虚拟个体。虚拟社区中的交往主体是人，交往客体是人与人在交

---

[1] Rheingold H. The Virtual Community: Homestanding on the Electronic Frontier[M]. New York: Addison-Wesley, 1993, 6.

[2] Hagel J. Net gain: Expanding markets through virtual communities[J]. Journal of Interactive Marketing, 1999, 13（1）: 55-65.

[3] Jones Q. Virtual-communities virtual settlements cyber-archaeology: A theoretical outline[J]. Journal of computer-mediated communication, 1997, 3（3）: 24.

[4] 夏南强, 李倩. 试论社会科学学术网站的类型与特点[J]. 情报科学, 2007（3）: 332-339.

往过程中共同指向的意义载体，即虚拟信息。社区成员通过文本、声音、图像等进行情感和意识的交流。虚拟社区为人类提供了另一个生存、生活的空间，尽管这一空间是看不见、摸不着的，但是它却是客观的、实在的存在，也能被人们所感知和应用。其次，虚拟社区具有去中心化的特征。在互联网等技术营造出的网状结构中，人人相互平等地存在，彼此之间相互平等地进行交往，无论是"职场小白"还是"领域权威"，都可以在虚拟社区中平等地进行交往。最后，虚拟社区具有自组织性。对于一个健康、可持续发展的虚拟社区来说，其呈现出一种自组织性，即社区能够实现自我管理、自我教育、自我服务和自我约束，进而实现虚拟社区的有序化。此外，虚拟社区还具有交流的自由性、流动的频繁性等其他特征。

三、对教育和学习的需求呼唤教育虚拟社区

移动互联网、云计算、物联网、大数据、人工智能、区块链等技术的发展极大地影响着信息时代、互联网时代人们的生活方式和学习方式。越来越多的国家和地区注意到信息技术在教育中的作用，并将信息技术在教育领域中的应用和研究上升为国家战略。有越来越多的人正在接受网络教育和在线教育。

然而，当前网络教育领域存在的主要矛盾是，广大网络教育学习者对于优质网络教育服务的需求同当前网络教育服务发展不平衡、不充分之间的矛盾。也就是说，优质的网络教育服务供需之间的矛盾成为网络教育领域的主要矛盾。一方面，互联网上存在海量的信息，任何人都可以借助互联网在任何时间、任何地点与任何人进行沟通和信息的交换；另一方面，在网络沟通中，人们渴望高质量、高效的网络社交和网络服务，因而花费了大量的时间用于对有用信息的检索、提取、加工等。具体到教育领域而言，信息技术的发展促使越来越多的大学和机构建立了自己的网站，学习者可以很容易地检索到相关的信息和知识，如何在实践教学过程中更好地应用这些信息和知识、如何恰到好处地解决实践教学过程中随时出现的问题也就成为关键问题。此外，如何根据学习者的学习步调为学习者提供个性化的学习支持服务，为学习者提供更加精准、及时、高效的指导，同时使学习者之间进行相互沟通，不断优化学习体验、生成集体智慧，这些成为信息时代教育教学过程中必

须解决的问题。传统的课堂教学是基于课程或学科知识的传授展开的，课程之间是松散耦合的，这种相对独立的学科体系的划分不利于现实生活中复杂性、真实性问题的解决。随着互联网技术、通信技术等的发展，社区成员对高质量、个性化的学习服务的追求，对美好人际交往、情感构建的需求，以及社区成员自身的发展需求等，催生了教育虚拟社区的产生和发展。

据统计，人们所学到的知识中有70%来自非正式教育[①]。教育虚拟社区为学习者营造了一种非正式的交往互动学习结构，拓展了学习者学习交往的空间和范围，为终身学习提供了便利条件。现实生活中，隐性知识难以通过传统的正式教育和培训来获取，例如，在新入职教师培训中，教师的教育信念、人际知识、情境知识、策略性知识、反思性知识等隐性知识难以通过传统教育方式来获取，而教育虚拟社区为这类知识的传递和共享提供了一种途径。教育虚拟社区为新手型教师、成熟型教师、专家型教师提供了相互交流、相互指导、相互学习的机会，有利于集中集体智慧解决现实教学实践中的疑难问题。

教育虚拟社区是在基于跨时空、开放的、自由的网络虚拟环境，社区成员（包括教师和学生）之间进行专题研修、交互协作、资源共享，从而相互影响、相互促进，最终形成的具有共同社区文化心理的、生态式的社会关系共同体[②]。在教育虚拟社区中，不同学历水平、文化背景、知识层次的学习者借助网络学习平台组成一种跨时空的网络学习共同体。社区成员自愿参与教育虚拟社区中的各种学习交往活动，相互学习和交流经验，并自愿承担在教育虚拟社区中的相关责任和义务。教育虚拟社区具有教育学和社会学的双重属性，社区成员彼此之间通过网络进行同步或异步的对话、交流和合作，共享一定的知识、目标、活动和资源，进而实现价值观、情感和思想的交流和碰撞，最终实现具有同一性的共同体文化心理和文化追求。教育虚拟社区作为一种线上学习组织形式，具有教育的目的性，通常会与某一课程学习相结合，是实现线上与线下、虚拟与现实相结合的一种重要的混合式学习形态。

研究者从不同的研究视角和研究方法出发，对教育虚拟社区的类型会有不同的划分。依据社区主题所在的地域，可以把教育虚拟社区划分为基于某一学校或某一班级的教育虚拟社区，该类社区在某种程度上是依据现实物理世界中的教学行

---

① 袁志超，赵静. 远程教学中促进教师隐性知识转移的实践社区建设[J]. 现代情报，2011，31（11）：131-134.
② 胡凡刚. 简论教育虚拟社区[J]. 电化教育研究，2005（9）：42-46.

政班或者某一学校形成的，社区成员之间彼此比较熟悉；依据社区交往的内容，可以把教育虚拟社区划分为基于某一学科课程的教育虚拟社区，如曲阜师范大学基于课程"学习科学与教育技术"而建立的"学习科学与教育技术"教育虚拟社区；基于社区成员的学习行为，可以把教育虚拟社区划分为基于学习活动的教育虚拟社区，如探究性学习类教育虚拟社区、技能分享类教育虚拟社区等；基于社区成员的学习动机，可以把教育虚拟社区划分为基于学习兴趣的教育虚拟社区，如孕妇交流类教育虚拟社区、育儿类教育虚拟社区、读书类教育虚拟社区、购物类教育虚拟社区等。综上可知，对教育虚拟社区进行划分的方法有两种：功能性划分法和地域性划分法。

基于教育虚拟社区的概念和分类，从生态学的视角出发，我们可以得出教育虚拟社区的构成要素如下。

1. 社区共同体

社区共同体是教育虚拟社区的"生命"要素。社区共同体是社区成员基于共同的兴趣和需要，在一定的网络学习空间中，通过学习交往活动而形成的共同体。社区共同体包含教育虚拟社区中的学生、教师和助学者（助教、导学、研究人员等）。社区共同体是一个具有共同的价值观和文化追求的群体，当社区成员为了共同的愿景和共同的目标进行社区交往活动，进行深度交流和互动，建立密切的学习伙伴关系的时候，这种学习群体才被称为社区共同体。如果一群人基于不同的目的仅仅是注册加入某一社区平台，而没有开展社区交往活动，并未形成社区共同的愿景和文化，这样的群体不能被称为社区共同体。

2. 交往平台

交往平台是教育虚拟社区生长的"土壤"。交往平台为社区成员之间的学习与交往提供了场所，社区成员在交往平台中进行分享、交流和沟通。也就是在社区成员交往、互动的过程中，教育虚拟社区的资源、内容和结构得到不断优化和发展。随着移动互联网、云计算、物联网、大数据、人工智能、区块链等技术的发展，交往平台应当能够依据社区成员的个体之间、群体之间的交流互动提供不同层次的网络交流空间和管理工具。

3. 内容和资源

内容和资源是教育虚拟社区存在和生长的"给养"。交往是教育虚拟社区中最主要的活动，良好的教育虚拟社区交往需要内容和资源的支持。教育虚拟社区的资源是丰富多样的,不仅包含线上课程学习的相关活动,还包含线上的交流活动,以及在交流过程中形成的观点、思想、文章、案例、工具等。教育虚拟社区是一个动态的生态系统,数据、信息、知识和智慧在教育虚拟社区中不断被交流和交换。已有内容和资源在社区交流和交换的同时,催生了新的内容和资源,因此,教育虚拟社区的内容和资源具有生成性和创新性。教育虚拟社区的内容和资源不仅包含声音、文本、图形、图像等显性知识,还包含可以通过协作传递的隐性知识。

4. 交往互动

交往互动是教育虚拟社区的"机制与核心"。对于教育虚拟社区而言,交往互动是学习环境的"灵魂",缺少了交往互动,教育虚拟社区的其他要素就难以发挥作用。只有在交往互动中,社区成员之间的思想才能得到碰撞和交流,最终促进学习行为的发生。交往是人的本性,是社区成员在教育虚拟社区中从事社区活动的"手段",同时又是"目的"。只有作为"目的"和"手段"的社区交往都是善的,都是合乎教育虚拟社区伦理规范的,这种类型的教育虚拟社区才能得到健康、可持续发展。

5. 社区文化和环境

社区文化和环境是教育虚拟社区得以成长的"空气和阳光"。社区文化包含社区成员的价值观、信念、态度、行为规则、礼仪等。具有相似文化背景的社区成员彼此之间更加容易交流互动,进而在社区中形成一种平等、轻松、愉悦的社区交往环境。良好的社区交往环境更加有利于学习者形成社区归属感、对他人的认同感和自我成就感。因此,社区文化和社区环境的打造和建设质量,对教育虚拟社区的健康、可持续发展具有重要意义。传统的校园中,校园文化、校园环境、班级文化、班级环境一般是由学校管理人员、班级管理人员和教师来主持建设或营造的。在教育虚拟社区中,人人都是学习的"主人",人人都是"教师",人人又都是"学生",人人都可以参与到教育虚拟社区的文化和环境的创建过程中来。社区文化和社区环境是通过讨论、民主协商等确定的。

从生态学的视角出发,一个正常运转的教育虚拟社区就如同是一个生态系统。在这个生态系统中,社区共同体、交往平台、内容和资源、交往互动、社区文化和环境等要素相互依赖、相互影响。当对教育虚拟社区进行研究、建设和管理时,不应该把上述各要素割裂开来片面地进行处理或理解,应该从整体论、系统论、相互联系、相互作用的视角来进行分析和把握。社区共同体是教育虚拟社区生态交往的主体；交往平台、内容和资源是教育虚拟社区的物质承载条件与存在给养；交往互动是社区成员交往和整合得以实现的客观机制，是整个教育虚拟社区的核心要素，社区中其他要素必须通过交往互动才能发挥作用；社区文化和环境是社区交往得以健康、可持续发展的精神要件。各种要素紧密联系，缺一不可。

四、教育虚拟社区的功能

教育虚拟社区促进社区成员在社区助学者有意识的引导下，通过探索学习、体验学习、合作学习和自主学习等社区交往活动，实现学会学习、学会交往等目的。

（一）教育虚拟社区的生成性促进知识的建构和生成

移动互联网时代，学习者可以借助学习终端轻松获取自己想要的信息。不同文化背景、知识背景的学习者，基于共同的文化和价值追求，借助学习网络形成教育虚拟社区。在进行社区交往的过程中，个体的能力得到了提升。社区成员在教育虚拟社区中不断地探究、分享、创造、体验，从中发现问题和解决问题，从而不断提升个人发现问题、分析问题和解决问题的意识和能力。同时，社区成员的交往能力、实践能力和创新能力也得到了提升，促进了新知识的生成。在进行社区交往的过程中，群体的知识和智慧也得到了丰富。社区成员使用讨论区、视频会议、协作工具等进行信息和知识的分享，减少了彼此之间的时空距离感，增加了彼此之间的信任和身份认同。当社区的交流和协作达到一定程度时，整个教育虚拟社区就会涌现出群体智慧，使得整个教育虚拟社区朝向更高级的方向发展。

（二）教育虚拟社区的交互性促进学习能力的发展

安德森（Anderson）和盖瑞森（Garrison）对远程教育中的交互类型进行了梳理和划分，在对各种不同模式的交互及其成本、收益和研究的问题进行讨论的基础上提出了"等效交互理论"[①]。教育虚拟社区中存在六种类型的交互：学生与学生之间的交互、学生与教师之间的交互、学生与学习内容之间的交互、教师与教师之间的交互、教师与学习内容之间的交互、学习内容与学习内容之间的交互。在教育虚拟社区中，学生与教师之间的交互被认为是价值最高的交互形式，这种类型的交互是可以自动产生的。在不同的交互过程中，学生的问题得到逐步解决，学生真真切切地感受到自己的能力得到了提升，这有助于增强学生的自我效能感。通过不断地获取信息、分析问题、解决问题的过程，学生的个体知识得到不断建构，个体能力得到不断提升，通过个性化和社会化的互动不断生成新的知识并进行实践创新。

（三）教育虚拟社区的平等性和民主性保证学生对目的性交往的持续追求

现实社会中，学生与学生之间、学生与教师之间的交往受到多种现实因素的影响，如社会地位、经济条件、政治因素、地理因素等。这些因素造成现实社会中学生与学生之间、学生与教师之间交往的平等性和民主性难以得到保证。而在教育虚拟社区中，网络的虚拟性排除了上述因素的影响。在教育虚拟社区中，人人都是平等的，在遵循规则的情况下，人人都可以自由地进行交往和学习活动。从一定程度上说，网络的虚拟性削减了"教师"和"专家"的权威性。限于个人的文化背景和知识储备，人人都是"学生"，同时人人又都是"教师"。同一学习者在面对不同的问题或者在教育虚拟社区发展的不同阶段时，会在"学生"和"教师"的角色中不断地进行转换。这有利于社区成员全身心地投入到社区交往活动中，并就感兴趣的问题发表个人看法和观点，在观察、探索、合作中体验学习与交往的快乐，促进学习与交往、认知与情感的有效统一。

梳理从社区到教育虚拟社区的概念演变（图2-1），我们可以发现促使社区概念发生演变的内在逻辑是人的本性需求。人们渴望建立一种美好的人际关系，渴望自己的需求得到满足，渴望社会是平等的、和谐的、进步的、发展的。地域、网络技术、教育等因素引起人们生产和生活方式的变化，进而影响到社区内涵的变化。对机器大工业时代淡漠的、冷冰冰的人际关系的反思，导致"社区"概念的提出；

---

① 特里·安德森，董秀华.再论混合权利：一种最新的有关交互的理论定理[J].开放教育研究，2004（4）：19-26.

随后，因人们在"社区"中加进了"地域"要素，社区就演变成了"地方社会"；接着，超地域人际关系的建立，导致"社区解放"的出现；互联网、多媒体等网络技术的出现与发展催生了"虚拟社区"，为人们超越地域限制而进行跨地域、跨文化的交流提供了方便；人们对于网络环境下教育与学习发展的需求，导致"教育虚拟社区"的出现。

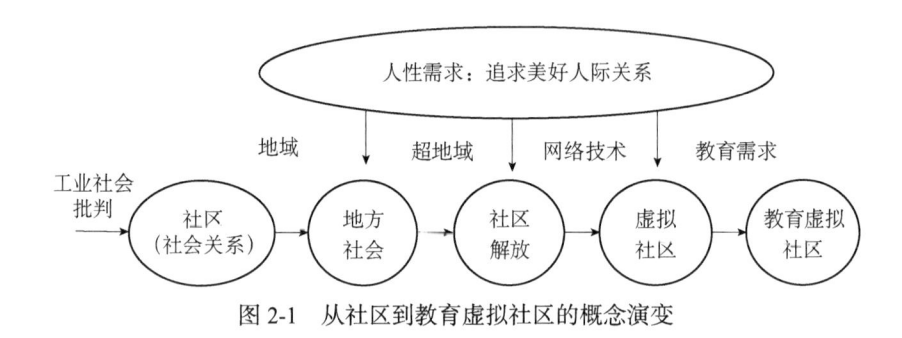

图 2-1　从社区到教育虚拟社区的概念演变

教育虚拟社区是具有学习功能、追求教育目的、实现教育价值的虚拟社区。教育虚拟社区的教育性是其区别于其他类型虚拟社区的标志性特征。社区成员在教育虚拟社区中根据个人兴趣和喜好，自主选择学习内容，自定学习步调，主动进行探索和交流。社区成员在平等、自主、开放的学习交往活动中，促进社区不断生成新的内容和资源。

第二节　元宇宙时代的教育虚拟社区

教育虚拟社区是在信息技术发展的大背景下，为满足人们对于教育和学习的需求而出现的必然产物。元宇宙（metaverse）的相关理念和技术，契合了教育虚拟社区的发展。元宇宙在提升教育虚拟社区的资源建设、社区交往、学习支持和个性化学习服务等方面发挥着重要作用，有利于解决教育虚拟社区中存在的学习者"不在场"、学习资源失真等问题。

一、什么是元宇宙

"元宇宙"这一词汇最早出现在美国科幻小说作家斯蒂芬森（Stephenson）的《雪崩》（Snow Crash）一书中，用来描述 3D 和虚拟世界[①]。尽管对"元宇宙"这一概念尚未形成共识，但是各行各业纷纷表示元宇宙将会使社会发生重大变革。不同行业和领域结合自身的特性对元宇宙的应用和发展进行了理论和实践上的探索。例如，清华大学新闻与传播学院新媒体研究中心发布的《元宇宙发展研究报告 2.0 版》中将元宇宙描述为：元宇宙是整合多种新技术产生的下一代互联网应用和社会形态，它基于扩展现实技术和数字孪生技术实现时空拓展性，基于人工智能技术和物联网实现虚拟人、自然人和机器人的人机融生性，基于区块链、Web3.0、数字藏品/NFT[②]等实现经济增值性，在社交系统、生产系统、经济系统上虚实共生，每个用户可进行世界编辑、内容生产和数字资产自所有[③]。

2021 年，中共中央纪律检查委员会和中华人民共和国国家监察委员会网站上发文《元宇宙如何改写人类社会生活》[④]，该文描述了什么是元宇宙，以及元宇宙可以被应用在哪些行业和领域，并呼吁人们要理性看待元宇宙。我国第一本有关元宇宙和教育的书，是李骏翼等所著的《元宇宙教育》。该书指出，元宇宙是数字化发展到一定阶段的产物，元宇宙应用于教育领域，必然会给教育带来新的机遇和挑战，必将引起教育生态、教育方式和师生关系的变化[⑤]。2021 年 12 月，上海市经

---

① Dwivedi Y K, Hughes L, Baabdullah A M, et al. Metaverse beyond the hype: Multidisciplinary perspectives on emerging challenges, opportunities, and agenda for research, practice and policy[J]. International Journal of Information Management, 2022, 66: 102542.
② NFT 是 non-fungible token 的缩写，即非同质化代币，是一种基于区块链技术的数字资产。
③ 新媒沈阳团队. 元宇宙发展研究报告 2.0 版[R]. 北京：清华大学新闻与传播学院新媒体研究中心，2022.
④ 管筱璞, 李云舒. 深度关注|元宇宙如何改写人类社会生活[EB/OL].（2021-12-23）. https://www.ccdi.gov.cn/toutiaon/202112/t20211223_160087.html.
⑤ 李骏翼, 杨丹, 徐远重. 元宇宙教育[M]. 北京：中译出版社，2022, 20-21.

济和信息化委员会发布《上海市电子信息产业发展"十四五"规划》，首次将元宇宙写入地方政府工作报告。2021 年，斯坦福大学开设了首门元宇宙课程"Virtual People"。2022 年，香港科技大学推出全球首个元宇宙双子校园 MetaHKUST。

二、元宇宙赋能教育虚拟社区

（一）元宇宙赋能教育虚拟社区的资源建设

元宇宙促使数字资源从平面化向动态化发展，加快了教育虚拟社区的资源建设进程。首先，元宇宙能够实现"身体感官的全面浸入"[1]，能够提供全新的文化环境和交互模式[2]，进一步提升教育虚拟社区服务的质量和水平，使教育虚拟社区用户能够进行更高效的交互，促进社区知识更高质的共享和生成。其次，元宇宙技术的持续发展，逐步打破虚实隔阂，成为虚拟与现实之间实现融通的媒介，促进教育虚拟社区资源类型的丰富、内容的持续发展。最后，在教育虚拟社区知识交互与传播过程中，元宇宙能够发挥现代信息技术的优势，对社区知识资源进行再加工，促进知识存储、传播方式的创新发展，支持不同社区成员之间进行更高效的知识融合和创新。

（二）元宇宙赋能教育虚拟社区的交往

在以往的教育虚拟社区中，社区成员之间的交互、社区成员与社区内容的交互更多地体现在社区成员与交互界面的交互上。元宇宙的出现，模糊了现实与虚拟之间的界限。元宇宙将传统教育虚拟社区中的界面交互提升为真实场域中的情景交互。在以往的教育虚拟社区中，社区成员之间往往通过文本发帖、在线语音或在线视频进行交互，交互的内容借助文本、声音和视频进行传输。从传播学的角度审

---

[1] 谢笑莲. 元宇宙赋能下学术虚拟社区知识共享行为及其驱动因素[J]. 图书馆工作与研究，2023（10）：3-12，22.

[2] 彭影彤，高爽，尤可可，等. 元宇宙人机融合形态与交互模型分析[J]. 西安交通大学学报（社会科学版），2023（2）：176-184.

视，信息和知识在转换为文本、声音和视频等载体时，不可避免地会丢失一部分原有的属性，导致信息源与信息接收者之间所接触到的信息和知识有所区别。元宇宙可以依托 3D 建模、实时渲染提供视觉信息，应用大数据技术、人工智能技术辅助学习者实现及时交互。学习者将更多的时间和精力用在对信息和知识本身价值的感悟与认知中，而不是耗费在信息和知识传输的媒介上。传统教育虚拟社区中更多注重的是知识的传递和分享，社区成员之间的交往难以产生"高峰体验"。元宇宙中学习者之间的交往，就如同在现实社会中的交往一样，学习者能够真实地感受到对方的面部表情、语调、语气等，有助于增强社区成员的社会存在感。元宇宙赋能社区成员在社区交往过程中产生良好的交往体验，实现实时交往，不会再感受到技术这种交往媒介的存在，而是更多地专注交往的真实体验和对问题本身的思考上。

（三）元宇宙赋能教育虚拟社区的个性化学习服务

元宇宙中的智能技术、大数据技术等，通过对社区学习者学习过程中产生的学习行为数据进行分析，对学习者进行精准画像，准确掌握学习者的学习需求和学习方式等信息。智能代理可以从已有的学习资源库中寻求符合学习者学习需求的资源，并对资源的学习方式提供相应的支持和辅导。此外，智能评价技术可以对学习者的学习过程和学习结果进行评价，以评估学习者的学习效果。针对评估的结果，元宇宙下的教育虚拟社区会给出下一步学习的建议。通过上述个性化的学习过程，元宇宙中的智能技术帮助学习者从低能力状态转为高能力状态。元宇宙中的虚拟现实技术、智能交互技术等可以为教育虚拟社区提供高质量的学习资源和学习服务，促进学习者在学习时达到心理学意义上的"沉浸体验"状态，同时可以提高教育虚拟社区的团队创新能力、解决问题能力和批判性思维水平等。元宇宙中的智能挖掘技术，通过对学习者学习过程和学习行为的大数据分析，进一步挖掘学习者的认知能力，促进学习者高阶思维能力的养成，进而更好地应对未来社会的挑战和变革。就如同在现实生活中一样，元宇宙支持学习者在多个虚拟场景中"穿梭"，为学习者提供跨越多个教育虚拟社区的学习经验，帮助学习者整合多个领域的知识和技能，从而实现从单一技能到多项成熟技能的跨越。

尽管元宇宙将学习者引入了"超现实"时代，突破了教育教学、虚拟与现实的边界，但是元宇宙的出现增加了教育虚拟社区系统的复杂性。元宇宙中出现的虚拟学习者与学习者本身之间的"关系"如何确定，其是否有意识，是否可以称之为社区交往的主体？如果是，其能否进行独立思考？这些都对元宇宙赋能教育虚拟社区发展提出了新的挑战。

第三节　教育虚拟社区经典案例

通过梳理从社区到教育虚拟社区的演变过程，我们对教育虚拟社区的概念、结构、构成要素和特征等有了基本的认识。那么，现实中的教育虚拟社区是什么样子的？其是如何运行的？其能否发挥应有的作用？下面通过几个典型的案例来对教育虚拟社区进行分析。

一、"学习科学与教育技术"教育虚拟社区

（一）社区简介

笔者所在的曲阜师范大学"学习科学与教育技术"国家一流课程团队一直躬耕于教育虚拟社区的理论和实践研究，从 2005 年开始在曲阜师范大学教育技术学本科生中开设"学习科学与教育技术"课程，2006 年借助天空教室建设基于该课程的"学习科学与教育技术"教育虚拟社区并投入使用，2009 年应用 ASP.NET 自主开发基于该课程的教育虚拟社区平台，2022 年借助智慧树平台构建新型的教育虚拟社区。目前在该教育虚拟社区中进行系统化学习和研究的人数非常多，社区访问

量也相当高。该教育虚拟社区在新冠疫情期间，为保障学生的课程学习发挥了重要作用。

（二）社区交往功能

如图 2-2 所示，"学习科学与教育技术"教育虚拟社区主要包含三大模块：教师模块、学生模块和管理模块。教师模块核心部分有课程研修、资源中心、小组作业、智能评价等。课程研修部分，教师及时发布相应的课程学习目标、学习资源并为学习者提供相应的学习支持服务。资源中心部分为学习者提供相应的学习资源，这些学习资源不仅包含教师、助学者等发布的学习资源，还包含以往学习者在学习过程中生成的资源。小组作业部分，教师可以通过文本、声音、视频的形式参与到学习者的讨论和交流中去。智能评价部分可以为学生提供关于其学习效果的过程性评价和总结性评价，社区平台记录了学生在社区中的学习行为和学习结果，并按照结构化的数据形式进行存储，在自主评价、小组评价、教师评价和跟踪评价的基础上，最终得出对学生的总体评价。与之相对应，在学生模块，核心部分有资源中心、小组学习、智能评价等。学生依据教师和助学者提供的先行组织者，结合已有经验，通过社区交往活动来完成学习任务，最终达成学习目标。小组学习部分支持学生依据个人喜好自由地在社区中与其他学习者或学习资源进行交互。为了保障学习效果，社区平台会记录学生在虚拟社区中的学习过程。学生借助社区平台完成日常学习过程中的各项学习任务，更重要的是，学生可以借助该社区平台形成与课程学习主题相关的学习网页，以记录自身的学习过程。需要指出的是，教师模块和学生模块还提供了"快乐大本营"模块。一方面，该模块可以减轻教师、学生的学习和工作压力；另一方面，学习者借助该模块可以了解其他学习者的学习风格、性格或个人喜好。在正式场所中，学习者可能会有意或无意地隐藏个人的学习行为或学习信息，但是在"快乐大本营"这种非正式场所中，学习者更加容易"暴露"个人的学习行为习惯和部分信息，进而有利于教师掌握学习者的学习行为习惯，以进行个性化的学习服务指导。社区学习者借助社区平台，对相关社区资源进行学习，在学习的过程中完成社区交往，同时对自己、教师和同侪学习者进行评价。管理模块主要是对社区成员、学习资源以及与社区运营相关的部分进行管理。

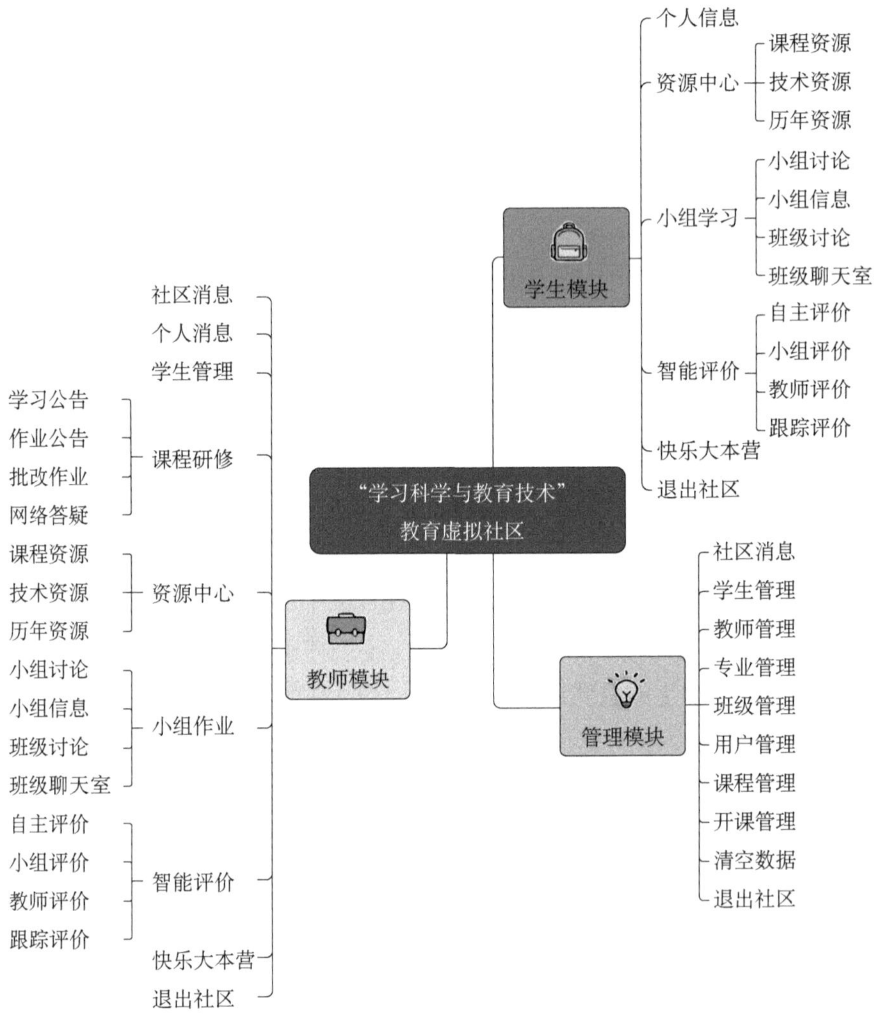

图 2-2 "学习科学与教育技术"教育虚拟社区

二、"'互联网+教育'与教育数字化转型"教育虚拟社区

（一）社区简介

"'互联网+教育'与教育数字化转型"课程是以联通主义新知识观、学习观、

课程观为指导，秉承开放、共享、互动、创新的课程理念，聚焦"互联网+教育"的基本原理、教学创新、研究创新、教育评价、教育资源、教育治理的前沿理论与创新实践课程。"'互联网+教育'与教育数字化转型"教育虚拟社区以该课程为基础，由北京师范大学陈丽教授主持，由互联网教育智能技术及应用国家工程实验室团队开发。该社区于 2019 年 3 月 12 日开始运行，汇聚了众多成员共同探讨互联网推动教育变革的规律、路径和解决方案。

（二）社区要素分析

1. 社区共同体

"'互联网+教育'与教育数字化转型"教育虚拟社区成员包含互联网教育领域的教育管理者、企业实践者、研究人员、一线教师和学生等。这些人员在该社区中围绕"互联网如何推动教育理论和实践创新""教育数字化转型的动因""如何做好教育的数字化转型"等话题进行交流、互动、共享和创新。教育管理者从管理者的角度对教育数字化时代"互联网+教育"过程中的经验和问题进行审视，并从管理学、组织学等视角提出问题的解决方案；企业实践者更多是从技术开发、现实运行等方面对教育数字化时代"互联网+教育"实践过程中的经验和问题进行总结；研究人员则是从研究者视角研究和揭秘教育数字化时代"互联网+教育"的新规律、新知识、新模式；一线教师和学生则是从用户的角度去体验和感受数字化时代"互联网+教育"的服务效果。

2. 交往平台

"'互联网+教育'与教育数字化转型"教育虚拟社区主要包含"主题广场""探索发现""课程简介""课程评价""证书申请"五大模块。学习者在社区的导航栏中可以非常便捷地找到上述五大模块，点击即可进入参与相应模块的学习或活动。此外，导航栏中还设有"北师大在线平台"的链接，学习者可以由此进入北京师范大学的在线学习平台。社区成员可以通过"主题广场"（图 2-3）了解当前社区正在探讨和研究的主要话题，并从中选择自己感兴趣的话题来参与社区交往活动。社区平台针对社区成员选择的感兴趣的话题及时更新相关内容。在"主题广场"模块中还有两个非常重要的内容：一个是"搜索一下"，站内检索可以使社区成员通过关键词检索到站内任何资源或者是其他社区成员；另一个是"我的成就"，社区成员通过该部分内容可以清晰地看到个人在社区中的学习进度，包含自己在社区的发文数量、回帖数量、被回帖数量、自己对他人的评论、他人对自己的评论、点赞数、被点赞数、关注数量和粉丝数量。这一温馨的设置可以使学习者清晰、直观地了解自己的学习进度，有助于激发学习者学习的积极性和主动性，提升学生在社区学习的自我效能感。

图 2-3　主题广场模块

如图 2-4 所示，在"探索发现"模块，社区成员可以通过"我关注的动态"及时获取自己感兴趣的话题或其他社区成员的最新消息。通过"文章"的搜索功能，社区成员可以通过关键词对整个社区中的文章进行检索。通过"论坛"部分，社区成员可以及时掌握每个主题下相关话题的讨论内容，且平台依据参与人数和参与次数对这些讨论内容进行了排序。社区助学者会在"活动"部分及时发布基于该课程的线上和线下活动。通过"学习伙伴"部分，社区成员可以了解同侪的学习进展情况，进而可以选择志同道合的学习者进行深度交互。由此可见，该社区充分重视学习交往在社区形成和发展过程中的作用，尤其注重学生与学生之间、学生与学习内容之间、学生与教师之间的交互。

图 2-4　探索发现模块

在"课程简介"模块，社区成员可以快速地了解该教育虚拟社区的历史沿革，明确课程和社区建设的特色。"课程评价"模块主要告知社区成员为了更顺利地获取学习证书，其所必须完成的学习任务。

3. 内容和资源

"'互联网+教育'与教育数字化转型"教育虚拟社区的内容和资源是极其丰富的。该社区包含了文本、图形、视频等多种形式的内容和资源。如图 2-5 所示，每一个主题学习都包含"主题概述""论坛话题""沙龙活动""知识寻径""主题动态"五部分内容。

"主题概述"中包含"主持教师信息""主持老师有话说""如何利用主题版块开展学习""主题学习概览""起点资源"等内容。主持教师是该主题学习的主持人，负责引导和组织关于主题的学习与讨论，起到组织者、管理者和助学者的作用。学习者可以从主持教师信息中获取主持教师的相关教学和研究背景等基本信息。"主持老师有话说"以视频的形式对主题学习的学习背景、学习内容、学习目标和学习方式等进行简要说明，使学习者对主题的学习有初步的了解，进而做好该主题

图 2-5 主题学习内容设置

内容学习的规划。"如何利用主题版块开展学习"告知学习者可以通过什么样的路径参与主题的学习，明确主题的学习收获，激发学习者的学习兴趣。"主题学习概览"的设置可以使学习者清晰地了解主题学习的进度、学习活动和学习内容，从而更好地规划个人学习进度和学习目标。"起点资源"可以提供关于主题的先行学习内容和学习资源，这些学习内容和学习资源大多是由主持教师和导学来发布的，学习者只有完成对这些先行学习内容和学习资源的学习，才能更好地参与社区交往活动。

"论坛话题"是针对某一主题的相关话题讨论。社区成员可以选择自己感兴趣的话题加入讨论，也可以根据学习需要点击"发布"以发起自己感兴趣的话题，从而同其他社区成员进行交流。值得注意的是，为了确保话题讨论得以顺利进行，每个话题都设有先行组织者，这些引导性材料能够帮助社区成员建立新旧知识之间的联系，从而更好地参与到社区的学习交往活动中。

"沙龙活动"免费为社区成员开放专家直播讲座和社区成员线上交互模块。专家通过直播平台进行在线直播，社区成员免费参与到直播中，并就专家的观点发表个人见解。"沙龙活动"为社区成员与专家、社区成员之间的同步交往提供了支持。

"知识寻径"反映了学习主题的网络构建和内容生产情况。社区成员可以直观、清晰地看到基于该主题的社区网络结构，通过点赞、关注、评论等方式与其他社区成员和内容进行交互。社区成员也可以直观、清晰地看到基于算法生成的被人们关注的内容的生产和再生产的过程。通过点击"节点"，社区成员可以快速地跳转到与自身有共同兴趣的其他社区成员的主页，进而与其他人建立联系。

"主题动态"呈现了基于主题的相关学习动态。在"主题动态"中，社区成员可以查看基于某一主题的学习伙伴的学习动态，还可以通过"筛选"功能筛选与自己研究内容相关的学习内容。

4. 交往互动

交往互动在整个教育虚拟社区中随处发生，是整个教育虚拟社区的"机制与核心"。交往互动体现在社区成员对自己感兴趣的主题的发文、回帖、评论、点赞、关注等社区活动中。在主题广场模块，社区成员可以检索基于某一学习内容的文章、论坛、活动及学习伙伴。通过"检索"功能，社区成员可以快速获取其所需要的资源，可以快速地与具有相同兴趣的学习者建立联系，可以快速地发现社区中更多的精彩内容。

5. 社区文化和环境

"'互联网+教育'与教育数字化转型"教育虚拟社区是基于联通主义的，由国内顶尖的互联网教育学科团队共同开发和运营的一个教育虚拟社区。该社区支持学员"自选主题"并支持社区内部的检索功能，支持社区成员与社区内部的其他任何成员快速地发生联结和交互，进行思维的碰撞和交流。同时，社区还借助微信及时发布有关社区内容和社区活动的最新资讯以及相关的个性化学习服务，帮助社区成员及时了解课程动态。

"'互联网+教育'与教育数字化转型"教育虚拟社区为关注互联网、教育数字化在教育中应用的理论和实践话题的相关人员提供了学习、交流的场所。与其他教育社区一样，该社区还设有社区使用指南、社区注册、社区登录等部分内容。

三、Gather town 教育虚拟社区

Gather town（https://www.gather.town）是一个具备教学、会话功能的元宇宙教育虚拟社区。社区成员能够根据自身需求，自主创建自己喜欢的形象并参与到教学活动中。为了满足不同的教学活动需求，Gather town 提供了多种虚拟教学场景，如教室空间、项目空间、会议空间等模块，还可以模仿班级授课、小组研讨等多种教学场景（图2-6）。社区学习者可以根据自身喜好和学习基础，自主选择学习场景，自主选择学习步调。Gather town 的使命定位是，通过虚拟技术构建一种元宇宙空间，消除人与人在现实生活的交往中所遇到的隔阂，从而促进社区成员更好地交互。

（一）交往平台

Gather town 提供了一种真实的虚拟社交情景，就像在现实世界中一样，用户可以轻松地开始或结束与其他用户的对话和聊天。用户可以通过搬动桌椅走到对

图 2-6 Gather town 教育虚拟社区

话人的面前，与对话者进行亲切交谈。在 Gather town 中，用户可以看到自己和其他用户正在占用的虚拟"房间"以及附加的组成部分。Gather town 支持用户在房间内四处移动，并随时以参与者的身份参加到社区的各个交往活动中。针对教师、学生和公司职员，Gather town 提供了一些预制的场景，如校园、宿舍、会议室、实验室、办公场所等。具体到每一个场景中，Gather town 提供了不同的组件和工具，例如，为了更好地创建教室场景，Gather town 提供了白板、讲台、课桌等工具和组件。疫情期间，Gather town 在韩国中小学中得到应用，探索出了一条较好的"元宇宙+教育"的发展路径。

　　Gather town 能够根据社区成员的需求布置教学场景。Gather town 在使用方面相对容易上手操作，使用方法简单，社区成员可以根据教学需要选择自己要扮演的角色，操纵自己进入不同的教学场景中，增强学习者在虚拟教学环境中的现实感，从而感觉到网络学习不再枯燥和无聊。社区成员可以根据需求创建个人喜欢的虚拟教学场景，社区中提供了常见的教学场景供社区成员进行选择，学习者也可以依据自身学习需求和喜好搭建个性化的教学场景。Gather town 支持协作共建，可以实现多用户共同搭建学习场景，就如同在现实生活中一起构建教学场景，由此增强了社区成员的临场感和沉浸感。现实校园里的教学场景，在 Gather town 中基本都可以实现。教师可根据教学需要，自由选择教学工具并进行任意摆放，从而对虚拟教学场景进行空间设计。教学场景搭建完毕后，学习者就可以通过链接邀请其他社区成员加入了。其他社区成员应邀进入场景后，可以打开视频和麦克风进行交互。

（二）社区交互

Gather town 使得社区成员之间的联系不再单纯是文本之间的联系，使他们之间的联系更加密切。Gather town 支持各类虚拟交互活动，休息空间能够为学生提供与其他组员或同学互动交流的机会，例如，社区成员可以自主创建并共享地图，当彼此靠近时，该虚拟学习空间可以自动弹开视频画面进行可视对话。此外，该虚拟社区还支持常见的网络会议、学生社团活动等。

Gather town 旨在依据现实教学场景打造一个真实感较强的虚拟教学场景。Gather town 支持画面共享和协作学习，教师通过共享界面进行教学内容的展示，学生可以通过多人协作的方式进行教学内容的学习。学生在学习的过程中可以随时向教师提问。例如，教师在讲台上授课，由于距离的远近，学习者所听到的声音的大小是不同的。当学习者进入小组讨论模式时，学习者只能听到小组成员讨论的声音和内容，自动将非组内成员的声音进行屏蔽。社区成员可以通过发送链接来邀请其他社区成员参与到教学研讨活动中来。此时，如同线下教学一样，Gather town 支持教师走到学生中间巡视课堂，参与学生讨论，这有利于教师了解学生对于课堂讲授内容的理解情况，发现学生在课堂学习和讨论中存在的问题并给予指导。Gather town 设有电视、电脑、投影仪、游戏机等设备，当触发上述设备的链接时，上述设备就会被打开。

（三）资源和内容建设

Gather town 可以帮助社区成员建立数字化的资源学习空间。在 Gather town 中，用户可以根据自己的学习需要，获取其所需要的学习资源，包括在线文档、视频等。用户可以通过相应的工具任意选择要存放的资源类型。

尽管 Gather town 在社区成员交互、资源建设的内容和形式上有了很大的改进，但是 Gather town 呈现的还是一个二维世界，场景设置和界面设置的友好性与多样性还需要进一步提升。

四、教育虚拟社区生态交往实践反思

分析国内外的教育虚拟社区发展情况，教训和经验并存。通过分析运营状况不好的教育虚拟社区，我们发现其主要存在以下问题：首先，注重社区的前期建设，但后期的维护和管理跟不上。教育虚拟社区的建设、运营、管理是一项系统工程，部分教育虚拟社区建设者注重对社区的前期建设，从资金、人员、资源等角度给予了充分重视，认为只要社区建成了，教育虚拟社区中的学习自然而然就发生了，社区交往活动就会像设想的那样自然而然地发生了。诚然，我们从某种程度上可以把教育虚拟社区看作一个具备群体智慧的自组织生态系统，但是这个生态系统不是封闭的，也不是一成不变的，需要不断地向该系统中"注入"信息、知识，不断吸引社区成员加入该社区中，同时，对于已经不适应的信息和知识要及时删除，对于发生的教育虚拟社区伦理失范现象要及时提醒和制止，甚至是将部分社区成员从社区中剔除。从某种意义上说，社区的后期维护、运营要比前期建设所投入的人力、物力、财力更多。其次，注重物质层面，但对社区中"人"的关照不足。教育虚拟社区不是传统班级授课的线上移植，不是单纯地将现实班级中的教材、教学内容、教学活动搬到线上。教育虚拟社区的建设和运营，不仅要吸收和借鉴线下授课的相关经验，还要注重线上学习和教学的规律，特别是网络虚拟环境中学习者的学习规律和认知规律。路虽远，行则将至，但更要不忘初心，不要忘记建设和发展教育虚拟社区的初心是为了更好地为学习者提供学习服务，不能单纯为了建设而建设。最后，重资源分享，轻社区文化建设。部分教育虚拟社区被简单、粗暴地建设成了一个存放资源的"网盘"，教师将资源上传到"网盘"中，学生从"网盘"中下载资源，缺少社区交往的引导，缺少社区文化的建设。如果在"网盘"和教育虚拟社区之间划等号，那真的是丢失了教育虚拟社区的本心，教育虚拟社区的交往属性、文化属性和教育属性则荡然无存了。因此，在教育虚拟社区的建设和运营中，既要注重社区的日常管理和维护，更要注重对社区中"人"的关照，尽可能地考虑到不同学习者之间的学习差异，注重社区文化的建设，营造自由、开放、共享的社区文化。要注重教育虚拟社区中社区交往活动的评价和监督，针对学习者的社区活动及时给予干预和指导，对合乎教育虚拟社区伦理规范的社区交往行为要进行鼓励和表扬，对不符合伦理规范的社区交往行为要及时制止和引导。

交往是人的本性，通过梳理从社区到教育虚拟社区的概念演变，我们可以发现，促使概念演变的内在逻辑是人的本性需求，无论是在现实社会中还是在由互联网等技术构建的虚拟世界中，人们都渴望建立一种美好的人际关系，都渴望自己交往的需求得到满足，渴望社会是平等、和谐、进步、发展的。在教育虚拟社区中，交往是教育虚拟社区的"机制与核心"，只有给社区的交往提供良好的环境和保障，才能保证教育虚拟社区的健康可持续发展。

无论是在现实社会中还是在由互联网等技术构建的虚拟世界中，社区交往的主体是人。在教育虚拟社区中，社区交往的主体有教师、学生、助学者、管理人员、组织者等，这些社区成员的身份并不是一成不变的，伴随社区的发展或研究话题的不同，其身份可能互换，或者在不同发展阶段担任不同的"角色"。一般意义上，教师在教育虚拟社区中是知识的权威，从社会网络的角度分析，其在整个教育虚拟社区中一般扮演"意见领袖"的角色，且在社区成员构成的社会网络中处于重要位置。为了保障社区交往的顺利进行，有时，教师在教育虚拟社区中也会扮演管理员和组织者的角色。在教育虚拟社区中，学生依旧是学习的主人，通过参与社区交往活动，学生从教育虚拟社区中获取知识、技能和情感。在教育虚拟社区中，为了保障社区交往活动的顺利开展，要有能够积极地为学习者提供支持、帮助、引导的教师、导学、助教、同侪或学习者中的意见领袖等。一般意义上，对于助学者来说，其不仅要充分地了解学习者的认知和学习规律，对学习者的已有情况有基本的了解，而且要对社区的资源、环境、运行和保障机制有所了解，需要具备较强的责任心和服务精神。从学理的角度分析，助学者就相当于"产婆"，高质量的教育虚拟社区对助学者的素质和能力提出了较高的要求。从伦理学的视角分析，首先，助学者理应对教育虚拟社区的伦理规范有较为全面的了解和认识；其次，助学者要保证个人的社区交往行为是合乎伦理规范的；最后，助学者要及时发现教育虚拟社区中的伦理失范行为，并给予相应的干预和指导。那么，在教育虚拟社区的实际运行中，是否存在助学者伦理失范的现象？助学者的伦理失范行为如何影响教育虚拟社区的发展？助学者应该遵循什么样的伦理规范，这些伦理规范又是如何发挥作用的呢？这些问题将在本书的后续章节中进行讨论。

第三章
教育虚拟社区助学者伦理失范

伴随互联网、大数据、人工智能、云计算等新兴技术的飞速发展，现代教与学服务模式不断创新，教育虚拟社区日益成为当下人们择优选取的在线教与学共同体。作为集成教育教学、交流互动、开放共享等功能的网络教学共同体，教育虚拟社区的最终目的指向学习者的个性完满与人格建构。这一目的的实现绝非社区内主体"教"或"学"的单向传输行为使然，而应置于助学者与学习者的交流互动、沟通协作的双向交往关系中[①]。助学者的任何伦理失范行为，都将直接威胁社区的有序运行和健康可持续发展。明晰教育虚拟社区助学者伦理失范问题的诸多表现形式，继而追本溯源，制定相应的教育虚拟社区助学者伦理失范规制策略，才是为解决教育虚拟社区助学者伦理失范问题探寻"林中路"的应有之义。

---

① 胡凡刚. 教育虚拟社区交往理论模型与层级塔[J]. 中国电化教育，2006（5）：23-26.

第一节 教育虚拟社区助学者伦理失范界说

教育虚拟社区是智能时代拥有共同学习意愿、兴趣、追求的学习者在遵循社区相关伦理规范的前提下进行学习、互动、交往、成长的重要栖息家园。这一共同活动的实现离不开人与人之间的沟通与往来,教育虚拟社区主体的合理性交往则必然内在于"合乎道德"的社区伦理之中。因此,厘清教育虚拟社区伦理失范的起源和内涵,将有助于我们更好地认识与把握教育虚拟社区助学者伦理失范这一概念。

一、教育虚拟社区伦理

教育虚拟社区伦理既是我们研讨教育虚拟社区建设的一个重要组成部分,又是我们探究教育虚拟社区伦理建设的关键逻辑起点。若我们不能从伦理学的哲学视角对教育虚拟社区行为包括礼仪、原则、规范在内的相关价值体系进行审视,将无法为后续教育虚拟社区助学者伦理规范的构建提供客观、可行、翔实的行为规范蓝本。正如亚里士多德所言,伦理学在有关人之行为与行为准则方面为我们提供了"自我"思想以外的独到见解[1],以帮助我们在对与错、是与非之间决断。教育虚拟社区伦理体系的构建与完成,自当建立在伦理学的合乎理性的基本原理和规范之上。下文首先通过对"伦理""教育虚拟社区伦理"等相关概念的界定,来阐释教育虚拟社区伦理的重要意蕴与价值。

---

[1] [古希腊]亚里士多德. 尼各马可伦理学[M]. 廖申白,译. 北京:商务印书馆,2003,76-82.

（一）伦理的内涵

"伦理"最早发端于古希腊的"ethǒs"一词，原意特指人的个性品格，同时又与"习俗""风尚"等词的意蕴表达相近。在我国，"伦理"一词最早可查于先秦著作《礼记·乐记》中："凡音者，生于人心者也；乐者，通伦理者也。"该著作将"伦"与"理"合称一词来指代事物的条理已初见雏形。美国《韦氏大学英语词典》（Merriam-Webster's Collegiate Dictionary）将"伦理"界定为一门研究何为好、何为坏，并探讨道德、责任、义务的学科[1]。东汉文字学著作《说文解字》中又曰："伦，从人，仑声，辈也，明道也"，"理，从玉，里声，治玉也"。[2] "伦"本义有类、辈、条理、次第、关系、顺序、秩序等含义，"理"有治玉、剖析、雕琢、纹理、治理、层次等蕴涵，"伦""理"二字合用即指人伦道德之理，指代处理人与人之间交互关系的道德规范和行为准则。人与人之间，只要有相互作用的发生，则必然有伦理的生成，伦理的效用在于为人际交往提供规范尺度与行为标准，从此"伦理"一词便有了普适性意义。教育虚拟社区中各主体的交互过程同样也是人伦关系的建构过程，当需相应的伦理准则规约，以实现有效、有序、人道、合乎伦理的教育虚拟社区交往。

"伦理"不同于"道德"，一直以来，我们在日常生活中常将二者一起使用，并认为其"有微殊"也"无迥异"，若从学术层面考量，则需对二者用法予以限定和区分。黑格尔首次将伦理与道德做了严格划分[3]，二者之所以常被人们联结为一个名词，与东西方关于伦理概念的认知与应用等方面的差异有关。"伦理"一词包含着西方文化的理性与科学，是对道德现象或道德问题的哲学思考与阐释，既包括处理人与人之间、人与社会之间、人与自然之间关系的行为规范，也深切蕴含着依循相关合乎道德的准则规约主体行为的必然规律，更强调处理诸人际交往关系时主体应承担的相应责任，是基于道德和法律对客观社会秩序的系统化调节手段，凸显的是社会性、外在性与客观性。而"道德"概念则蕴含着东方文化的感性与人文，是取决于时代与阶级观念下经济基础的社会意识形态之一，是人们维系个体内心

---

[1] 转引自：陈琦. 场景消解：女性网络自拍中的后区迷失[J]. 现代传播（中国传媒大学学报），2020，42（2）：82-85.

[2] 转引自：季为民. 新闻道德、新闻伦理相关概念的溯源与解析[J]. 新闻与传播研究，2017，24（12）：108-120.

[3] [德]黑格尔. 法哲学原理[M]. 范扬等, 译. 北京：商务印书馆，1961，42-43.

信念、调节诸道德关系、利益关系的行为规范的总和，作为维护社会秩序与伦理行为的一种手段，注重的是个体的内省、德性、品行，更鲜明地彰显出个体性、内在性与主观性，是一种始于社会规范而又归于个体内心的准则与德行的统一体。于是，"伦理"与"道德"各自的概念内涵和应用范畴在东西方文化的摩擦碰撞与融合贯通中日益明确。

（二）教育虚拟社区交往的伦理诉求

基于共同活动的需要与信息交流的目的，人与人之间在逐渐建立和发展起来的多元化相互作用与活动方式中有了交往。论及交往与交往行为，则必然无法越及德国有"当代黑格尔"之称的著名哲学家、思想家哈贝马斯。他对传统批判理论范式进行了有效转变与重建，继而继承和发展，创立的交往行为理论体系开辟了批判理论的新视域，对现代文明、西方社会乃至整个世界都产生了深远影响。哈贝马斯在《交往行为理论：行为合理性与社会合理化》中认为，人与人之间的交互与往来是合理交往视域下的行为，而合理性交往得以实现的基本前提和先决条件是确立并拥有一套共同、完备、有效的社会准则和规范体系，只有在这一社会准则和规范体系的规约下，才可保证不同主体之间在多元化相互作用的交往过程中所建立的诸多社会关系不受无关因素的干扰和破坏，继而使社会一致性得以稳步形成[1]。对此，我国学者龚群曾指出，哈贝马斯的合理性交往多聚焦于"道德-实践活动"方面的研究，诸如合理、诚信、幸福、公正、价值等概念字眼频现于其交往理论著作中，在很大程度上阐发着伦理学的独特使命与意义[2]。此外，哈贝马斯认为，共同、完备、有效的社会准则和规范体系务必要坚持可为人们普遍接受与适应的规范标准[3]。换句话讲，这一社会准则和规范体系是应该得到社会交往共同体成员的高度认可与广泛遵守的，即符合伦理学意义上的"普遍性"原则。因此，人与人之间的合理性交往行为是合乎伦理的真诚对话。换言之，合理性交往彰显着不言而喻的道德特性，我们需要对其进行伦理关注。

---

[1] [德]哈贝马斯. 交往行为理论：行为合理性与社会合理化[M]. 曹卫东，译. 上海：上海人民出版社，2004，83-84.

[2] 龚群. 道德乌托邦的重构——哈贝马斯交往伦理思想研究[M]. 北京：商务印书馆，2003，28.

[3] [德]哈贝马斯. 包容他者[M]. 曹卫东，译. 上海：上海人民出版社，2002，208.

第三章 教育虚拟社区助学者伦理失范

我们认为,教育虚拟社区中的交往行为符合哈贝马斯谈及的交往行为。伴随近年来网络学习平台建设的迅猛崛起以及网络学习资源的更新迭代,教育虚拟社区已成为当下学习者进行线上研习、交流、共享的重要场域。从伦理的视角探讨教育虚拟社区交往的诉求,就是厘清教育虚拟社区各主体在交往过程中应该表现出来的各方面的道德关系,描摹与剖析诸交往行为在社区中存在的道德意义,对交往的方式、过程及其所带来后果的正当性进行合理、有效的辨别和判断,引导教育虚拟社区主体在交往过程中形成共同一致的道德信念,进而确保社区交流、协作、共享等活动以一种可持续发展的交往方式有序进行,减少并阻遏不道德、不合理等不良交往对社区的影响,旨在形成符合教育虚拟社区文化的交往道德和行为规范,从而保障教育虚拟社区主体交往行为的有效性。由此可知,探讨教育虚拟社区交往的伦理诉求,不仅为教育虚拟社区交往行为理论体系的探究提供了全新的视角,更凸显了教育虚拟社区内含的教育伦理品性,是网络教育研究的重要组成部分,有利于规范教育虚拟社区主体的交往行为,彰显教育伦理学的实践品性,进一步激发教育虚拟社区主体合伦理、有道德交往行为的产生,这是教育虚拟社区作为教育"第二学习场域"向实现深层次教育价值发展方向迈进的必然理路。因此,以伦理的视域审视教育虚拟社区交往是教育虚拟社区研究的必然趋势。

此前,笔者曾基于"学习科学与教育技术"教育虚拟社区的交往实践,对社区交往行为、交往效果及影响社区交往效果的因素等方面展开了实证探索,结果发现,社区中的教师、学生、技术、交往内容、社区文化等因素均对教育虚拟社区交往产生显著影响,由此提出教育虚拟社区需要创设和营造平等、对话、民主、真诚、友好、协商的交往环境,同时在交往过程中,社区成员要统筹考虑社区诸要素,遵循一定的道德规范和伦理原则,譬如,表达要实事求是、恰如其分,尊重他人隐私,教师要及时反馈、经常"在场",学生要与人为善、平等交往,在力所能及的范围内帮助他人,避免霸权行为的出现等[①]。只有将教育虚拟社区中那些不合理、不道德、不和谐、不正当的因素消解,才能进一步改善和提升教育虚拟社区交往效果。综观近年来有关教育虚拟社区的相关文献可以发现,已有不少研究对相关问题的讨论初具道德色彩和伦理韵味,这些研究表明,社区成员在教育虚拟社区交往过程中伦理意识的匮乏、伦理价值的忽视、伦理道德的缺失等,都可能导致社区的整个

---

① 胡凡刚. 影响教育虚拟社区交往效果因素的实证研究[J]. 中国电化教育,2006(9):23-28.

学习交往过程陷入伦理失范的困境中而无所适从①。由此，于教育虚拟社区交往来说，以伦理视域对其进行审视，并寻求相应的伦理策略，无论是在理论上还是在实践中，都是教育虚拟社区健康、有序、可持续发展的必由之路。

（三）教育虚拟社区伦理的含义

正如西方著名伦理学家麦金太尔（MacIntyre）所言：在古代社会，道德是中心；而在现代社会，规则是中心。任何时期的社会都必须建立与其发展同步一致的道德，即与社会发展变化相适应的伦理规范和道德准则，这是人类生存与社会发展的必要前提②。加拿大媒介理论家、思想家麦克卢汉（McLuhan）也曾言：任何新技术的诞生都倾向于为人类创造一个新的环境③。于今天而言，这一新的环境不仅使人类能够沉浸于现实的物理空间中，更为人类与虚拟的数字空间的联结架起了桥梁。与现实的物理空间相应，在虚拟的数字空间中也理应存在调节人与人之间关系的伦理。综观整个哲学史观的演变和人类社会的发展，伦理在不同的历史时期彰显出不同的表现形式，同时也在特定地域、文化、民族、宗教的影响下被赋予了特殊的含义。如图3-1所示，在关注个人自身存在、强调个体自身责任的人本主义思潮的影响下，伦理最初来自约束社会主体行为、调节主体间关系的社会规范，而后基于特定"地域"因素的加入，逐渐演变为极具差异化的地域特色、风俗习惯以及宗教信仰的现实伦理。之后伴随网络技术的发展，国内外诸多学者开始转向网络空间中人际交往的伦理关系研究，于是网络伦理应运而生。为了进一步实现人的全面发展的教育诉求，随着网络学习成员及其交往互动的汇聚，教育虚拟社区逐渐形成。在这一新型的、智慧化的网络学习共同体中，包括助学者、学习者、主题内容引领者、技术支持者、资源提供者、组织者、管理者等在内的各社区主体彼此之间的往来交互行为，都有可能导致教育虚拟社区伦理问题的产生，因此有必要对教育虚拟社区与其他诸要素之间的伦理关系，以及教育虚拟社区伦理的含义进行逐一

---

① 这类研究主要有：谢娟. 教育虚拟社区交往之伦理审视[J]. 中国电化教育，2012（7）：69-73；曾媛. 虚拟学习社区伦理规范的作用研究——以国家教育资源公共服务平台专题教育社区为例[J]. 中国电化教育，2021（7）：122-127；此外还有笔者团队关于教育虚拟社区伦理规范的系列研究。

② 转引自：宋吉鑫. 网络伦理学研究[M]. 北京：科学出版社，2012，14.

③ [加]埃里克·麦克卢汉，[加]弗兰克·秦格龙. 麦克卢汉精粹[M]. 何道宽，译. 南京：南京大学出版社，2000，405-445.

梳理和界定。

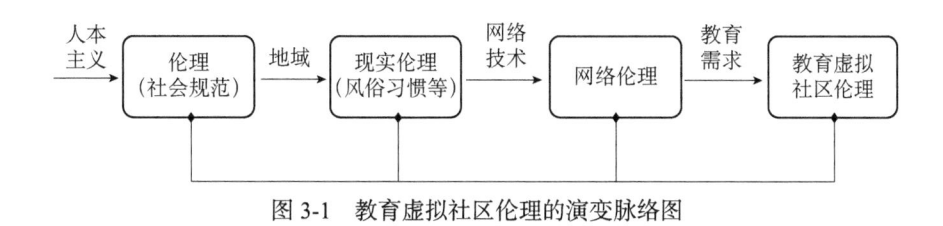

人本主义 → 伦理（社会规范） —地域→ 现实伦理（风俗习惯等） —网络技术→ 网络伦理 —教育需求→ 教育虚拟社区伦理

图 3-1　教育虚拟社区伦理的演变脉络图

教育虚拟社区伦理与现实生活中的伦理不同，也无法直接将其等同于网络伦理。教育虚拟社区伦理并非现实伦理的简单延伸，而是基于网络技术下伦理范畴的一个全新生长域，在与伦理、现实伦理、网络伦理的关系上，其概念定位如图 3-2 所示。伦理贯穿于教育虚拟社区的整个交往过程中，对伦理问题的研究，实质上是关于人的道德问题的再思考，人作为教育虚拟社区的主体，也是联结现实伦理和网络伦理的纽带，教育虚拟社区伦理的研究即是对教育虚拟社区中不同主体之间伦理关系的研究。网络伦理和现实伦理虽不相同，但二者所处空间环境下的异质性和相似性使它们并非是彼此孤立、没有交集的，网络伦理与现实伦理有着共同的理想存在形态，即在各自内在生成的空间环境中形成相适的伦理准则和道德规范，实现人们对个体的自我建构、完满发展以及对真善美的和谐有序追求。教育虚拟社区作为一种基于互联网、计算机技术等网络环境成长起来的学习共同体，要对其伦理问题进行讨论，势必离不开"网络伦理"这个上位概念。伦理本身是一种抽象的自我意识存在，它依靠社会生活中的舆论、习俗、信念等来维系，具有一定的社会境域性。教育虚拟社区与现实生活空间以及广义的网络空间相比有其教育意义上的独特性，这些独特性对于处理教育虚拟社区交往过程中不同主体之间的关系提出了进一步的要求。在一定程度上，教育虚拟社区伦理是现实伦理在网络空间环境下的真实映射和内在延伸，对于教育虚拟社区伦理来说，现实伦理和网络伦理在某种程度上具有可用性，但不可试图将教育虚拟社区伦理完全等同于两者而简单地以传统伦理标准对其一概而论，否则将无法产生相应的规定性和约束力。这也是对教育虚拟社区伦理的含义进行有效梳理和明确界定的必要性所在。

教育虚拟社区伦理虽有异于网络伦理，但二者在本质上也有殊途同归之处。在如今的智能时代，教育虚拟社区需要依托教育领域的伦理原则来服务社区参与者的教与学互动，以实现凸显人文诉求的教育虚拟社区智慧交往。有关教育虚拟社区

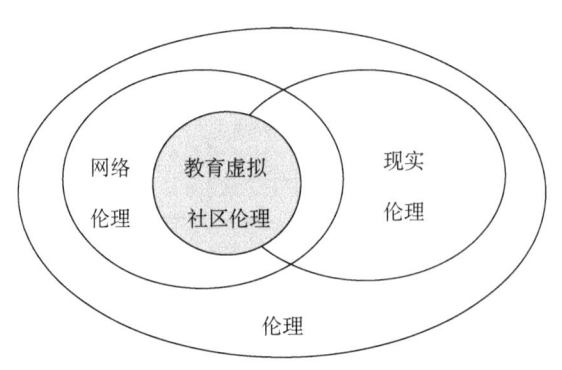

图 3-2　教育虚拟社区伦理的概念定位图

伦理的研究，我国学者刘伟在探讨教育虚拟社区伦理道德问题时指出，虚拟社区伦理是指文化共识一致的社区参与者在虚拟社区中进行往来交互时表现出来的道德关系，其中包含社区参与者彼此之间需要遵守的交往礼仪、规范和原则等[1]。此外，另有学者在对教育虚拟社区交往效果进行论证时认为，教育虚拟社区应在民主、开放、自由、友好的文化特性基础上实现社区参与者之间的友好协商和对话交流，同时社区参与者在交往过程中应遵循相应的伦理准则和道德规范[2]。在对国内外有关教育虚拟社区伦理研究进行归纳、总结的基础上，结合笔者及所在研究团队多年来对教育虚拟社区交往的理论与实践探索，本书对教育虚拟社区伦理进行了概念界定，并将其释义如下：教育虚拟社区伦理是指在教育虚拟社区中进行研习互动、协作共享、情感交流的过程中，为了实现共同的社区理想目标，社区成员在处理主体与主体、社区与主体诸要素之间关系时所应遵循的行为规范、道德准则及其内在必然性的总和[3]。对于这一含义的理解，要把握以下两个方面：一是教育虚拟社区伦理指向的是教育虚拟社区中的所有交往，伦理原则和道德规范所面向的不仅仅是主体与主体之间的交往，同样囊括社区中其他类型的各种交往；二是教育虚拟社区伦理自始至终以一种自然、内在、持续的状态存于教育虚拟社区之中，教育虚拟社区内进行的学习交流活动是社区的主要交往活动，社区中凡是存在主体交往的地方，为了使主体合乎伦理、合乎道德地进行交往，就必然需要伦理规范与道德准则的调节。因此，教育虚拟社区伦理与社区是相互依存、相辅相成并有机统一于

---
　　[1] 刘伟. 虚拟社区伦理道德问题研究[D]. 成都：成都理工大学，2007.
　　[2] 胡凡刚. 影响教育虚拟社区交往效果因素的实证研究[J]. 中国电化教育，2006（9）：23-28.
　　[3] 胡凡刚，刘玮，孟志远，等. 教育虚拟社区伦理失范影响因素实证分析[J]. 电化教育研究，2016，37（3）：26-33.

第三章
教育虚拟社区助学者伦理失范

教育虚拟社区之中的①。

教育虚拟社区伦理的内涵可从以下三个层面进行理解，如图 3-3 所示，其内在含义宛若矗立的金字塔一般自下而上逐层推进，标志着教育虚拟社区伦理赓续向上的高级发展形态及其实现社区成员个性完满，社区发展繁荣、可持续的美好诉求指向。教育虚拟社区伦理内涵由塔底至塔尖依次包括教育虚拟社区伦理礼仪、教育虚拟社区伦理规范、教育虚拟社区伦理原则三个层级。

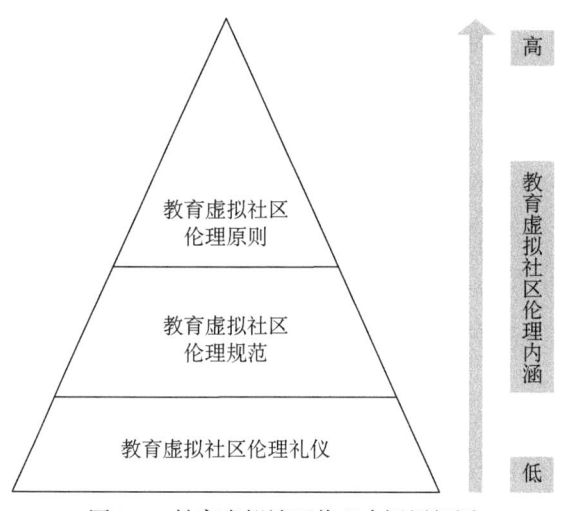

图 3-3　教育虚拟社区伦理内涵层级图

最低层级为教育虚拟社区伦理礼仪。这是社区参与者在社区中进行学习交往活动时所需遵循的最基本、最低层次的伦理要求，为社区成员日常的基础社区活动提供了最基本的行为保障。这一层级主要通过社区成员在线应用社区平台提供的各种服务功能来进行研习、交互时的行为方式来体现，如社区成员在使用平台的电子聊天室与他人交流沟通时，要注意言语文明、诚实表达、礼貌待人，不可带有攻击性、侮辱性色彩，其行为要符合相应的伦理礼仪。

中间层级为教育虚拟社区伦理规范。这是教育虚拟社区成员在开展社区研习及其他各项社区活动时需要恪守的伦理准则和道德规范，它以明文规定的形式对社区中所有开展活动的不同交往主体的行为进行约束和管控。例如，社区学习者在

---

① 张洪孟，胡凡刚，谢坤. 教育虚拟社区伦理失范的归因分析及应对[J]. 中国电化教育，2014（4）：63-70.

进行研习交互时要与同侪互帮互助、相互尊重、相互包容；社区管理者不可在他人不知情的情况下，擅自披露他人隐私；社区助学者应适时组织学习活动，及时答疑解惑，因材施教，尊重每一位学习者的劳动成果和个体差异等。

最高层级为教育虚拟社区伦理原则。这是教育虚拟社区伦理礼仪和伦理规范的理论支撑与方向引领，也是制定伦理礼仪和伦理规范的理论依据与施行保障，主要对社区成员的行为进行思想层面和意识层面的规范引导。例如，社区主体在进行人际交互时要遵循诚实守信、利他无害、知情同意、自律与他律相统一等原则。

教育虚拟社区伦理对社区成员的行为给出了可操作性的系统规则，是评估与度量社区成员行为是否合乎伦理、合乎道德、合乎发展的原则和标准，也是对教育虚拟社区中主体与主体、主体与社区之间诸要素关系的系统化伦理思考。其核心是探寻符合教育虚拟社区的发展规律和特性，能够对教育虚拟社区成员行为进行适时引导和恰当评估，并有利于教育虚拟社区健康、有序、可持续发展的伦理原则和行为规范。它偏向于在社区这一虚拟场域下行为主体实践规范的价值，强调主体内心的自省和审视，而非法律层面的外在"刚性"强制力。

二、教育虚拟社区伦理失范

教育虚拟社区的参与主体是人，有人的地方必会留下伦理的印迹，因此，教育虚拟社区势必是一个充溢伦理、满载道德的教与学活动场域。但在技术至上的智能时代，虚拟场域的尖锐伦理矛盾远超现实场域，随着互联网众多处女地的日益开垦，教育虚拟社区不合伦理、不符道德的失范行为时有发生。在前文对伦理的起源、教育虚拟社区伦理的内涵进行了清晰阐释的基础上，进一步解析教育虚拟社区伦理失范将变得较为容易。下面从"失范"一词说起，逐步对教育虚拟社区伦理失范进行进一步的探讨。

（一）何为伦理失范

失范"anomie"一词发轫于希腊文"anomois"，最初，在16世纪的欧洲宗

第三章
教育虚拟社区助学者伦理失范

教神学中意指不守法，尤指亵渎神灵，后由英国数学家怀特海（Whitehead）引入并在学术界及政治领域广泛传播与应用，又经法国著名社会学家涂尔干（Durkheim）引入社会学领域的研究中。最早使用"失范"这一概念的则是法国哲学家和社会学家居友（Guyau），在其《未来的无宗教》一书及早期作品中都曾对失范理论有过深入探究。居友将失范视为一种具有创造力的新生事物，认为失范的出现是对传统僵死思想观与新世纪的一种挑战，它并非邪恶阴暗的东西，也不是当代社会的痛疾，而是伦理学进步的重要标志和必然体现[①]。涂尔干却对此有迥然不同的理解，在其1893年出版的《社会分工论》著作中指出，失范是一种社会准规范缺乏、含糊、混沌甚至社会规范变化多端、矛盾更替，以致社会成员在其中无法得到相应的情境指导而出现个体欲望扩张、行为自由的规范缺席状态[②]。他认为失范与道德永远处于对立面，这是无须证明的社会公理，我们将这种失范状态揭示出来，是因为世界的诸多悲惨景象和社会的各种混乱与冲突皆由此导致和产生，这明显是一种与整个社会目标指向背道而行的病态之象，对这种规范离席与失散状态正当性的大肆鼓吹，进而认为这种状态有力促进了个体自由的发展，这种自由只不过是沽名钓誉、徒劳无功的，规范与自由始终是一对矛盾体，正当、合理、受社会尊重的自由必然是社会一系列复杂、烦琐规范的产物[③]。涂尔干针对居友主张的失范促进社会道德进步的正向观点给予了鲜明的驳斥。此外，美国著名社会学家默顿（Merton）也对失范理论进行了传承与深化，他沿着涂尔干、梅约（Mayo）、帕森斯（Parsons）等的结构功能主义的逻辑见地和思路观点继续向前迈进，他认为美国社会价值结构与文化规范目标的分崩离析是引致人类不幸的原因，集体意识与道德价值无法越过社会结构而单独对社会产生强制作用。默顿强调对失范的探讨不能仅聚焦社会成员的集体意识问题，而应该着重通过社会结构与文化结构的互动生成过程来关注与社会规范目标不一致的行为偏差。他指出，失范存在的根源在于文化规范目标与制度化手段达成之间不平衡的张力结构，当人们为实现被社会认可的目标规范而不择手段地选用一些自认为符合该目标规范且可行的、看似合理而实则非法的方式时，二者之间的失衡、冲突与分离使社会整合变得异常脆弱而不

---

① 朱力. 失范范畴的理论演化[J]. 南京大学学报（哲学·人文科学·社会科学版），2007（4）：131-144.
② 刘杰，徐祥运. 社会学概论[M]. 大连：东北财经大学出版社，2005，377.
③ [法]埃米尔·涂尔干. 社会分工论[M]. 渠敬东，译. 北京：生活·读书·新知三联书店，2000，285.

堪一击，于是失范就此产生①。显而易见，在涂尔干看来，失范是由于社会集体意识无力约束社会个体无穷尽的欲念和无止境的渴求时而存在的一种反常、病态的社会现象，社会的规则解体与价值失序将进一步加重社会个体欲望的无限扩张。而默顿则是立足于社会规范和社会成员之间的关系，一度将当代社会的成功视作金钱、财富、权势的积累，认为在这种追求成功的文化目标下，失范是一种无涉价值判断、正常、预料之中的社会状态。二人虽对失范的成因各自做了不同的假设，但究其本质，他们探讨的都是社会控制力衰减、社会规则遭破坏、社会互动被削弱甚至解组的一种越轨状态。

另有，美国学者索罗尔（Srole）从心理学的视角对失范进行了研究，他更多地着眼于社会个体层面的失范特点，将失范划分为五个维度，操作化地构建出一套基于心理层面的失范量表，并从宏观和微观层面上对社会和个体进行了功能性整合。为了更好地区分社会维度与心理维度，索罗尔使用"anomia"一词来阐明自我与他者异化的心理特点，即表达社会与个体之间难以整合或整合的功能性失调，具体来讲，个体与政治、经济、文化等系统以及与社会规范和价值观的异化产生了失范。他认为，社会失范会导致心理失范，心理失范也会导致社会失范，他构建的量表使失范不再仅是有待解释的一种现象，更使其成为能被赋予标准和客观尺度、经得起推敲和评估的解释变量②。此外，国内学者朱力通过梳理多位西方学者的失范理论研究，从与失范概念最接近的社会解组和越轨行为两个层面对失范的概念内涵进行了剖析和阐释，进而对社会失范给出了界定，同时还对社会转型过程中的失范问题进行了深入研究。他认为社会失范既包括由于社会价值与规范体系的紊乱使社会功能丧失，进而无法对社会成员的思想与行为进行引导与约束，由此使社会秩序呈现的无序化状态，也包括社会成员做出与主导社会规范相悖的行为③。阎志刚认为，失范是当社会处于急剧变迁或转型时期时，社会规范无法对社会成员的行为进行明确指导和有效约束时而出现的社会混乱、失序的解组状态④。由此可见，国内

---

① 朱力. 失范范畴的理论演化[J]. 南京大学学报（哲学·人文科学·社会科学版），2007（4）：131-144.

② Srole L. Social integration and certain corollaries: An exploratory study[J]. American Sociological Review, 1956, 21（6）：709-716.

③ 朱力. 失范范畴的理论演化[J]. 南京大学学报（哲学·人文科学·社会科学版），2007（4）：131-144.

④ 阎志刚. 社会转型与转型中的社会问题[J]. 广东社会科学，1996（4）：86-92.

大多数学者对失范的界定是从社会规范存在状态、社会成员行为与意识形态等范畴上来理解的，尚未超越涂尔干和默顿两位学者的思想观点。

综观国内外有关失范的已有学术研究，我们认为，可从宏观和微观两个层面对失范进行理解。宏观上，失范是指社会规范的缺席、含混、模糊、矛盾、荒诞，包括主导性规范社会秩序权威性的丧失和指导约束社会个人行为控制力的崩溃。微观上，失范是指社会群体或个体的自身行为与社会规范发生冲突或处于对立，做出与社会规范相离、相悖，与社会秩序不相协调的行为状态。也就是说，我们要从两个方面来理解失范的含义：一方面，从规范自身的存在状态来讲，它是指用以引导与规约社会主体思想与行为的道德价值和规范体系的缺失、紊乱、无序、失调或丧失权威性和控制力的状态；另一方面，从规范执行过程来看，针对规范的执行者而言，它是指社会主体违背和偏离社会道德规范的诸多行为。据此，所谓伦理失范，即在调节人与人之间的交往关系时，伦理道德规范自身的缺席、无效、混乱以及主体行为对伦理准则与道德规范的违背和偏离。

（二）教育虚拟社区伦理失范的内涵

根据前文对"伦理""失范""伦理失范"等概念内涵的梳理与界定，对于"教育虚拟社区伦理失范"，我们可做如下理解：由于教育虚拟社区伦理准则与道德规范的相对缺席、滞后，社区主流价值观与意识形态的相对偏离，教育虚拟社区诸主体的行为因缺少伦理规范的调节而出现一些不合伦理、不符道德的行为，同时也包括社区主体对社区规范缺少价值认同而引发的主观越轨行为。对该内涵的诠释包括纯粹的与非纯粹的教育虚拟社区伦理失范。纯粹的教育虚拟社区伦理失范指教育虚拟社区伦理规范本身的缺席、无效、滞后导致的社区秩序整体的不稳定状态，非纯粹的教育虚拟社区伦理失范则是社区行动者自身行为与规范发生冲突而引发的社区成员个体的偏离状态。为了对教育虚拟社区伦理失范的内涵有更进一步的理解，可从以下几个角度进行深入解读。

首先，从伦理失范的判定这一角度来讲。对教育虚拟社区中的主体行为进行伦理失范判定时，应秉持何种标准？学界诸多学者就此问题进行了深入探讨，不同学者各持己见，归纳总结起来不外乎以下三种观点：一是推衍性观点，持有该观点的学者认为，直接将线下实际课堂教学中应遵循的伦理规范移植、推衍至线上教育虚拟社区之中，并以此作为社区规范标准来判定教育虚拟社区中的主体行为；二是建构性观点，持有该观点的学者认为，对于教育虚拟社区伦理失范的判定，要特别考虑网络虚拟社区这一不同于线下的特殊场域，不可将线下课堂的判定标准直接挪用，应结合虚拟网络空间的特有性质标准化重构独属于教育虚拟社区的伦理规范；三是借鉴性观点，从一定程度上来讲，这种观点是前两种观点的结合，在科学、合理地参考与借鉴线下课堂伦理规范标准的同时，特别考虑教育虚拟社区存在的独特性、普适性等特点，基于此构建全新且适合教育虚拟社区伦理失范的判定标准。相较而言，第三种观点更显科学、合理。

其次，从伦理失范的类型这一角度来讲。有学者在对教育虚拟社区伦理失范进行研究时，从类型上对伦理失范做了进一步划分，具体而言分为三种：一是缺失规范的行为，即该行为的出现是因教育虚拟社区中缺少系统伦理规范的规约或规范陈旧尚未形成新的规范因素而无法指导社区成员行为所致；二是与规范冲突的行为，即该行为的出现是因违背、偏离或与规范相冲突而引发；三是极其严重的失范行为，即人为通过操纵信息技术，借助网络对社区和系统进行攻击与破坏的犯罪行为，该行为会对教育虚拟社区的安全和秩序造成严重危害[①]。相对而言，前两种失范行为在教育虚拟社区中较为常见。实际上，不管对教育虚拟社区伦理失范行为如何划分，究其实质，其皆是由教育虚拟社区的文化目标与社区主体的制度手段失衡所致，简单来讲，即人机交互关系出现问题。

再次，从伦理失范的归因这一角度来讲。相关学者也对此进行了深入探讨，皆普遍认为伦理失范是由主观意识与客观实际两大因素引致。有学者将伦理失范的原因归结为因教育虚拟社区具有虚拟性、去中心化、自主性、开放性等特性，从而为社区道德相对主义与虚无主义的渗透和盛行提供了赖以生存的丰厚沃土，这是影响教育虚拟社区伦理失范的一个极其重要的因素[②]。另有学者认为，在虚拟的网络空间背景下，社区主体的道德自律性被严重弱化，道德规范在他律与自律之间无法相应转化，也就容易产生教育虚拟社区伦理失范行为[③]。还有一些学者在对教育虚拟社区伦理进行研究时，认为可从教育虚拟社区主体性消解、畸形、异化、批判

---

① 芦玉颖. 大学生网络道德失范的伦理研究[D]. 南京：南京林业大学，2021.
② 刘玮. 教育虚拟社区伦理困境及对策研究[D]. 曲阜：曲阜师范大学，2014.
③ 李一. 网络行为失范[M]. 北京：社会科学文献出版社，2007，89.

性缺失等方面进行伦理失范归因[①]。

最后，从伦理失范的应对这一角度来讲。需要强调的是，在对伦理失范进行归因时，因所处的立场和所选择的视角不同，学者则提出的应对举措往往也不尽相同。通过梳理文献可以发现，学者普遍从以下几个方面着手应对：一是加强教育虚拟社区伦理教育，从社区主体伦理价值观的塑造和信念规范入手，解决教育虚拟社区伦理失范；二是强化教育虚拟社区伦理规范体制机制建设，结合教育虚拟社区发展特点及社区主体行为实际，及时制定有效、可行、前瞻性的教育虚拟社区伦理规范制度；三是提升教育虚拟社区技术应用水平，引导教育虚拟社区主体形成良好的技术应用观，强化技术服务、育人的本质追求；四是完善教育虚拟社区文化环境建设，提升社区正向影响力。

据此，从广义来说，教育虚拟社区伦理失范是教育虚拟社区中形成的以智慧化协作学习、专题研讨、资源共享、情感交流为目的的社区生态与规范体系本身出现缺席、紊乱，导致稳定的社区关系纽带断裂，约束、指导和规范社区主体的功能弱化或丧失，继而整个教育虚拟社区秩序所呈现出的混沌无序状态。从狭义来看，教育虚拟社区伦理失范可界定为教育虚拟社区主体在实际交往过程中违背社区伦理道德规范，其实质超出了社区文化目标与行为自由的限度，从而对教育虚拟社区伦理规范体系造成冲击，对社区秩序及其可持续健康发展产生负面影响。

（三）教育虚拟社区伦理失范的类型

索罗尔立足于个体特点，从心理层面上将失范划分为人际关系、社会秩序、生活目标、价值内化、自我认同等五个维度[②]。依据索罗尔构建的失范量表，结合多年来对于教育虚拟社区中的理论与实践探索，笔者将教育虚拟社区伦理失范划分为以下几种类型。

1. 经济型失范

深度洞悉教育虚拟社区主体的交往行为数据，可有效捕获教与学全方位数据

---

① 张洪孟，胡凡刚，谢坤. 教育虚拟社区伦理失范的归因分析及应对[J]. 中国电化教育，2014（4）：63-70.

② Srole L. Social integration and certain corollaries: An exploratory study[J]. American Sociological Review, 1956, 21（6）: 709-716.

信息，为社区参与者的个性化教与学服务提供便捷、高效、精准的数据参考蓝本。然而，这在满足教育虚拟社区主体个性化需求、为社区带来巨大教育价值的同时，却也存在着社区参与者隐私泄露的风险，尤其是社区参与者不愿公开的个人隐私数据。"没有隐私的地方就没有尊严。"①于是，大量社区参与者陷入了个性化教学服务的获得要以隐私披露为等价交换筹码的窘境。随着在线社区参与主体隐私遇侵、尊严受犯等诸如此类事件频频冲上热议榜单，个人隐私数据的保护越来越受到人们的重视。

2011 年美国成立的共享合作学习（Shared Learning Collaborative，SLC）联盟为实现追求个性化教学的美好愿景，于 2013 年成立了 K12 学生数据存储机构 inBloom，该机构将牵涉众多学生隐私的个人信息提取出来上传至云端存储系统，更有甚者将其中数据轻而易举地分享给攫取利益的第三方供应商，后被学生家长觉察，出于数据安全性考虑而遭到强烈抵制和反对，最终多所学校纷纷宣布与 inBloom 终止合作，在社会公众声势浩大的反 inBloom 情绪中，该公司被迫关闭终止运营②。无独有偶，深受国内年轻人喜爱的某文化娱乐社区曾在 2019 年就被曝出整个网站后台工程源码泄露，这是国内首例如此大规模的互联网企业网站后台工程源码泄露事件，且有大量用户的账号和密码被编码在该代码中，任何人获取后都可以随意使用③。2022 年 7 月初，一张在暗网叫卖 2.2 亿余条用户信息的截图在网上流传，再度引发社会热议。截图中显示，泄露的用户账号、手机号等数据信息达 221 223 698 条，且黑客准备将这些用户信息以 0.5 比特币（事件发生时价值 11 000 美元，约合人民币 73 647 元）或 17.72 以太币（事件发生时价值 21 264 美元，约合人民币 142 366 元）的价格出售。值得一提的是，这已不是该网站第一次被曝出疑似数据泄露④。早在 2018 年，就有观众发现在该网站绑定的账号和密码可以直接登录某快视频 App，未经用户授权的微博内容被技术抓取到快视频 App 旗下平台，在用户尚未知情的情况下被自动注册账号，私自挪用用户手机内容，最终

---

① 王芳."没有隐私的地方就没有尊严"澳门解读[N]. 法制日报，2009-04-17.
② Singer N. InBloom student data repository to close[N]. New York Times，2014-04-21.
③ 丁超.5G 时代云端数据安全的法治探究[J]. 湖北经济学院学报（人文社会科学版），2021，18（1）：84-87.
④ 腾讯网. B 站 2 亿余条用户账号、手机号疑泄露，部分用户账号确认真实[EB/OL]. (2022-07-07). https://new.qq.com/rain/a/20220707A043KV00.

该快视频 App 对自己的侵权行为供认不讳①。2022年3月，另有网友发微博称，该网站与联通运营商合作，疑似通过让用户填写本人真实姓名、身份证号、联系方式、收货地址等个人信息的形式，对用户隐私进行售卖以换取流量卡的申请②。除此之外，某知名人才招聘网站也疑似将用户个人信息在暗网公开打包出售③。美国著名社交媒体平台脸书（Facebook）曾于2018年3月被指控，将超过5000万名用户的信息以每份5.2美元（约合人民币33元）的低廉价格泄露给一家名为"剑桥分析公司"的数据分析企业，通过社交软件来操纵选民情绪并预估竞选投票结果④。全球领先新闻媒体网站 Market Watch 的调查结果显示，全球多个暗网交易平台将各种网络用户信息以极其低廉的价格明码标价全包售卖，网络黑客窃取用户个人信息如探囊取物⑤。当互联网技术深度嵌入现实生活，数据算法沉淀下的我们也在不知不觉中变成了被资本"监控"下的"透明人"，一桩桩、一件件的用户隐私数据泄露事件同样为教育虚拟社区的用户敲响了警钟，频发的隐私泄露案例、数据安全事件均已证明，网络大数据的威力超乎人之想象，保护好个人的网络数据信息势在必行。

技术的迅猛发展在为各行业各领域的前进创造发展新机遇的同时，也扩大了对个人隐私的攻击面。美国数据保护和信息安全研究中心波耐蒙研究所（Ponemon Institute）和全球最大的网络安全企业 IBM Security 联合发布的《2023年数据泄露成本报告》（Cost of a Data Breach Report 2023）显示，2022年，全球数据泄露的成本之高和规模之大为过去所罕见，二者均创下历史新高⑥。大数据时代，我们每个人的数据信息如同一滴水，当它涓涓细流般汇入大数据的汪洋大海时，洋流将去往何处我们无法控制。对于教育虚拟社区而言，社区的建设者、运营者、管理者在前期对社区进行宣传时，会更多地聚焦于基于教育大数据驱动的精准化、个性化、智

---

① 荔枝网. 360快视频侵权B站，B站用户：我们的账户还安全吗？[EB/OL].（2018-02-22）. http://news.jstv.com/a/20180222/1519252532728.shtml.

② 新浪科技. B站回应"让用户卖隐私换会员"质疑：页面为流量卡申请登记页，文案措辞不妥已下线整改[EB/OL].（2022-03-13）. http://finance.sina.com.cn/tech/2022-03-13/doc-imcwipih8236204.shtml.

③ 南方都市报. 51job海量应聘者信息被泄露？回应称目前数据库无异常[EB/OL].（2022-07-03）. https://www.sohu.com/a/563551389_161795?tc_tab=s_news&block=s_focus&index=s_3&t=1656844786223.

④ 新华网. 脸书5000万用户信息泄露[EB/OL].（2018-03-24）. http://www.xinhuanet.com/world/2018-03/24/c_129836684.htm.

⑤ 罗俊. 滋蔓的暗网及网络空间治理新挑战[J]. 学术论坛，2020，43（5）：1-12.

⑥ IBM Security. Cost of a Data Breach Report 2023[EB/OL].（2023-07-24）. https://www.ibm.com/reports/data-breach.

能化、一键化的学习服务体系，而个性化支持服务技术的实现必然以大数据、物联网、云计算、人工智能等相关技术的融合应用为前提，只有尽可能多地收集社区参与者的交往行为数据信息，才会尽可能全面地捕捉到社区成员学习的思想动态与行为习惯，挖掘数据背后所蕴含的个人信息真相，通过量化分析进一步客观全面、翔实完备地预判和匹配与学习者个体相应的定制化资源，由此为社区成员提供个性化教学服务。然而，教育虚拟社区在全方位抓取社区成员数据信息的同时，也不可避免地在数据收集、处理、储存、管理、分析、应用的过程中"闯入"社区成员的隐私境地，侵犯到社区成员的隐私权利和人格尊严。此外，部分社区的运营者和服务商从创立伊始就以追求经营利润最大化为目的，为了抢占市场份额、扩大用户规模，他们可能会采用各种极具诱惑力、竞争力的措施手段吸引目标用户，使社区用户达到一定份额或形成一定黏度，由此构成了教育虚拟社区的经济型失范。

2. 认知型失范

教育虚拟社区成员在交往过程中能否严格规约自身行为，取决于是否对教育虚拟社区伦理规范有正确而清晰的认知。由教育心理学知识可知，个体道德认知是道德心理的前提，更是道德行为的根本出发点。换句话讲，教育虚拟社区成员的伦理认知是教育虚拟社区伦理的基础性构成要素，是人们在社区中对教育虚拟社区伦理规范及其蕴含的社区道德规律认识及其必然性的总和，是对社区道德事实与伦理现象的正确把握，是对自身行为活动是否恰当合理的辩证思考、价值判断与理性决策，也是对行为活动后果和影响的预判与反思。教育虚拟社区伦理认知的效用即在于将应然性的社区伦理道德有效转化为社区成员的伦理道德行为。由此不难看出，社区成员对教育虚拟社区伦理认知的清晰和明了程度是教育虚拟社区成员树立正确伦理意识与养成自律伦理行为的前提及先决条件。一个缺乏伦理认知的社区成员，很难形成较强的伦理意识，更不用说养成符合伦理规范的自律行为了。换言之，教育虚拟社区伦理失范行为的产生必然与社区主体伦理认知的清晰程度密切相关。

当前，在对教育虚拟社区的认识上，虚拟性、开放性、匿名性得到了学者的广泛认同，他们皆指出这些特性在推动学习者个性自由发展进步的同时，也悄悄埋下了引发社区伦理失范行为的种子。教育虚拟社区的开放性、虚拟性、自主性、平等性，使得来自不同种族、不同地域、不同宗教、拥有不同知识背景的人们皆可成为社区学习团体中的一员,大大降低了学习准入门槛。社区中的每一个人都拥有多重身份,既可以是信息资源的生产者,也可以是信息资源的传递者、接收者,而对社区良莠不齐、泥沙俱下的海量学习资源的甄选和判别也在无形之中考验着社区学习者的认知与甄别能力。此外,社区的虚拟性特征使得很多行为主体想当然地以为无须为自身在社区中的偏差和谬误行为买单,而匿名性更是使社区成员生发出"身体不在场"即行为不负责的错误行为。

3. 行为型失范

网络的直接介入,为教育虚拟社区成员之间的交际和往来创造了与传统学习截然不同的虚拟、开放空间。加之社区的包容性,社区成员身份、背景的复杂性极易使不同主体产生世界观、人生观、价值观、道德观等方面的冲突。"相识不相见"的虚拟性匿名交互更是让社区成员对彼此的真实身份茫无所知,部分成员借助虚拟的真空状态一度以为自己可以在社区中恣意任性为之且不需负任何责任。基于网络自身的特点,教育虚拟社区成员间的这种既直接又间接的"同时性"交互,几乎所有的沟通、交流、谈话都是通过屏幕上的符号、字母、表情、语句来完成的,无法获取对方真实的表情态度和声音语气也为社区成员的"撒谎蒙骗""虚假伪装"提供了便利。在教育虚拟社区发展初期,在当下虚拟与现实的伦理道德规范共存、更替、迭代而导致规范和行为相冲突与脱离之际,教育虚拟社区中大量的伦理失范行为被引发。

以往在现实生活中的伦理道德规范由于无法很好地适应网络技术运行下的新环境而逐渐变得虚无缥缈。于是,在全新的网络虚拟场域下,旧的道德规范无所适从且新的伦理规范尚未形成,大量的教育虚拟社区行为处于既不受现实生活规范的制约也无新法可依循的"虚空"状态,社区伦理失范行为就此产生。其主要表现为:一味在社区中获取资源信息却对他人提出的疑问难题不予回复、置之不理,自私地期望自己的问题能够得到社区专家和专业助学者的点拨和回应;未经他人许可对他人知识产权进行随意侵犯和践踏,直接侵害他人的个人隐私,剥夺他人的劳动创作成果;恶意散播炒作相关虚假、不道德等违反相关规定的、影响社区发展的内容和信息,造成社区交往秩序严重混乱;对社区中的不文明内容和现象不闻不问、漠然置之等。究其实质,此类伦理失范行为皆是社区成员并未真正参与社区交往过程,是在教育虚拟社区的人际交往中引发的纯粹道德性问题。若每一个社区成员都出于这种目的参与到教育虚拟社区的交互中来,那么教育虚拟社区人性完满的本质和可持续发展的终极旨归已然丧失。教育虚拟社区是依托互联网技术这一载体的，同时又生成着互联网技术支持下的资源共建共享与融合发展，这种精神理应在教育虚拟社区中得以延续、传承和发展。但必须指出的是，这种精神并不意味着社区成员可以随意非法复制、享用他人的劳动知识成果，而是应在彼此同意许可、达成共识的基础上进行合理利用和共建协作。要想实现在教育虚拟社区中真正有意义的学习交往，社区成员应该遵循社区相应的伦理道德规范，养成良好的社区伦理素养。

4. 风气型失范

一些人受西方后现代主义理论范式和解构主义社会思潮的影响，亟待破旧立新，渴望颠覆旧有的传统和思想，强调张扬个性和解放主体。如果传统的真善美价值被批驳和消解，一味地强调多元化、个性化、差异化及价值碎片化极易使人走向价值相对主义、道德虚无主义等极端。在实现"解构"的同时，"建构"的成分还远远不够，存在现象高于本质、边缘凌驾中心的乱建之象。部分教育虚拟社区过分追求矜奇立异、另起炉灶的价值祛魅思维，以独创一格的怪异为美，摒弃中华优秀传统文化的内核和精髓，造成教育虚拟社区风气上的严重失范。在教育虚拟社区的实际运行过程中，优秀的传统文化与思想并非无法与现有的新型媒体技术相结合，相反，将中华优秀传统文化与现代新媒体技术创新性地进行有效整合，在善用网络技术的同时让中华优秀传统文化"活"起来，释放其特有魅力与精华，赋予教育虚拟社区跨越传统网络社区的鲜明特色和崭新面貌，势必会增强教育虚拟社区的吸引力，促发积极的社区学习效果，有利于社区的良好发展。

教育虚拟社区中，意见领袖承担着社区话题发起、资源提供、信息传播、研讨引导、交往维系、秩序保障等任务，可以说，很多时候，教育虚拟社区的话语权和绝对权威掌握在意见领袖手中，意见领袖在社区中处于"把关人"的中心位置。对诸多教育虚拟社区的调查研究显示，有相当部分的社区参与者认为社区中的意见领袖距离他们很远。究其原因，很多意见领袖打着信息交换的幌子，在社区中传递无效、虚假等不当信息，凭借自身意见领袖的影响力和号召力，以匿名方式大量扩散一些与日常社区学习无关联的内容和信息，将一些不正、不端、不良、不当的学术霸权习气和强权行为引入教育虚拟社区中，社区反而成为他们宣扬和传播自身不当行径的场所及媒介，此番风气严重破坏和亵渎了教育虚拟社区这一学术交往圣地的清誉[①]。此外，教育虚拟社区施馈不平衡现象更是屡见不鲜，基于当下的教育评价体制机制，考试和分数仍是衡量学习者学习成效的重要指标和尺度，于是很多学习者为了自己在最后考试评价中取得好成绩，不情愿将自己在学习研讨过程中发掘的优质资源与他人共享，不愿意对他人提出的问题发表自身的独特见解以进行有效反馈，即便是最初自愿注册报名加入教育虚拟社区的成员，很多也是源于自私自利的本性，在学习交往过程中一直扮演观察者和守门员的角色，他们并未想着真正参与到社区的切实交往活动中，而是作为"边缘参与者"，只浏览不上传、只汲取不回馈、只独有不讨论，找机会获取资源信息以充实自身的学习。以系统论的视角来讲，教育虚拟社区是一个动态、开放、生成的生态系统，需要社区参与者即时或延时地交流互动，以使内部与外界保持思想、信息、资源的动态平衡，在注入外界新的知识、资源、信息等能量养料的同时消化和生成新的目标、内容与文化，在新系统不断传承、发展和逾越旧系统的过程中实现教育虚拟社区这一生态系统的日渐壮大。若人人都取极限，人人都想从社区中竭泽而渔为自身谋利益，那么又有谁能够为社区无偿提供大家所需之物？因此，对于社区的每一位参与者来讲，他们既是社区思想、知识、信息、内容、资源的消费者，也是其生产者，只有每一位社区成员都心无旁骛地积极参与到社区交往学习活动中，才能有效提升社区活动的凝聚力，增强参与感和向心力，教育虚拟社区才能得以永葆长盛不衰的生命力和发展力，实现"青春永驻"的可持续发展。

三、教育虚拟社区助学者伦理失范

（一）对助学者的认知

助学者作为教育领域中的一个常用称谓，常见于网络教学中，由此又常被称为"网络辅导教师""在线导师""online tutors""e-facilitator""online instructor"等。

[①] 刘敏，胡凡刚，李兴保. 教师虚拟社区意见领袖的社会网络位置及角色分析[J]. 中国电化教育，2014（2）：46-53；卢潇. 教育虚拟社区中"意见领袖"的作用——以"学习科学与技术"社区为例[J]. 软件导刊（教育技术），2015，14（9）：11-14.

我国远程教育研究开拓者丁兴富教授曾指出,助学者、学习资源与学习者构成了远程教育中新的教学三要素,传统教师身份拓展为助学者,但助学者并不一定必须为学校教师[①]。由此可见,"教师"与"助学者"二者概念有交集,但又不完全等同,远程教育过程中的教师隶属于助学者的范畴,但助学者并不仅仅包含传统的教师群体。助学者可以由教师组成,也可以是教师群体以外的任何支持与帮助学习者学习的指导者、辅助者和朋友,有时候学习者本身或是在网络学习过程中担任任一学习角色的社区成员都可能成为他人的助学者[②]。我国学者况姗芸提出,不同于传统学习共同体,网络学习共同体环境下的助学者不仅仅是专门的知识提供者,也是学习活动的组织者、引导者、促进者和经营者,可以是科任教师、学科专家,也可以是辅导教师、同学、朋友等,最终以多种助学形式、多种助学措施指向学习共同体的有效构建和运行[③]。张豪锋和杨绪辉在对网络学习共同体进行实践探索后认为,助学者群体包括任课教师、专家、辅导人员等[④]。

基于以上对"助学者"这一概念的内涵探讨,笔者对助学者的含义做出如下界定:助学者是指在学习交往活动中主动促进、支持、帮助和引导他人的人员,包括但不限于教师群体,所有可以促进学习交往活动顺利开展并为其创新性增质提效的人员都可被称为助学者。

(二)教育虚拟社区助学者界定

当下,对教育虚拟社区助学者所进行的针对性研究还较为稀缺。首都师范大学王陆教授以教育虚拟社区中的一门在线课程"WBE07_Community"为例,选取社会网络分析中的网络位置分析法,对教育虚拟社区中的助学者群体进行探究,研究发现,在教育虚拟社区中的确存在助学者群体,且该群体由相当部分的学习者组成,他们在社区中承担双重角色,既作为学习者,同时也具备教师的水平,可以像教师一样帮助和指导社区中的其他学习者,能够与教师在较高水平上保持对等性,在很大程度上对教育虚拟社区的学习起到了促进作用,与社区学习绩效密切相关,

---

① 丁兴富.远程学习圈:构建远程教学与远程学习的基础理论[J].中国远程教育,2001(7):10-14,79.
② 王陆.虚拟学习社区社会网络位置分析与助学者群体的发现[J].中国电化教育,2010(3):23-27.
③ 况姗芸.网络学习共同体的构建[J].开放教育研究,2005(4):35-37.
④ 张豪锋,杨绪辉.微群网络学习共同体的实践探索[J].现代远程教育研究,2013(1):95-100.

是促发社区课程学习的重要行动者[1]。由此推断，多元、互通、点对点的网络空间特性赋予了教育虚拟社区助学者新的含义，除了传统意义上的任课教师外，社区中那些学习积极性较高、自身专业能力过硬、善于为同侪提供帮助与支持的社区参与者皆可被称为教育虚拟社区助学者。

结合以往对教育虚拟社区理论与实践研究的经验，笔者将教育虚拟社区助学者界定为：在教育虚拟社区的学习交往过程中，能够积极为学习者提供支持、帮助、引导的教师、导学、助教、同侪或学习者中的意见领袖等。其中，学习者中的意见领袖往往多是那些在教育虚拟社区的学习交互过程中具备较高学术威望和学习热情，具备较强专业知识和素质能力，有思想、有主见、有责任心的学习者。笔者认为，助学者可为教育虚拟社区提供学术性和人际性两方面的支持服务，就学术性支持服务而言，助学者能够为社区学习者的学习交往活动提供答疑、解惑、咨询、资源、指导、反馈等与课程学习有关的服务，调动学习者的学习积极性、参与性和原有的知识经验，促进其对学习内容的反思、内化与迁移。就人际性支持服务而言，助学者可以及时与社区中出现负面情绪的学习者进行沟通和交流，给予他们心灵慰藉和心理支持，帮助其舒缓和排解学习压力以及由各种原因引起的负面情绪，促进社区学习活动的有序进行，营造和谐、温馨的良好社区学习环境与氛围。此外，教育虚拟社区助学者身份可由多重角色来诠释，社区学习者、管理者、组织者等任何能为他人学习提供支持和帮助的人都可以成为教育虚拟社区助学者。

（三）教育虚拟社区助学者伦理失范的含义

结合上文对教育虚拟社区助学者和教育虚拟社区伦理失范等概念的界定，笔者将教育虚拟社区助学者伦理失范定义为：教育虚拟社区中，引导与规约助学者思想和行为的道德价值及规范体系的缺失与无序，以及教育虚拟社区助学者在学习交往过程中试图摆脱社区控制而出现的违背和偏离社区伦理准则与道德规范的诸多行为。

通过以上讨论我们不难明白，对待教育虚拟社区中所出现的诸多不道德的伦

---

[1] 王陆. 虚拟学习社区社会网络位置分析与助学者群体的发现[J]. 中国电化教育，2010（3）：23-27.

理失范现象，我们应秉持的正确态度是：教育虚拟社区是时代发展的必然产物，我们无法因维系道德传统而拒斥网络虚拟学习空间的到来，同样也不可因虚拟空间的道德尚处于规范不完善的无序状态而对其听之任之，使社区行为自由无度。完满祥和的教育虚拟社区需要内外生发的每一位主体的协调和建构，只有社区各参与主体有序配合，妥善遵循社区伦理机制规约，才能保证社区学习交往活动有序开展、社区学习服务良好运行，最终实现智能时代下教育虚拟社区主体的伦理性蜕变。

第二节　教育虚拟社区助学者伦理失范表征

马克思曾指出："问题就是公开的、无畏的、左右一切个人的时代声音。问题就是时代的口号，是它表现自己精神状态的最实际的呼声。"[①]现代化技术的更迭进一步推进了助学者身份的世俗化，自媒体时代下网络空间的开放协同和丰富学习样态使传统的伦理体系逐渐式微。助学者在教育虚拟社区中居于核心地位，其对于社区中知识技能的传授、课程内容的调整、社区话题的引领、优化资源的分享、交往秩序的维系等都起到了至关重要的作用。但在社区实际的学习交往活动中，助学者也时常因智能时代自身知识权威的消解而做出一些有违社区伦理的行为，譬如，对学习者及社区其他成员提出的疑问没有及时有效解答、对社区学术霸权现象置之不理、助学目的功利化、情感淡漠缺乏教学责任感等。通俗来讲，当教育虚拟社区助学者与社区主体、客体、文化环境等的交往行为与社区本有的伦理规范状态对立时，即出现了教育虚拟社区助学者伦理失范现象。

---

① [德]马克思，[德]恩格斯. 马克思恩格斯全集（第四十卷）[M]. 中共中央马克思恩格斯列宁斯大林著作编译局，译. 北京：人民出版社，1982，289-290.

一、教育虚拟社区助学者交往的结构认知

教育虚拟社区是一个有生命的、动态的、持续发展的生态系统，系统结构反映整体性能，一个系统的作用与功能如何，取决于该系统的整体结构及其机制水平。根据教育虚拟社区生态交往理论模型（图3-4），教育虚拟社区的主体、客体以及社区文化环境构成了教育虚拟社区生态交往结构。因此，在阐述教育虚拟社区助学者伦理失范之前，应当对教育虚拟社区助学者交往结构有一个清晰、全面的认知和梳理。

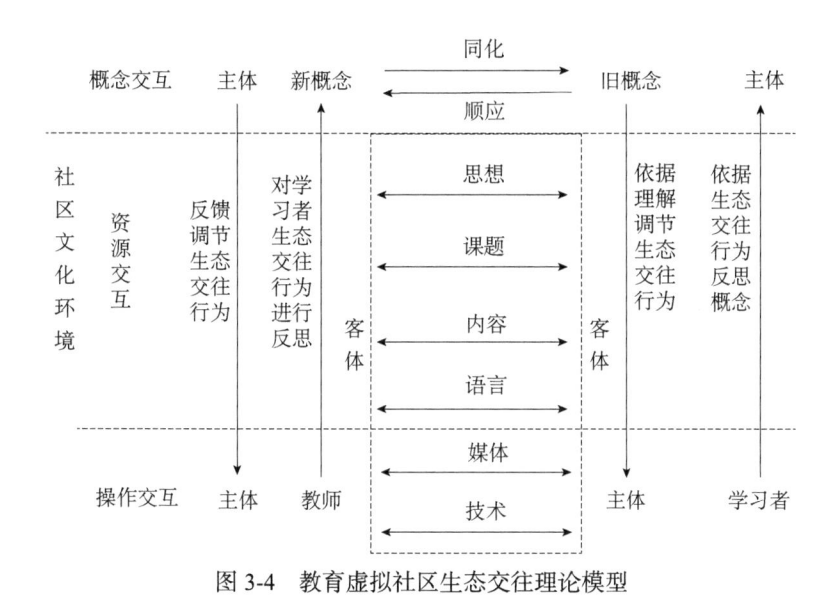

图 3-4 教育虚拟社区生态交往理论模型

（一）教育虚拟社区助学者与主体的交往

从哲学认识论的意义来讲，主体与客体是一组相互对应的概念范畴，二者具有相互的内在规定性，并因彼此的存在而存在。即便这样，我们在教育过程中很难简单地用"主体-客体""主体-媒介-客体"等形式来处理和应对教师与学生之间的教育交往关系。从哲学本体论意义来说，"主体"是指实践活动的承担者，在这里它并无主体与客体之分，更未牵涉互为主客的问题。起初我国教育界就是从哲学认识论的角度将"主体"这一概念引入教育领域的，由此进一步推演出教师与学生互为

主客关系的论断。但从本体论的角度来说，其中的主体与客体并没有以对应关系存在，因此，教师与学生互为主客关系的论断也就经不起推演。鉴于此，教育虚拟社区中的助学者与学习者的关系首先是教育主体与受教育主体的关系，是人与人之间的关系，既然同是主体，他们之间的活动便具备交互性而非处于对立状态，即助学者与学习者是主体与主体之间的关系，而非主体与客体之间的关系。

当教育虚拟社区助学者与学习者在社区中进行学习交往时，若已将"教师与学生互为主客关系"这一论断视为普遍规律，那么由此将会引发接二连三的社区伦理问题。其一，依据以上论断，当教育虚拟社区助学者为交往主体、学习者为交往客体时，助学者在对教育虚拟社区学习交往活动进行设计和组织时极易出现现实课堂教材、课本、内容、资源的网络移植与搬家，漠视学习者作为鲜活生命个体的个性存在。我们要明确，人的主体性是人作为实践活动主体的质的规定性，是人之为人的本质属性。因此，教育虚拟社区助学者与学习者之间的交往一定是主体间性的相互作用。其二，教育虚拟社区助学者很可能会将现实教育过程中因自身知识权威而形成的高不可攀的人格姿态迁移到教育虚拟社区交往过程中，从而像控制知识与信息一样掌控学习者，过分强调自己的知识权威与话语权，致使学习者丧失主体性，使学习者的自我价值相应被遮蔽。其三，助学者与学习者的主客不对等关系导致彼此疏于情感交互，共情能力急剧下降，"填鸭式"知识灌输使学习者惰于思考与自我感知，学习者学习范围日渐窄化。由此可知，教育虚拟社区的交往结构应以哲学理念为指导，由此才可保证教育虚拟社区的学习交往产生良好效果。

教育虚拟社区中的交往主体必然是人与人之间的交往，于是，交往在教育虚拟社区成员之间产生，也是社区教育行为发生的先决条件。按照角色的不同，教育虚拟社区主体可分为助学者、学习者、组织者、技术支持者、资源提供者、社区管理者、主题内容引领者等。同时，教育虚拟社区主体因任务职责的不同可扮演多重角色，比如，助学者可以在某一社区的某个阶段为主题内容引领者，也可以在另一社区的某个阶段为学习者，而学习者也可以是社区交往活动的组织者，抑或成为辅助同侪的助学者。因此，对社区角色的划分仅为一般意义上的分类，并非齐全，也无法涵盖和囊括社区中主体的所有类型，故助学者与社区中的其他主体之间的交往皆表现为"互为主体"这一特殊交往关系。同时，为了保证助学者与社区其他主体的正常交往，各交往主体应以善交、乐交的心态和倾向，进一步养成和具备哲学家哈贝马斯所言的"交往性资质"能力[①]，遵循相应的社区伦理规范，实现有序、和谐、健康的教育虚拟社区交往。

（二）教育虚拟社区助学者与客体的交往

教育虚拟社区中与助学者交往的客体可以是某一语言、思想、观点、现象，也可以是一个任务、项目、成果、课题，抑或是计算机媒体、互联网技术等。对于社区助学者来说，随着与社区客体的交往，其知识、技能、情感态度等会随着交往的深入而发生相应的同化和顺应变化，这也是助学者个人能力向更高水平进阶的象征。同样，于社区而言，教育虚拟社区的整体教育水准也存在向更高质量发展的潜在势能，这种潜在势能的激发源于社区成员和整个教育领域对教育虚拟社区翘首企盼的迫切教育需求。在这里，与助学者交往的客体主要包括工具性客体和生成性客体两类，工具性客体又涵盖形式性客体和实体性客体，其中，形式性客体指的是教育虚拟社区中主体与主体之间用于相互交流和沟通的语言，为了确保社区学习交往活动的正常有序运行，以文字、语言为媒介的社区对话必须在真实、客观、理性、正确的情境中进行，只有这样，才能实现主体心灵交互与社区精神的相遇，杜绝冰冷的社区说教，提升社区交往的温度，让语言在社区交往中更好地充盈主体生命、完满个性发展、生发主体情感诉求，进而有效增强社区的价值引领作用。实体性客体指的是多媒体计算机、交互式电子白板、投影仪等一些附属的互联网技术设备，它们是社区交往必备的物质基础。此外，生成性客体多指教育虚拟社区中的各种资源，社区交往以其为基础并不断生成新的资源。譬如，社区交往过程中产生的创造性课题、项目、成果、思想、观点等，它们是社区主体彼此交往的共同指向。这里需要强调的是，社区主体的交往深度与生成性客体密切相关，主体在交往过程中对生成性客体的消化吸收、领会理解、转化落实的程度越高，那么主体在社区中的交往质量也就越高。所以，教育虚拟社区助学者应以温暖、友善、关切、公正的语言和态度与社区主体友好交往，妥善利用社区资源，努力为社区生发可持续性资源。

我们应当明确，教育虚拟社区客体也是社区交往中不可或缺的一部分，正是因

[①] 胡凡刚. 教育虚拟社区交往理论模型与层级塔[J]. 中国电化教育，2006（5）：23-26.

为有了客体的存在，社区主体才能与教育虚拟社区良好互促、融合发展，在个体生命与社区发展双和谐的前提下实现网络教育的完满建构。

（三）教育虚拟社区助学者与文化环境的交往

教育虚拟社区的文化环境是浸于社区中的学习主体在交往过程中不断形成、整合、汇聚而成的文化关系体系，是教育虚拟社区价值取向的体现，也是社区主体合理、有序、公正、健康交往的前提。同时，社区文化环境塑造着社区主体的人格特性，是社区主体保持良好精神状态、树立正确价值观的前提与基础。风朗气清、合理有序、积极向上的社区文化环境能够丰盈社区文化内涵、提升主体道德素质，进而使教育虚拟社区的网络教育功能得到良好发挥和拓展，对构建规范化教育虚拟社区、促进社区的健康发展与良性运行具有重要意义。

社区主体的知识学习、自我成长、个性完满均是在社区文化环境中完成的，同时社区文化环境的塑造、完善与发展离不开社区助学者引导下打破常规、开拓进取、展现个性、施馈平衡的教与学方式，文化环境育人与主体塑造文化环境，二者在教育虚拟社区中都得到了本质确证。哈贝马斯曾在其哲学著作《交往行为理论：行为合理性与社会合理化》中提到，"生活世界"是在人们交往行为交织下构成的世界，也就是我们日常言语支撑下的世界[①]。由此，教育虚拟社区则是基于其"生活世界"理论而造就的"虚拟生活世界"，与社区文化环境交往即是具备一系列"交往性资质"能力的社区主体，在正确思想观念、丰富文化内涵、公平公正氛围的社区文化环境下，与社区客体相互作用而进行的一系列交互与对话活动。

在社区助学者的引导下，社区成员的人格特性、思想行为、观念态度、精神礼仪、价值信仰以及对社区的归属认同和社区本身的内涵理念共同组成了教育虚拟社区的文化世界。社区主体因有着共同的文化信仰而集聚于此，社区文化环境也因社区主体的积极良好交互而更具有认同感、归属感、使命感与影响力，这是教育虚拟社区健康发展与良性进步的不懈追求，也是构建智能时代有温度的教育虚拟社区的必然旨归。

---

① ［德］哈贝马斯.交往行为理论：行为合理性与社会合理化[M].曹卫东，译.上海：上海人民出版社，2004，82.

二、教育虚拟社区助学者伦理失范的问题表现

自古以来，教育便与伦理相伴相生，加之智能时代，网络技术的发展进一步丰富了教与学样态，使得教育虚拟社区成为集育人、学习、对话、协作、交互于一体的跨时空场域。助学者作为这场网络教学活动的重要角色之一，不可避免地会在其中的学习交往过程中产生诸多伦理失范问题。经教育虚拟社区实践调研发现，助学者伦理失范问题主要包括以下几方面。

（一）沉迷技术功利偏离育人本位

当下一些国内学者对教育虚拟社区的研究更多着眼于网络技术与硬件设施层面，对关于社区主体心灵、情感、道德、思想等精神视域的研究较少，若仅从外在技术层面发力，将有可能致使人之主体性与情感的缺失，最终使教育成为一种"失去灵魂的卓越"[①]。当今时代，几乎没有几个人会去否定实体技术，但对技术心存幻想、抱有殷切期盼的人却大有人在，教育虚拟社区中的助学者。有其中不乏一部分的社区助学者对技术的理解流于浅表，将使用信息技术作为达成教学目标的唯一前提，利用技术手段异化教育目的，在教育虚拟社区教学实务中，常常为追求教学效益最大化而将社区学习者的学习交往置于技术手段之下，妄图通过利用智能技术把知识传递这一任务完成得更完美、更高效。当社区成员遇到困难发帖咨询时，助学者便将"盆丰钵满"的学习资源"投喂"至社区学习者，为学习者分配机器学习伙伴，通过智能技术支撑，对社区学习者的学习交往过程数据进行客观而全面的收集、分析、量化、建模、跟踪，进而对其学习风格、兴趣偏好、能力水平进行评判与预估，将社区的教与学问题完全交由技术手段来解决。这种看似卓越高效的社区教学手段，殊不知早已进入了技术设下的陷阱，将教育引向了大肆鼓吹个性化学习的反面，这样的社区助学者工作变成了"炫技"，而学习者的成长和发展则变成了手段。这种教学手段和教育目的的失范令师道不彰，有违社区的育人本位理念，教育虚拟社区培养出来的学习者可能成为同质化的平庸之辈。助学者沉迷技术

[①] 唐松林，金鑫，范春香，等. 虚拟教学平台之文化空间设计研究[J]. 中国电化教育，2019（4）：56-62.

也导致社区学习交往活动中"人"的消亡,消亡的不仅仅包括学习者,也包括助学者自己。

助学者沉迷技术导致学习者在社区学习交往活动中缺场,这种缺场具体表现在以下两方面。

其一,助学者不及时或拒绝回应社区学习者的学习请求和成长诉求。当社区助学者把谋取技术功利当作社区学习交往活动的直接目的或根本目标时,助学者眼中具有功利化倾向,可能忽视学习者的个性化发展诉求。很多时候,学习者的这种学习成长诉求蕴含着对助学者的期待,需要助学者在社区的学习交往活动中履行对学习者个性发展的责任。但由于满足学习者的诉求会花费助学者相应的时间与精力成本,会影响助学者自身的教育功利化倾向和机会,于是,助学者可能会对学习者的学习请求和成长诉求置之不理,经常将责任推诿至技术手段或以沉默来掩饰。然而,就是这种在助学者看来最平平无常的沉默或是"程式规范"下的教育回应,已然违背了对社区学习者他者下最基本的伦理道德敕令——"你不可杀人"[1]。助学者的沉默可能会让学习者变成孤独的存在,很多时候,学习者对自身学习成效的评价不知道是该相信技术还是相信自己,社区中的不少认知活动和元认知活动被技术生硬地割裂开来,尤其是对于社区中年龄较小、处于低学龄阶段的学习者更是如此。学习者无限的创造性思维被有限的技术预设程序扼杀,当技术评价与自我评估不相适应时,他们很难以批判和质疑的学习眼光与态度去看待这一问题。而在助学者看来,这却是所谓"个性化学习"与"自适应学习"的实现。在学习者与助学者社区学习交往的过程中,学习者作为人之为人的主体性"消失",其自主性建构与个性化智慧被助学者损害。

其二,很多时候,助学者在社区中对学习者进行回馈是为了追求技术带给的同等价值的回报甚至超额回报。当社区助学者醉心于绚烂多姿的技术世界时,对功利化的欲望和追求让其之下的所有学习交往活动都指向对学习神效的占有。在这种欲望的驱使下,助学者在社区学习交往活动中对学习者的回馈就不再是纯粹的单向度回馈,而是意有所图的回馈,希望能够从学习者身上获得更多的技术教学价值,进而获得相应的愉悦感和满足感。在这种施馈失衡的关系中,学习者作为自由平等交往的他者性身份可能会被消散,可能变成任凭社区助学者掌控的奴隶,如果

---

[1] 孙庆斌. 勒维纳斯:为他人的伦理诉求[M]. 哈尔滨:黑龙江大学出版社,2009,153.

助学者沉迷在技术功利化的教育回馈关系中，育人为本的教育虚拟社区生态就可能处于伦理失范状态。

（二）智能技术赋能遭逢角色失语

自古以来，我们将教师的角色定位为"传道、授业、解惑"，且将"传道"的角色始终放在首位。教师总能凭借已知、先知的专长和优势向未知、后知的学生传递知识信息，也自然成为教学过程中的道高者和知识权威，理所应当地掌控着教与学过程的话语权。然而，在人工智能时代，大数据、人工智能、云计算、区块链、5G等技术使我们迈向一个全新的数据世界，海量更迭、共享整合的知识资源逐渐打破了以往教师的知识权威，使得教师不再是唯一的"知识的代言人""真理的掌控者"。

在智能技术变革教育教学的浪潮下，教育虚拟社区学习者获取和接触知识资源的渠道不再拘泥于助学者，助学者的主体性地位也就自然经历着相应的变化。随着技术的发展，学习者对助学者权利的让渡日益减小，致使助学者向学习者传递知识的方向发生偏移[1]，甚至出现社区很多学习者的知识宽度和成长速度反向逾越助学者并对其进行文化反哺的情况。此外，调查研究发现，社区中一些相对年长的教师，日常愿意花在网络技术上的时间、精力有限，加之自身专业和眼界等因素，仍囿于传统知识体系和守旧思维结构，自身的知识储备与海量的大数据资源相比望尘莫及，在社区学习交往活动的助学过程中，无法根据学习者的应然水平和前沿文化领域动态调整知识资源体系，致使助学者与智能助学媒介无法融合相适[2]。随着学习者个性化学习需求的一步步提升，所有资源信息都可直接被一"网"打尽，助学者与学习者之间原本期望的那份交往平衡被打破。如此一来，教育虚拟社区中的"教书"与"育人"活动在无形中被割裂，当社区中的"教书"活动居于次要地位，"育人"活动也就随之变成一具空壳，无形中陷入了技术理性的"乌托邦"，失却了教育虚拟社区助学者的价值意义。

---

[1] 罗莎莎，靳玉乐. 智能时代教师角色的危机、成因及其应对——基于场景理论的视角[J]. 教师教育研究，2020，32（3）：53-59.

[2] 庞茗月，威万学. 智能技术引发的非教育性疏离感之伦理省思[J]. 现代教育技术，2021，31（10）：14-22.

因技术的过度"加持"导致教育虚拟社区助学者自身"传道、授业、解惑"的劳动价值和主体地位被弱化,长此以往,原本助学者在社区中所处的信息资源生产的垄断地位难以为继,甚至遭逢将被教育虚拟社区淘汰的厄运,智能技术赋能下的助学者会出现角色错位、模糊、迷失甚至被取代的窘境。因此,教育虚拟社区助学者"失语"这一伦理失范现象将在一定程度上不可避免。

(三)自甘沉沦平庸淡薄责任意识

教师"传道、授业、解惑"的职业特性使其与生俱来就享有神圣崇高的权威特质,因此教育虚拟社区中的助学者和学习者之间的学习交往也有着较强的动力,这种动力来源于学习者对知识的渴求和对助学者指导的需要。然而,智能时代的到来在为教育主体带来最广阔知识前景、最多元学习样态的同时,其拟教性和拟师性向传统教师发起了挑战,虽然教师职业尚未到被智能技术取代的程度,但很多时候智能技术的高效性、智慧性、新质性无疑将引发教师的惶恐、挫败和失落等心理危机,由此造成部分教育虚拟社区助学者在心理上无法接受,认为自己的专业知识和能力已全然不如智能技术甚至社区学习者,也不愿意在自己的专业领域方面进一步学习、精进和成长,放弃自身专业追求而甘愿成为"平庸之辈",在社区学习交往活动中产生不管不问、不予置评、随波逐流等自甘沉沦淡薄责任的伦理失范行为。

首先,教育虚拟社区交往活动本就是助学者与学习者的双边实践活动,但在当前智能技术的冲击下,助学者在学习交往中深切感知自身的地位较之前有所下降,甚至自己所承担的一些社区职能也被智能技术所取代。譬如,考试出题、批阅作业、学习诊断、问题反馈等工作基本都可由技术直接完成,甚至已有可以直接讲课的人工智能技术。在这些工作上,智能技术的确拥有比人类教师更高效、准确、知识资源广博且从不乏累等特质,所以,技术的介入使社区中助学者承担"教""助"责任的比重大幅下降,久而久之,教育虚拟社区的学习交往活动可能会更偏重于知识方面的"教"而忽视情感方面的"育",这种社区情境会使助学者对自身的专业地位、权威和能力感受到前所未有的压迫,惧怕自身的工作能力不如智能技术,产生自身工作被技术取代进而价值归零的惶恐感。

其次,随着以教师为中心的传统课堂教学组织形式的逐渐没落,智能时代的教育更趋向"学生本位"的纵向实践发展,智能技术辅助下的智慧化课堂从根本上变革了助学者与学习者的交互形式和教与学因素。社区学习交往过程中,很多助学者依旧沿用传统单向度的"讲授说教"型教学方式,而这种方式是学习者内心抵触和拒斥的,知识广度有限的助学者有时会被学习者提出的天马行空的问题弄得一时语塞,学习者适应和习惯了利用智能技术体验多姿多彩的教育世界后,对助学者传统的助学、教学手段不感兴趣,造成学习者对社区学习的积极性、参与度不高,学习效果大打折扣,使得助学者时常对自己的社区工作感到无力、怀疑和挫败,久而久之出现得过且过等不负责任的教学心态。

最后,以往助学者在社区中只需要按照教学安排,在每学年的固定时间根据教学预设目标实施指导,将长时间积累的一成不变的知识、技能、经验在特定时间传授给学习者,即可完成他们在社区中的助学任务。社区各项学习交往活动的开展往往都是在助学者固有教学风格和专业技能的基础上进行的,通过教学、助学、反思、改进等一系列方式在社区中逐渐提升自身专业能力,同时在与学习者、社区其他成员及社区文化环境的交往过程中缓慢汲取新知识、新资源以完成自我专业的革新和成长。由于以往外界环境的知识流通和更迭速度与助学者在社区中处理庞杂教学事务间隙的发展速度几乎处于持平状态,助学者能够在自我可控的范围内坦然自若、游刃有余地完成社区中的工作。而正是如今智能技术的介入和融合突破了教育领域的时空界限,接踵而至的知识信息和文化资源全方位渗透到古今中外的各个领域。单一纯粹的教材内容和单向度的知识说教已不能满足社区学习者的多样化需求,社区学习者可以随时随地通过相关网络学习平台和搜索引擎获取自己想要的信息,社区助学者失去了以往的"权威性""唯一性",社区学习者对助学者的态度也经历了从先前"助学者讲的肯定是对的"到"助学者也可能不对"再到"这个问题助学者好像也不知道"的转变。时间久了,当学习者再次遇到难以解决的困难和疑惑问题时,他们第一时间想到的不是向助学者咨询和求助,而是利用百度、谷歌等搜索引擎寻求答案,甚至有学习者在社区公开场合以在网上收集到的"确定性"信息向助学者发出质疑和挑战,或当众批判和驳斥助学者的思想及观点,以至于助学者后来再次遭遇类似情况时不敢发声。这种前后身份角色的落差感使部分助学者对自身专业水平屡屡产生自我怀疑,萌生"自己不是一个合格的助学者"的消极自卑想法,导致其在后来的学习交往活动中即便看到了学习者的发问帖子也不予置评,对社区中出现的诸多问题不想管也不想问。助学者的这种伦理失范行为源于智能技术带来的心理危机。

(四)技术理性弥散割裂师生情感

教育虚拟社区的主体性发展离不开助学者与社区其他成员的情感交互。智能时代,技术的加入打破了时空壁垒,从"人-人"的双向直接交互关系转变为"人-技-人"的三边交互关系,智能技术的加入仿佛"第三者"一般插足于原本亲密的助学者与学习者之间,使他们之间的情感被逐步分散、转移和淡化,加剧了二者之间的情感淡漠和疏离程度。学者哈格里夫斯(Hargreaves)诚言:情感是教育教学的第一要素,良好的教学总是与积极的情感投入相伴相生[1]。此外,也有相关研究表明,在衡量与评估教师教育教学能力的参数指标中,有近75%的指标在本质上与情感性有关,而关乎教师个体的知识水平与教学技能的指标仅有14个[2]。由此可见,真正的教学并非单向度知识资源的持续输出和对知识效率的执着追求,而是师生间相互感召、双向对话的情感交融。在智能技术浪潮的冲击下,教育虚拟社区中学习交往中的情感因素出现"边缘化"现象,社区助学者与学习者之间的交往密度降低,情感交流被智能技术转移和弱化,教育虚拟社区学习者对助学者的信任危机由此引发,这与教育虚拟社区学习者的完满个性培育相悖。

第一,基于网络技术的教育虚拟社区交往降低了社区助学者与学习者之间的交往密度。教学是以师生互动为前提的深层交流过程,正因社区助学者与学习者彼此鲜活生命的存在,社区学习交往活动才更显生机,言传身教才得以发生[3]。需要明确的是,助学者与学习者的互动并非是社区中常见的你来我往的发帖、回帖,或是象征性的浅表的"问与答"那般,而是基于技术系统下的文字、语言等符号媒介进行的蕴含情感、思维、认知、个性体验的深层次融合,以此唤醒社区成员的生命意识、激发思考活力、充盈情感世界、完满个性发展、找寻生命价值。随着智能技术与教育虚拟社区交往的深度融合,助学者与学习者被置于虚拟的教学情境中,二者在学习交往过程中产生的思维和情感交流被技术阻隔,呈现不对称的失衡状态。

---

[1] Hargreaves A. The emotional practice of teaching[J]. Teaching and Teacher Education,1998,14(8):835-854.

[2] 中央教育科学研究所比较教育研究室. 简明国际教育百科全书·教学(下)[M]. 北京:教育科学出版社,1990,79.

[3] 高晓文,于伟. 教师情感劳动初探[J]. 教育研究,2018,39(3):94-102.

网络虽然在一定程度上打破了助学者与学习者的时空限制，但却隔离了他们之间的心灵沟通。在社区虚拟化的交往情境中，助学者只能通过语音讲解或电子文档等方式将知识资源传递给学生，难以及时通过学习者的面部表情、肢体动作等方面的感知形成教学反馈，也难以形成教学过程中本该有的活跃融洽的情景配合和热烈浓厚的交流氛围，难以感受到对方的情绪波动和所思所想。当社区交往中实际带来的情感表达和体验与预期中的反馈不一致时，助学者对社区的教学情感投入也会相应降低。著名语言学家梅瑞宾（Merebin）的实践研究发现，人与人之间的信息沟通效果，38%来自声音（音调、音响、变音等）传达，7%来自语言词句沟通，剩下的55%皆来自包含表情、手势等在内的无声体态语言，即有高达93%的信息是通过非语言方式传递的[1]。因此，教育虚拟社区的学习交往很大程度上丧失了教育教学独有的临场感、仪式感、亲密感、参与感和意义感。另外，在虚拟化的教学场域中，利用智能语音助手、教学机器人等替代助学者课堂点名、讲解知识、解答疑问、批改作业等，这些多样化的教学方式直接将大量的主体间交往的机会剥夺，助学者渐渐失去了在教育虚拟社区中应有的存在感，作为社区关系主体的助学者和学习者之间的距离越来越远，情感越来越淡薄。

　　第二，社区助学者与学习者之间的情感疏离引发了二者之间的信任危机。在心理学上，信任被界定为对他者在外在客观活动上的确定性信心和长期持续稳定的价值信念[2]。信任也是一种建立在风险认知上的社会交往行为，冒险将自己交付给他人，以获取期望中的回馈[3]。若对方无法坚守当初的承诺，信任也就不复存在，尤其是在教育虚拟社区这种虚拟场域中，情感是使信任产生相应价值的重要资本，信任也是社区助学者与学习者之间情感交融的自然呈现，是构建社区良好交往关系的重要基础。教育虚拟社区中的助学者和学习者是相互独立而又彼此依赖的个体，学习者的社区成长发展离不开助学者的引导和帮助，助学者社区劳动价值的实现则需借助学习者的外显行为来呈现，这种彼此依赖是通过助学者与学习者之间鲜活而又真实的情感碰撞和思维交互而积淀的。然而，智能技术的侵入降低了助学者与学习者的社区"在场"交往频次，将交往过程中的表情、体态、情绪和情感等

---

[1] 转引自：许静. 传播学概论[M]. 北京：北京交通大学出版社，2007，42.
[2] [英]安东尼·吉登斯. 现代性与自我认同：现代晚期的自我与社会[M]. 赵旭东，方文，译. 北京：生活·读书·新知三联书店，1998，272.
[3] [德]尼克拉斯·卢曼. 信任：一个社会复杂性的简化机制[M]. 瞿铁鹏，李强，译. 上海：上海人民出版社，2005，7.

都转化为二进制的程序符号,双方被隐藏和掩匿于社区冰冷的数字、符号和代码中,以往建立起来的信任关系逐渐瓦解。在教育虚拟社区的交往现实中,社区主体的具身分化为另一个虚拟的"自我",原本充满生命气息的血肉之躯几乎沦为空洞无物、虚无缥缈的能指[1],教育虚拟社区助学者与学习者之间的交往由此呈现极高的不确定性。对于无法确定的事物,人们必然是对其充满质疑和戒备的,也同样无法对其进行有效、实在的干预,使其回归人们的正常预期,教育虚拟社区助学者因信任危机引发的伦理失范问题就此产生。

三、教育虚拟社区助学者伦理失范的特征分析

深刻剖析教育虚拟社区助学者伦理失范行为的主要特征,可为教育虚拟社区助学者伦理失范行为的规制提供基本依据。虽说教育虚拟社区是现实课堂教学世界的延伸,但其伦理失范行为在一定程度上也呈现出特殊性。总体而言,当前的教育虚拟社区助学者伦理失范主要呈现出行为方式的隐匿性、影响范围的全局性和后果控制的弱化性等特征。

(一)教育虚拟社区助学者伦理失范行为方式的隐匿性

助学者的伦理失范行为是在教育虚拟社区中产生并持续进行的,虽说助学者发生伦理失范行为这一现象是真实客观的,但很多时候由于社区的虚拟性、网络性等特性,教育虚拟社区的助学者伦理失范依附的行为空间是技术载荷下的特殊网络空间,它不受时间与空间的限定和制约,只是在虚拟化的空间场域下以符号化、数字化的形式存在于社区比特洪流的关系结构中,为社区助学者在学习交往活动中伦理失范行为的产生提供了"庇护所"。一方面,助学者在教育虚拟社区中的伦理失范是以一种虚拟的行为方式存在的,这种行为方式与现实教学空间中的行为方式有着极大的不同。现实空间中,与助学者交互的种种行为都是真实、直接、可触碰的,而在教育虚拟社区这个看不见、摸不着的学习场域里,以往行为活动所依

---

[1] 张新科. 人工智能背景下的艺术创作思考[J]. 艺术评论,2019(5):142-150.

附的特定物理实体和现实位置被特殊的网络空间所取代，助学者在社区中产出的一系列助学交往行为，都是经由加工编码后高度抽象化、数字化、符号化的虚拟存在，无法像现实空间中发生的种种行为那样可以切身体验、经历和见证。另一方面，正是因为虚拟这一特性，部分助学者在社区中的伦理失范行为极其隐晦。当前，一些助学者在社区中进行言语霸权、侮辱谩骂、散播谣言或其他不良信息时经常利用一些诸如谐音、拼音、字母、数字、多字符组合等隐晦的方式传递，他们在社区中本就是虚拟主体，也就无须顾及自身的实际身份和地位。社区"身份"一旦失去了现实的束缚，一些人也就不会在乎虚拟身份有多大的实际意义。诸多助学者在社区中利用多重身份为自己伪装和制造虚假面具，经常将自己塑造为社区学习者或其他管理者的身份，以便施行自身的伦理失范行为。

从一定意义上来讲，社区中这种隐匿的伦理失范行为可以溯源于弗洛伊德人格理论中"本我""自我""超我"之间的矛盾和冲突。虚拟环境下，一直以来被压抑的本能欲望、隐匿着各种原始冲动的"本我"不愿受制于被社区伦理规制的道德化了的"超我"，本能真实"自我"的显现是教育虚拟社区环境下伦理失范行为的最大特征。助学者伦理失范行为的这种隐匿性的存在，更是将助学者的本能冲动和真实欲望不断放大，使助学者利用社区虚拟环境遮蔽自身伦理失范行为的本质。

（二）教育虚拟社区助学者伦理失范影响范围的全局性

助学者伦理失范行为是在打破传统时空界限和交往壁垒的前提下进行的，与传统现实社会相比，这一行为在场域缩小的同时其影响更具广泛性。一是时空影响的全局性。长期以来，时间和空间都是传统媒体在信息传播时的主要阻力，现代智能技术的发展使得传统意义上的时空界限被打破，尤其是第五代通信技术5G的出现，实现了信息以更低时延、更高速率的时空传播，任何信息在教育虚拟社区及其他网络社区平台一经发布便可迅速流通。换言之，教育虚拟社区助学者伦理失范行为以其特有的双向互动传播交流方式，可在短时间内迅速传播开来，对整个社区乃至全网产生极大影响。二是主体影响的广泛性。尼葛洛庞帝（Negroponte）指出：比特时代的人们结缘于网络空间，逐渐成为"比特族"或"电脑族"，整个地球都是他们的社交圈[①]。社区成员在教育虚拟社区中的交往对象已突破传统地缘、业缘、

---

① ［美］尼葛洛庞帝. 数字化生存[M]. 胡泳，范海燕，译. 海口：海南出版社，1997，264.

血缘关系的滞碍,随着学习交往范围的扩大,交往主体行为的影响力也逐渐扩大。社区中的主要交往主体当属学习者,助学者的任何行为方式、思维认知、价值引导等都会直接牵引社区学习者的成长和发展。因此,社区助学者一旦发生伦理失范行为,其负面影响便会如同滚雪球一般在整个教育虚拟社区蔓延和扩散,加之教育行为的不可逆性,助学者伦理失范行为将会对社区学习者、社区其他主体以及整个社区的未来发展产生难以估量和难以消除的影响。

(三)教育虚拟社区助学者伦理失范后果控制的弱化性

截至目前,专门针对教育虚拟社区助学者伦理失范行为对社区具体影响的研究少有学者触及,教育虚拟社区助学者伦理失范问题的表现形式多种多样,基于社区成员不同的文化差异和认知背景,不同学者在对一些助学者伦理失范问题的认识和界定上各抒己见,尚没有统一标准,对社区助学者伦理失范问题后果的认知差异较大。加之由于教育虚拟社区内特殊的"身体不在场"主体交往结构和虚拟社区行为难以管控等特点,对助学者伦理失范问题的认定和控制便极为困难。

与现实的伦理失范问题相比较,虚拟的网络社区问题常表现为旧问题尚未解决而新问题联翩而至,虽在问题表现上较为隐蔽,使人不易觉察与追踪,但问题产生的后果和影响远超现实问题。同样,对虚拟的网络社区的伦理失范行为和问题的控制与解决效果也难以与现实社会中的伦理失范行为治理成效相提并论。如果社区助学者伦理失范行为真切发生,那么其能否解决、如何解决、解决程度如何等诸如此类的问题目前也没有一套成熟、统一的定论和可借鉴推广的方案。以上问题皆大大降低了对教育虚拟社区助学者伦理失范行为后果的控制程度,对教育虚拟社区助学者伦理失范行为的控制无疑是教育虚拟社区中一场艰巨的"持久战"。

总体而言,教育虚拟社区助学者与社区主体、客体、文化环境的交往都会对助学者的交往效果产生一定的影响。教育虚拟社区中技术手段和文化目标的失衡在一定程度上造成了助学者伦理失范行为的发生,常表现为沉迷技术功利偏离育人本位、智能技术赋能遭逢角色失语、自甘沉沦平庸淡薄责任意识、技术理性弥散割裂师生情感,助学者的这些伦理失范行为主要呈现出行为方式的隐匿性、影响范围的全局性和后果控制的弱化性等特征。

第三节 教育虚拟社区助学者伦理失范归因

教育虚拟社区是一个复合型、跨时空的文化交往集合体，伦理失范行为也是助学者在教育虚拟社区中的特定外显行为。从社会角色理论视角来看，助学者在社区中生发的诸多行为与社区助学者这一身份角色密切相关，而助学者角色又与社区的技术环境密不可分。因此，针对教育虚拟社区助学者伦理失范现象的特征，结合社区助学者生态交往结构及在教育虚拟社区学习交往活动中的理论与实践研究经验，可以得出如下结论：助学者的伦理失范行为，由助学者角色内生变量、技术客体应用变量以及外围环境保障变量共同交织而成。因此，从助学者主体自身立场、技术客体立场和外部环境立场三方面剖析教育虚拟社区助学者伦理失范的原因，并对相关伦理失范问题加以识别进而追根溯源，有助于教育虚拟社区助学者拨开当下伦理迷雾，促进教育虚拟社区的良性可持续发展。

一、教育虚拟社区助学者主体内生层面的归因

（一）教育虚拟社区助学者个体功利主义的行为动机

新的经济体制必然为社会的高质量发展带来新的机遇，就教育领域而言，如何在当今经济社会飞速发展的智能时代解决好教育问题，是我们应当着重深思的问题。有学者认为，教育应与时代潮流和社会发展相一致，在激流勇进的经济大船上大刀阔斧地依托技术进行教育创新；也有学者指出，教育的初心不能忘、本质不能丢，教育在追求改革进步的过程中逐渐技术化、功利化、商业化，这会使教育丢了根。如今，部分教师在具体的教与学实施过程中极其被动，教育虽与市场和经济尚

无直接关联，但对作为教育成果之一的学习者来说，他们需要走进市场中才可实现自身价值，将知识的力量投入到经济发展的建设中。表面来看，教育虚拟社区主体是在和冰冷无情的机器、技术打交道，实则是在和机器背后操纵技术的人进行交往，而机器、技术、互联网只不过是社区主体进行交往的工具和手段。教育虚拟社区助学者的个体功利主义离不开技术资本市场的助推，与学校和相关教育行政部门相比，智能技术的相关企业更迫切和急于将自己开发的最新技术产品应用于教育领域，按捺不住地将其应用并服务于各种教育教学过程[①]。这种技术支持和服务下的教育教学过程自然需要教师的主导，教育虚拟社区平台也不例外。

  对于教育虚拟社区这种公共资源服务平台，社区组织者、管理者、设计者在进行管理、运营和维护过程中一般都会考虑投入和产出配比。部分助学者在社区中开设了自己的专题课程，但却对其明码标价以获取教学利润。近年来，技术投资者在线上教学领域的融资占比持续升高，这就难免导致社区助学者在学习交往过程中对技术过热炒作，宣称若不使用智能教学产品将无法获取优质教学资源，社区平台也不甘落后于智能时代的潮流，持续不断地对社区学习者制造学习焦虑以让他们积极使用，过分夸大和鼓吹智能技术在社区学习中的重要作用并过分宣扬社区课程效果，此外还与相关技术产品部门建立联系，向其泄露学习者隐私数据和学习记录，以便其向学习者进行个性化的学习推送。也有助学者为了提升自身在业界的名誉和声望，不被冠上思想守旧之名，不甘于落后同行助学者或被日益强大的 AI 教师取代，想当然地认为智能时代的教育教学就应该倾注智能技术，盲目地以技术为逻辑起点进行教学设计、开展教学活动，缺乏对教育虚拟社区学习者的人文关怀和人格关照，把社区学习者物化成只具有实验价值的"小白鼠"，将各种智能技术生搬硬套地应用于对学习者的反复训练中，使得现有智能技术支持下的教育教学活动完全不考虑技术对学习者的适切性和价值性。此类功利化的社区助学倾向严重阻碍了社区学习者向完满个性发展的路向。当功利化的自我利益与教育教学捆绑而做出伦理失范行为时，助学者的助学目的将不再是纯粹促进学习者的全面发展，而是为了掘取其中的个人成就和利润。

---

① 王天平，李森. 教育技术发展的资本支持机制[J]. 海南师范大学学报（社会科学版），2020，33（2）：88-96.

（二）教育虚拟社区助学者自身专业能力发展的滞缓

智能技术以不可抵挡的迅猛态势变革着当下的教育教学，而教育虚拟社区助学者作为社区学习交往活动的重要执行者和推动者，必然由此被赋予全新的角色内涵。从智能时代知识更新的角度来说，海量的知识资源呈爆炸式增长，现代知识观也更强调知识的生成性、建构性和不确定性。在这种意义上，社区助学者自身的专业能力是有限的。当有限的认知主体面对无限的知识资源，助学者的自我建构将缺乏一定的驱动力，在与社区学习者和智能技术之间的互动交往中难以找准自身定位。智能技术不再单纯是助推助学者教学的外在化工具，学习交往活动也不再是以助学者为中心，助学者面临先前垄断知识的权威地位被打破、话语权受限的境遇，社区助学者的角色失去了价值方向。随着知识渠道的多元化拓宽，社区学习者的知识储备可能逾越助学者，在社区交往过程中，学习者对助学者所教内容大声质问、大胆商榷等现象屡见不鲜，原先饱受社区期冀、无所不知的助学者如今也因智能时代的到来而日渐褪色。

正如罗杰斯（Rogers）所言："教师不可长期拘泥于以往守旧的教学模式，而应面向未来顺应时代开创新的教学模式。"[1]智能时代的到来的确对助学者提出了新的要求，使得他们措手不及，但当前实际的教学情况是，教育虚拟社区助学者接受的智能技术培训相对较少，大多数社区助学者并未接受集中专业的相关能力培训，其自身在知识、能力等方面的提升受多重因素的影响，很难在一朝一夕间实现重大突破，在社区中进行助学活动时缺乏一定底气和动力。加之社区助学者若不愿提升自我，在知识内化方面心存一定惰性，知识创新精神和知识学习意志不足，懈怠于自身专业能力的提升，则会导致助学者自身专业能力发展滞缓。

综上，智能时代的知识飞速革新与助学者自身专业能力发展滞缓共同导致社区助学者群体极易产生角色心理落差，消磨和扼杀助学者的角色积极性，进而引发社区助学者的伦理失范行为。

（三）教育虚拟社区助学者伦理自觉与道德水平的削减

伴随教育虚拟社区中智能技术的介入和工具理性的扩张，技术作为一种强势

---

[1] Rogers P W. Effect of alliteration on acquisition and retention of meaningful verbal material[J]. Perceptual & Motor Skills, 1970, 30（2）: 671-675.

的社会存在对助学者在社区中的存在方式不断施加影响，逐渐侵蚀其个人主体地位、思维方式、价值认知和文化行为[①]。对于职业教师来说，他们接受过良好的职业训练，具有特定的职业伦理素养，所以，通常情况下，他们在教育教学过程中实施各种教学行为时都能严格恪守职业规范和标准，在一定程度上免于伦理失范行为的发生。然而，在信息化环境下的教育虚拟社区中，助学者是把控信息与应用技术的行为主体，助学者个人的社区行为受到其自身伦理意识和道德水平的影响。虚拟场域下的助学者很多时候在社区交互与技术实践中并未把伦理自觉置于首要地位加以考虑，而更多考虑的是如何利用技术来追求教学活动的高效化以获取更可观的教学效益。他们往往以自身的利益诉求作为社区行为的出发点，如为追求自身的学习自由而挤占他人学习空间，对学习者进行语言霸权、学术排挤等，但对于这些行为可能造成的社区影响和伦理问题熟视无睹，因此在社区学习交往活动过程中，助学者角色应有的社区"道德楷模"作用在技术的膨胀下被日益挤压和弱化，由此引发了社区助学者伦理失范行为的发生。

"道德人"身份的萎缩是社区助学者出现伦理失范行为的根源之一。此外，除自身"道德人"身份外，助学者的伦理自觉和道德水平还会受到社区他人的影响，包括社区管理者、同行助学者和学习者等，社区他人对伦理道德行为的态度以及自身所处的社区氛围都会在潜移默化中影响助学者伦理自觉的形成。当社区管理者和其他助学者对执行社区伦理道德行为越发认同和肯定时，助学者就越会趋于做出被他人认可和肯定的行为，其在社区中的伦理道德水平也就越高。反之，当社区管理者和其他助学者都对社区中智能技术的合理使用与社区伦理行为置若罔闻，那么处于该环境下的助学者可能也会与社区其他人的行为产生趋同性，对于社区学习交往活动与教育技术实践缺乏伦理考量，助学者自身在教育虚拟社区中的伦理自觉性也就日趋丧失。譬如，一些社区管理者为了提升社区的智能化程度，将社区助学者在学习交往活动中应用智能技术的频次作为评估他们的重要依据之一，由此导致社区助学者为了用技术而用技术，随之造成社区技术滥用的伦理风险。当教育虚拟社区本身就已然处于一种功利化的伦理氛围中时，其中的助学者自然也就更关注于自身的利益所得，沉溺于智能技术带来的教学效率，而忽视对社区学习

[①] 王水兴. 信息时代技术哲学的拓新与展望——肖峰信息技术哲学述论[J]. 重庆邮电大学学报（社会科学版），2021（6）：129-137.

者的个人情感和人文关切。客观上，若社区助学者盲目附和社区相关不合理的管理决策，就会使自身的独立性逐渐丧失，无法以正确的态度对待自身的社区伦理责任。另外，当社区助学者对种种不道德的社区行为加以漠视，也从不关注技术实践下的社区育人价值，那么助学者的社区行为将会受技术理性的主导，甚至可能由此导致教育虚拟社区的主体异化。

二、教育虚拟社区技术客体应用层面的归因

（一）教育虚拟社区技术的"代具性"功能及其叠加效应

由前文可知，人工智能、虚拟现实、大数据、机器学习等智能技术的迅猛发展对教育虚拟社区成员的知识获取、生产和传递方式进行了重新定义，引发了教育虚拟社区中助学者与社区其他成员教与学关系的革新。在此过程中，发挥"头雁效应"的人工智能技术与教育虚拟社区中其他技术媒介的叠加产生了"一加一大于二"的教学协同效应。技术在教育虚拟社区中扩展了助学者的教与学能力。根据技术现象学的理论视角，这是在助学者自身生理机能局限的情况下，技术对社区助学者发挥的"代具性"作用，即技术在助学者的社区"存在"中充当了"代具"角色[1]。同时，技术对个体能力的替代和"代具"也不断放大着助学者自身能力的"缺陷"。故教育虚拟社区助学者本就在技术的叠加效应中目眩神迷，加之技术的出现将其持续置于社区"缺陷存在"的窘境，这将会诱发助学者伦理失范行为的发生。

首先，教育虚拟社区的技术应用拓宽着学习交往活动的实践边界，而助学者却在这其中逐渐被边缘化。智能技术在虚拟现实、5G等的延伸加持下，为教育虚拟社区建构了全新的智能教育场域[2]，如智能导学和教育机器人等可以代替助学者满

---

[1] 杨绪辉，沈书生. 教师与人工智能技术关系的新释：基于技术现象学"人性结构"的视角[J]. 电化教育研究，2019，40（5）：12-17.

[2] 逯行，沈阳，曾海军，等. 人工智能时代的教师：本体、认识与价值[J]. 电化教育研究，2020，41（4）：21-27.

足社区学习者的个性化学习诉求并为其提供优质教育资源，这无疑加剧着教育虚拟社区助学者被边缘化的风险。其次，基于 VR、AR、MR 等智能技术的不断发展，虚拟世界与现实场景的无缝融合逐渐成为教育领域的发展新样态[1]，为学习者创生出身临其境、虚实融通的沉浸式学习体验，拓展和延伸了学习者知识内化、资源加工的能力，而在这种全新的虚拟教育场域下，助学者深受时空条件和思维惰性的影响，尚不具备沉浸于社区环境中并能有效利用智能技术精进教学的智慧化素养，难以在虚实场域间切换自如，这无疑打破了以往社区助学者组织、设计、把控、生成学习交往活动的场面。最后，智能技术正逐步变得"拟人化""拟师化"，社区助学者角色也面临着"知""情""意""行"等多方面的冲击，这也就产生了新型技术使用与现行教学方式的双重效应，助学者迫于技术现实压力以及想要脱离自身能力"缺陷"的泥潭，不得不耗费巨大的人力、物力对传统教学进行批判，尽其所能地与新技术接轨，将新技术引入教育虚拟社区的学习交互舞台，有时甚至矫枉过正，丧失了对技术的批判和理性分析能力，误入新的技术牢笼而不自觉，在社区中出现盲用、乱用、误用等伦理失范行为，这将会使社区助学者和学习者沦为智能技术的附庸，给社区带来一定的伦理风险。

（二）教育虚拟社区技术自身的价值悖谬

近年来，计算机视觉、机器学习、自然语言处理、语音识别、大数据、区块链等智能技术一路高歌猛进，使人类社会与智能时代相伴相随，从早期的机械化、电气化，再到现如今的信息化、智能化，这股智能"旋风"的价值为人类社会生产生活的各个领域所吸纳。海德格尔（Heidegger）曾言：真正莫测高深的不是世界变成彻头彻尾的技术世界，更为可怕的是人对这场世界变化毫无准备。我们还没有能力沉思，去实事求是地辨析在这个时代中真正到来的是什么[2]。众所周知，技术是人类为实现特定目的所利用的一种行为手段，但凡是技术，其人文价值冲突皆可作为诸多矛盾症结之所在，技术是否价值有涉一直以来也是学术界争论不休的话题。

---

[1] 余胜泉，刘恩睿. 智慧教育转型与变革[J]. 电化教育研究，2022，43（1）：16-23，62.
[2] [德]海德格尔. 泰然任之[A]//海德格尔. 海德格尔选集[M]. 孙周兴，等译. 上海：上海三联书店，1996，1238.

技术与价值的关系向来诉诸两部分：一是技术本身，对应于技术的设计、构想、发明、创造时期，此时的技术价值是尚未将其投身实践进行挖掘前的潜在价值，属于理论形态的价值；二是技术应用，是指技术潜在价值的无限可能性在具体实践过程中的表现，进而在一定范围内加以发挥和转化，属于工具形态的价值。那么，工具形态的技术是否载荷价值？梅塞纳（Mesthene）曾指出：人类的选择和言行因使用了技术而创造了无限的可能性，但对于这些可能性的未来发展都处于一种未知的不确定状态，技术将会产生何种影响，服务于何种目的，这些并非是技术本有的，而是撷取于人想用技术做什么[①]。由此不难看出，技术中性论者是以技术本身为基础的。在海德格尔之前，技术中性论观点一直独占鳌头。后在技术的不断发展下，另有哲学家的观点与此相对，认为技术是负载价值的，技术不仅是实现特定目的的方式和手段，人们还可对其利害瑕瑜和是非优劣进行价值判断。邦格（Bunge）曾指出：技术在伦理范畴内绝不是中立的，它触及到伦理学领域，并在善与恶之间依违两可、游移不定[②]。因此，技术在伦理层面绝非是中性的，它载荷着其使用者即人的善恶价值。教育虚拟社区作为依托多种互联网技术而形成的学习共同体，其建设、开发、运维、管理等过程都必然受到技术自身价值和技术使用者价值取向的影响，因而教育虚拟社区绝非是怀揣中性文化的技术产物，教育虚拟社区中的助学者、学习者、技术开发者、资源提供者、组织管理者等主体的价值观念和个体利益倾向都必然呈现于教育虚拟社区中。

（三）教育虚拟社区技术对助学者的异化

诚如信息技术伦理学的探索者斯皮内洛（Spinello）所言：伦理学的前进步伐总是跟不上技术的发展步伐，技术可以促进社会发展也能造就社会扭曲，因此技术对我们任何一个人都可造成严重威胁，受技术支配并深陷社会学家韦伯（Weber）所提及的"牢笼"之中的忧虑是实际存在的[③]。在现实的教育过程中，伦理关系一般在教师和学生之间体现，但在教育虚拟社区中，社区主体之间的交往并不是直接

---

① Mesthene E G. Technological Change: Its Impact on Man and Society[M]. Cambridge: Harvard University Press, 1970, 127.
② 邦格. 技术的哲学输入和哲学输出[J]. 自然科学哲学问题, 1984（1）: 56.
③ 转引自：刘云章. 网络伦理学[M]. 北京：中国物价出版社, 2001, 21.

的、现实的、面对面的接触,而是经由网络技术产生的新型伦理关系。他们在社区中利用网络昵称、代号等建立自己的虚拟身份和角色,与素未谋面的陌生人建立师生关系。教育虚拟社区技术早已将实际生活中的"现实人"转化为社区中的"虚拟人"。虽然二者在客观上是同一主体,但因所处环境虚实的不同,在思想、行为、人格等方面都会有不同的表现。譬如,一些助学者在现实课堂中为人师表,严格恪守师德规范和伦理原则,但到了教育虚拟社区中却可能会违背伦理道德,表现出一些不当的失范行为。出现这一现象的原因,从客观来说,是由于教育虚拟社区伦理机制和道德规范不健全而产生"灰色地带";从主观来说,是由于助学者的伦理自觉和道德水平存在偏差。故教育虚拟社区技术对助学者的异化也是助学者在教育虚拟社区中做出伦理失范行为的重要原因之一,主要表现为以下几点。

一是泄露隐私。在虚拟的网络空间中,对于个人隐私,人们通常期望其能够做到三点:公共空间的匿名、个人信息的妥善管理以及个人简历和通信的保密。但在技术赋能下的教育虚拟社区中,技术的"计算"本质使得对社区成员隐私信息的记录、监测和存储变得异常容易,每个人在社区中都是透明的。对于社区助学者来说,因为个性化教学的需要,很多时候学习者的个人隐私信息和学习过程数据都掌控在他们手中,故社区助学者也就能以"合理正当"的理由时刻"监视"着学习者的行为,通过数据化分析为不同学习者打上固化的标签和烙印,任何所思所想无不暴露于助学者的眼皮之下,学习者的个性化学习服务需要以个人隐私的泄露为代价,严重侵犯了学习者的人格尊严。

二是剽窃成果。智能化技术的嵌入为教育虚拟社区中的成果剽窃提供了便利,不论是社区助学者还是学习者,成果剽窃问题始终是社区备受关注的问题之一。加之技术赋能下信息资源的爆炸式增长,助学者因自身能力有限而处于被技术"代具"的被动地位,当他们不愿花费过多时间和精力表达自身观点,或直接对一些问题根本没有想法的时候,他们会剽窃他人的学术观点和知识成果,将他人资源和观点"再加工"以变成自己的作品。这不仅是一种教育虚拟社区助学者伦理失范行为,也是一种严重侵犯他人知识产权的盗窃行为。

三是言语霸凌。教育虚拟社区中不良谣言的散播和言语霸凌行为也是社区伦理失范问题的重要体现。一些社区助学者确保自身在虚拟环境下隐匿良好时,可能会时不时地将自己人性的阴暗面展现出来,如对学习基础不太好或驳斥过自己观点的学习者进行言语上的嘲讽、讥笑或辱骂,或者为获取自身利益、提升自身社区的关注度、满足受人追捧的心理、满足自己内心的病态欲望等,借着自己助学者的身份在社区中散布、传播或过分宣传不当言论,而这一切往往都是致使教育虚拟社区伦理失范的导火索。

三、教育虚拟社区外围环境保障层面的归因

(一)教育虚拟社区外部伦理规约机制的缺乏和迟滞

伦理规约机制作为约束人们道德行为的准绳,不论对于现实社会行为还是虚拟空间行为的选择都具有不可小觑的意义。教育虚拟社区虽与现实生活、社会、教学紧密相连,但现实社会中的伦理缔约机制并不能完全与教育虚拟社区空间相适应,这是由教育虚拟社区的开放性、包容性、自由性、虚拟性等特殊的生态环境决定的。传统意义上的伦理道德规范被教育虚拟社区的自由削弱,且在某种程度上,教育虚拟社区的伦理规约机制的建设与现实社会伦理存在一定的脱节,加之虚拟场域伦理机制的完善和健全也无法在短时间内一蹴而就,故在客观上导致教育虚拟社区缺乏伦理监管。此外,教育虚拟社区较少针对不同主体开展相应的技术伦理教育和社区伦理教育,没有为他们提供明确、可操作的规范化指导,尤其是在对社区助学者和学习者的技术伦理教育层面,存在对社区教育技术的应用无规范化说明和引导、对其中涉及的伦理风险没有公开透明地接受社区监督等问题。由于社区伦理规约机制的缺乏,社区主体承担伦理责任的意识和能力不足,这些都为社区主体伦理失范行为的产生提供了滋生的土壤。

教育虚拟社区作为一种信息化时代下基于多种网络技术的新型学习共同体,其诞生伊始就决定着它兼具现实教育与网络技术的特性,作为网络技术应用的新型表现形式,虽然可以借鉴网络空间的相关伦理道德制度,但基于网络技术的发展总能以超乎人类想象的速度流动和蔓延,随着教育虚拟社区技术应用的不断拓展,技术类型的升级多样化,教育虚拟社区的伦理问题总是先出现再解决而后才能形成相应的伦理规范,无法很好地对社区未知的伦理失范问题做出有效的预测和预防,这就使得教育虚拟社区伦理规约机制的发展跟不上社区技术的发展,教育虚拟

社区伦理规约机制具备迟滞性。作为一种与现实教育拥有共同属性的网络学习共同体，教育虚拟社区必然存在一些现实教育伦理之外的风险问题。与现实教育环境不同的是，现实的伦理规制体系已经在多年的教育过程中得以形成，且在实践中得到进一步完善和健全，现实主体在教育过程中对自己能做什么、不能做什么已了然于心，能够清晰地认知自己的行为是否违背了伦理规范，但虚拟社区中的主体并非如此，故不可将现实生活中的伦理规范直接嫁接或移植到教育虚拟社区中，否则必然会因无法适应而出现"排异"反应。因此，应该在遵循教育虚拟社区客观规律、把握社区特性的基础上，以社区理论实践基础和人文主体需求为前提，构建一套科学合理、行之有效的教育虚拟社区伦理规范。

（二）虚拟场域下教育虚拟社区伦理形成的特殊性

伦理关系的生成和发展总是与特定历史时期下的经济基础、政治关系、文化生活相适应的，在不同历史时期下，其伦理关系的表达也不尽相同。原始社会以血缘关系为伦理纽带，奴隶社会的伦理关系体现为等级制，封建社会则是以家族本位的宗法伦理思想为主导，资本主义社会是伦理关系契约化，社会主义社会则倡导平等伦理观。然而，在教育虚拟社区中，与现实社会相比较而言，其伦理关系的形成则更具特殊性，这种特殊性更多地体现在对主体自由发展的尊重、个性解放的追求、自我价值的肯定、人性关怀的实现上。教育虚拟社区伦理关系也正是在这种人文主义的价值思想引领下形成的。

教育虚拟社区伦理的形成建立在互惠互利的基础上，旨在营建自由、公正、平等、真实的社区秩序和环境。但现有的伦理规范很大程度上是由社区开发者、管理者、技术操纵者掌控和制定的，一些规范的具体条文也仅是指向与社区领导者同等地位的成员或与他们有过交流的潜在约定，难以顾及社区不同主体的感受和技术能力方面的弱者，有过于表面化和象征性的意味[1]。此外，现有教育虚拟社区中尊崇知识产权、保护他人隐私、自由信息通信等伦理规范条例经常在社区交往实践中陷于矛盾、循环、平衡的漩涡之中，这些原则在保护知识产权、尊重人格尊严、保障通信自由的同时，又为失真、有害、危险信息的不良传播提供了可乘之机[2]。另

---

[1] 郑洁. 网络伦理问题的根源及其治理[J]. 思想理论教育导刊, 2010（4）：91-95.
[2] 刘立锐. 浅析网络伦理问题产生的原因[J]. 法制与社会, 2009（13）：237.

外，由于教育虚拟社区伦理的研究起步较晚，社区成员对社区的理性认知浮于表层，当社区伦理失范问题迅速蔓延和增长时，部分社区管理者一时间无法对其细节加以认真思量和系统思考，故教育虚拟社区伦理往往流于形式，系统化、规范化不足，缺乏具体价值标准和伦理原则的支撑。

基于以上教育虚拟社区伦理形成的特殊性，加之教育虚拟社区伦理规约机制的缺乏和迟滞，难免会有乘虚而入的社区成员在社区中肆无忌惮地为所欲为，造成教育虚拟社区的伦理失范。

第四节 教育虚拟社区助学者伦理失范规制

为了促进未来教育虚拟社区合乎伦理地健康、可持续发展，回归教育虚拟社区的育人本质，有必要直面社区的伦理失范风险，对社区助学者伦理失范问题加以审视和分析，进而有针对性地提出规制和消弭助学者行为失范的伦理路径。归根到底，教育虚拟社区助学者的伦理失范及其规制是一个长期的实践性命题。根据上述对教育虚拟社区助学者伦理失范行为的表征和归因分析，结合笔者多年来对于教育虚拟社区的理论研究和实践经验，本书认为，对于教育虚拟社区助学者伦理失范行为的规制和解决，应注重形成社区助学者"内化-外化-强化"的多方位联动机制，着重从以下几个维度进行。

一、重塑助学者角色定位，积极回应时代变化

智能时代的到来重新唤醒了相当多的职业领域，"教师"这一古老职业也不可

避免地面临多重危机与挑战。智能技术虽在知识储备、生成、转化、交互、传播等方面具备超越教师的可能，但我们也应清楚地认识到，教育的长期性、复杂性、历史性等社会属性，以及个体生命成长和社会性发展的不可替代性等都决定了智能技术永远不可能取代教师，但并不意味着教师角色的某些特定功能不会被智能技术取代。因此，在智能技术的新挑战和高要求面前，教育虚拟社区助学者需要做的是正视自身所处环境变化、主动适应智能时代变革、重塑自身角色定位、更新自身思维观念、提升自身专业素养、树立终身学习理念，由此才能在教育虚拟社区中转化危机，成为智能时代背景下教育虚拟社区信息资源的"中继站"和筛选者、个性成长的引路人和摆渡者、人机协作学习的协同者和权衡者。

在传统观念中，教师天然地承载着无上的知识权威，是人们心中"百科全书"般的知识化身和智慧灵泉，这是由于在以往传统闭塞的时代环境下，信息资源的传播效率较低，知识迭代的速度也较为迟缓，学习者获取知识的渠道和方式较为单一，教师和教材是他们获取信息的唯一来源。那时教师只需将教材中既定的内容加以理解和转化，以机械式、填鸭式的教学方式和重复训练使学生掌握相应知识即可完成自己的教学任务。从一定意义上说，教师是教材知识的"宣讲员""转运者""搬运工"，学生只懂照本宣科地死记硬背，深受教师和教材的支配。美国学者伊庄（Trang）曾言："知识本身不会使一个人具有创造力。创造力的真正关键在于如何活用知识。"[1]人工智能时代的到来，使我们每个人在面对泛在的知识网络、井喷式增长的数据信息、丰富便捷的资源海洋时都会产生"吾生也有涯，而知也无涯"的无措和困顿。同样，对于教育虚拟社区助学者个人来说，其已有的知识储备无可比拟于社区中海量的信息资源，传统固步自封、墨守成规的知识本体角色定位在智能时代已难以为继，亟须向顺应时代发展的"知识媒体"的角色转化，即教育虚拟社区助学者利用网络技术，为社区学习者知识的交流、共享和内化提供支持与服务[2]。一方面，助学者要拥有"智能技术永远无法取代自身"的进取感和自信心，明确自身独特优势，及时更新自身知识观念和结构，成为一名自主型终身学习者。另一方面，在海量的信息资源中，助学者要根据学习者的需要对其进行筛选、过滤、整合、处理、转化，为社区的学习交往活动以及学习者的学习提供针对

---

[1] 转引自：张志胜，周芝庭，林琼. 创新思维的培养与实践（第2版）[M]. 南京：东南大学出版社，2018，11.

[2] 任欢欢. 教师角色：从"知识本体"到"知识媒体"[J]. 教育理论与实践，2016（11）：39-41.

性引导和服务，成为社区信息资源的"中继站"和筛选者，为学习者推荐契合他们自身特点和需求、有价值又优质的教育资源，为学习者提供必要的社区资源支撑。

英国著名哲学家密尔（Mill）在其哲学著作《论自由》中提到："个性的自由发展是幸福首要而必不可少的因素之一。"[①]人工智能时代的今天，技术可以替代人类完成大部分工作，由此赋予了人类更多的自由时间和发展空间，也给予了教育回归育人本源和初心的机会。换言之，智能时代的教育已不再是千篇一律的共同孵化，而是个性完满、人格健全、自由发展的生命成长表征。传统教育中机械化、模式化、标准化的思维定式将是当下教育过程中必须跨越的"瓶颈"，孵化共性的标准化教育已与多元化智慧人才的需求格格不入。因此，教育虚拟社区助学者要从共性培育的奉行者转变为引领学习者个性成长的摆渡人。一方面，社区助学者要对学习者进行实时的个性化反馈，可在社区中利用基于智能技术的情感分析模型或人体姿态行为检测等技术设备，实时监测学习者在学习交往过程中的微观行为数据，如学习者在某一问题或知识点上的停留时间、面部微笑或皱眉等表情变化、注意力集中程度等，以此推断学习者的知识掌握情况、学习状态、课堂专注力程度等，挖掘每一位学习者的薄弱和擅长领域，根据学习者需求和喜好有的放矢地调整学习内容结构，为学习者提供恰如其分的个性化学习服务。另一方面，社区助学者要为学习者提供个性化心灵引导。教育是一项关乎灵魂的、有温度的事业，在社区中，助学者除了要让学习者增长知识、提升技能以外，还要使学习者拥有健康、良好、积极向上的情感、心态和价值观。助学者在社区学习交往活动中要关注学习者的心理和情感状态，走进学习者内心，了解学习者需求，在学习者感到迷茫和困顿时予以点拨和疏导，给予学习者充分的理解、关怀、陪伴和认同，激发学习者对真善美追求的原动力。智能技术能够带给学习者的只能是"知"的积聚和"智"的体验，而学习真正需要的是"意"的引导和"情"的反馈，这是智能技术无法企及的。

对于助学者而言，智能技术与教育教学深度融合后的最明显变化就是教书育人这一活动要与技术一同协作完成，智能教育也必然是未来教育教学的大势所趋，即便人工智能无法完全取代教师职业，智能技术也会在教育教学活动中发挥无可

---

① [英]约翰·密尔. 论自由[M]. 许宝骙, 译. 北京：商务印书馆, 1959, 65.

比拟的优势。所以，教育虚拟社区助学者要正视这一客观事实和现实挑战，并清醒地认识到，在社区学习交往活动中必须要接受智能技术。但接受并不意味着将自己变成一个"技术操纵者"，只是简单机械地将智能技术应用到教学活动中，而是应该明晰其显著优势，以开放、友善的心态积极接纳并拥抱智能技术，将技术的强大功能和独特优势为己所用，与智能技术携手并进、通力合作，联袂破解教育虚拟社区中的智能教育难题，使技术成为服务教育教学活动、促进教育教学发展的一柄利器。但在此过程中，助学者也要有效识别和警惕技术带来的潜在风险，及时权衡技术在教学过程中使用的利弊，对哪些工作可以交由技术做、哪些工作仍需自己完成有清晰和明确的认知，不可被技术牵着鼻子走，陷入为技术所累的误区[①]。

二、提升助学者知识素养，复归师者话语权威

　　智能时代的到来使得知识和真理不再掌握于少数人手中，而是在公共的社会空间中广为存在，每一个人都可以对本文进行诠释和解读，每一个人都可以对教育为之[②]。在如今知识泛在化、碎片化、移动化的时代，教育虚拟社区助学者的专业素养需得到极大提升，才可重塑其师者的话语权威。

　　第一，教育虚拟社区助学者应拓宽自身本体性知识的学习。所谓本体性知识，是指助学者在教育虚拟社区中自身所具备的特定学科、课程或领域方面的知识。智能时代的知识多以情境性、流动性、开放性、多样化等形态呈现，因此，对于助学者在社区中开设的某一门学科或课程而言，助学者当需具备比以往更加稳定、系统的专业领域知识，以扎实过硬、全面深入、灵活自如、创新发展的自身本体性知识与智能时代知识的迭代革新相辅相成、互为补充，协同为社区学习者创建良好的知识氛围和环境，以此塑造助学者在教育虚拟社区中应有的话语权威。其中，"扎实过硬"是指助学者应对在社区中所开设课程及其相关知识体系进行多方位的系统了解，从而拥有过硬的专业知识基础，不能仅停留在对课程知识的宣讲层面。"全

---

① 陆石彦. 论人工智能时代的教师角色再造[J]. 江苏高教，2020（6）：97-102.
② 曾凡，彭泽平. 生命成智：未来教育发展的中和之道[J]. 中国电化教育，2021（3）：24-29.

面深入"是指助学者在了解课程相关知识的基础上再进一步对其进行深入研究，更加深切、深层次地体会专业知识的内在意蕴。"灵活自如"是指助学者应对自身专业知识在社区学习交往活动中的应用得心应手，能够自如地在社区学习实践中强化和内化知识。"创新发展"是指助学者应紧随智能时代的发展，定期更新自身的专业知识体系和知识结构，提升自身专业知识的再生产力和创造力，以适应智能时代的革新和挑战。

第二，教育虚拟社区助学者应加强自身条件性知识的学习。所谓条件性知识，是指有关助学者在教育虚拟社区中何时教、何种条件下教、怎么教的知识，即有关教育教学的理论知识，主要囊括教育学、心理学等领域有关教法、学法的知识，也是"教会"社区学习者所需知识的必要保障。在教育虚拟社区中，助学者除了要掌握必要的教学技能以外，还要把握学习者的思想情感，这是智能时代社区助学者知识素养结构不可或缺的一部分。同时，助学者要正确看待智能技术在社区中的介入和应用，正确处理社区主体、技术与教育之间的关系和矛盾。条件性知识的学习和加强有助于社区助学者在学习交往活动中以完备适切的教育知识、科学艺术的心理知识和稳妥专业的助学知识创造性地引领学习者生成教育智慧，使其利用已有知识帮助学习者解决在社区中遇到的各种教育难题，从而保障社区学习交往活动的顺利、健康开展。

第三，教育虚拟社区助学者应促使缄默知识建构和外显化。所谓缄默知识，是指一种存于个体头脑中"只可意会、不可言传""说不清、道不明"的知识，它是基于教育虚拟社区助学者日常经验、习惯态度、认知偏好、信念价值所得，呈现出无理性、无公共性、无逻辑性、无批判性等特点。缄默知识在很大程度上控制着助学者在教育虚拟社区中的实践的各个方面，为助学者的认知活动提供了解释框架和知识信念。缄默知识为显性知识的获得提供支持，显性知识的获得使缄默知识得以稳固。由于智能时代的知识呈现出软化、流动、碎片、开放等形态，相较于以往知识，这些知识的易学易懂性更强，日常教育虚拟社区中的学习者经由助学者学到的更侧重于显性知识，这就需要助学者在教育实践过程中将自身的缄默知识与公共的显性知识相结合，在助学者"教"和学习者"学"的过程中促使缄默知识外显化，在对二者的比较、鉴别、反思、质疑中不断优化助学者自身的专业知识结构，形成教育智慧，培养社区学习者学习的创造性和主动性。

三、加强主体间责任内化，建构新型师生关系

知识智力与情感智力是共存共生的，要想让一个人的头脑和思维变得活跃，就必须先激发他的情感[1]。虚拟的社区是没有情感的，冰冷的技术和机器也是没有情感的，但教育虚拟社区中的人是有情感的。社区的主体是人，教育的对象也是人，在教育虚拟社区中，助学者除了要让学习者达到掌握硬性的知识与技能等认知目标外，更应该关注学习者情感、态度、价值观等目标的实现。在智能时代的社区学习交往活动中，智能技术的融入使社区学习者和助学者之间的情感交流经常"断线"，技术改变了助学者知识生产的垄断地位，瓦解了助学者与学习者之间"我-他"的主客对立权威服从关系，技术的出现也使学习者不再对助学者有强烈的情感依赖，但也因技术的应用而缩小了自身本该拥有的独立自由的生命空间，也就是说，学习者在社区学习交往过程中的任何言行举止都被技术悉数捕捉和量化，成为社区中被监视和管控的对象，这就造成社区中助学者与学习者之间的情感关系慢慢淡漠和疏离，由此引发诸多社区伦理失范现象。

著名伦理哲学家勒维纳斯（Levinas）提出了"面向他者"的主体关系理论，强调"他"的主体地位先于"我"的主体地位，并认为自我要每时每刻为任何的他者负责，承担起他者的责任[2]。当秉承这样一种思想理念重新审视智能时代教育虚拟社区的助学者与学习者关系时，我们可以发现这应该是一种基于关怀、生命、责任的"他-我"双向共存的新型师生伦理关系。首先，教育虚拟社区助学者与学习者"面对面"的那一刻就已经相互产生了对社区内他者的无限责任，生发出一种面向他者、负责他者的道德情感联结，这种情感联结势必已然超越传统"我-他"主体间的知识联结，由此也为智能时代教育教学过程的师生之间、教育虚拟社区助学者与学习者之间的情感存在提供了本体论意义上的辩白。其次，助学者与学习者彼此之间的责任是无限的、永远的，二者只要同在教育虚拟社区中，就是互为关联的存在，这种存在突破了传统"我""你"之间疏远、淡漠和分离的状态。最后，助学者与学习者自始至终都是教育虚拟社区中作为生命的存在，拥有智能技术不

---

[1] [美]帕克·帕尔默. 教学勇气——漫步教师心灵（十周年纪念版）[M]. 吴国珍，等译. 上海：华东师范大学出版社，2010，59.

[2] [法]埃玛纽埃尔·勒维纳斯. 塔木德四讲[M]. 关宝艳，译. 北京：商务印书馆，2002，121.

存在的思想、情感、人格、心灵，在经由智能技术生发出来的虚拟现实场域下，双方理应是可以感受到来自对方的人性关怀和灵魂感召的，进而促进彼此在教育虚拟社区中的共生发展，形成"他-我"双向共存的新型教育虚拟社区师生伦理关系。

在传统师生的伦理关系中，我们总是习惯于赋予扮演教师角色的助学者太多的期待和责任，用一系列的规章条例和法律法规去规约和要求他们。但在这一过程中，我们往往忽视了扮演学生角色的学习者的责任规范，导致很多时候学生不知道自己的本分是什么，不明确自身对于教师来说应该担负起什么，一度成为教育教学过程中的责任边缘者。智能时代的教育教学形态由传统的以教师教学为中心的学习逐渐转向以学生为中心的个性化自主学习，这意味着社区学习者需要对自身的社区主体责任有更加充分的自觉和自知，能够真正认识到作为社区学习者理应承担的对助学者、社区及社区其他成员主体的责任，并将该责任内化进而形塑自身。因此，我们应该改变以往仅围绕教师来构建师生关系的单向度思维，将学习者纳入双向生成的责任互动中。在教育虚拟社区"他-我"双向共存的师生关系中，社区学习者只有通过自身行动主动承担起对助学者"他者"的责任，才能真正地进入社区学习者角色，承担相应责任并快速成长。社区助学者和学习者只有从内心深处真正认同对彼此应担负的责任，强化自身的担当意识，在社区的学习交往实践中将自我责任带入相应规范之中，才能使助学者在学习交互活动中避免受制于学习者个人的情绪、情感、意志，不因社区助学的责任沉重而深受压迫和束缚，从而对学习者轻松愉悦地做出明智的教学判断和有效的规范行动而非伦理失范行为，接受社区每一位学习者个性发展的不完整并发现他们的闪光点，以适切的方式给予学习者浓烈而真挚的情感关怀与支持。同样，学习者感受到助学者的情感关怀后予以积极回应，主动理解、尊重、信任助学者，能够更好地领会作为助学者的不容易，将自己放到助学者的"他者"位置上，设身处地地为助学者考虑问题，不再想以任何伦理失范行为博得助学者的关注而对助学者造成屡番叨扰。助学者和学习者均基于自身生命的存在而朝向对方给予生命关怀，从此教育虚拟社区交往不再是冰冷的社区幕后交流，而是一种牵挂共情的双向奔赴。可以说，这是助学者与学习者在共同面对智能技术与虚拟空间时，双方同作为人的惺惺相惜和人面对"他者"的情感与共，由此建构出温度、温馨、温情、温暖共在的教育虚拟社区师生关系，促进教育虚拟社区主体间的共同成长。

四、树立正确技术应用观,规避技术伦理风险

教育虚拟社区中助学者的一些伦理失范行为在很大程度上是因智能技术的不合理应用引发的。因此,从社区的技术应用观方面防范和消解助学者伦理失范行为的产生显得尤为必要。

首先,强化和提升教育虚拟社区助学者的技术应用伦理意识。助学者在利用技术进行学习交往活动的过程中,由于对技术本身认识不足,对伦理问题的敏感度不够,尚未了解技术应用后将为社区带来何种不良影响或潜藏着何种伦理风险问题,未在技术应用前对其结果进行严密、周详的考虑,由此极易产生伦理失范行为。当社区因学习交往诉求需要而应用相应的技术手段时,助学者应提前对技术应用过程与技术应用结果之间的因果联系有清晰的认知,主动对其可能产生的伦理问题进行理性解读和风险预判,将技术应用的整个过程中所可能触及的伦理责任,包括助学者自身的职业道德、技术应用的安全伦理责任等——内化于心,将其纳入教育虚拟社区伦理风险的规避领域。

其次,坚持技术应用的适度原则。学习交往过程中技术的应用很多时候是助学者与学习者的共同行为。所以,学习者合理技术应用观的建构也是应对教育虚拟社区伦理失范问题的重要路径。对于社区学习者来说,应进一步强化其技术应用的标准原则和规范意识,主动加强有关技术伦理方面的知识学习,不在社区这一虚拟场域下利用技术投机取巧,对网络资源保持冷静、理性的批判性思考,合理取之用之;利用技术在正规、优质的网络渠道取用所需的社区资源,获取资源后应积极主动与社区助学者交流探讨,及时筛选和过滤不良资源与没有价值的糟粕资源,以优质资源为导向建构有利于自身发展的知识结构,但要注意避免因过度使用技术获取资源而弱化自身的自主学习和思考能力;提高对信息资源的辨识能力,合理审视和度量技术应用对自身学习带来的双重影响。对于社区助学者而言,应立足于社区教育教学的价值实现,选择合于需求、合乎伦理的社区教学技术,遵循规范、适度、科学、安全的原则,根据具体的社区教学情境、学习者的认知发展和认知差异,酌情考虑何种技术可满足当下的学习需求;应用技术不等于盲目依赖或痴迷推崇技术,加强与社区中其他助学者同侪在技术应用方面的经验交流,向他们吸取技术应用的宝贵经验;社区学习交往活动中所选择的技术切忌花里胡哨、徒有其表,将每

节课程中技术的使用时间控制和把握在合理、有效的范围内，尽可能减少无价值信息和无意义技术对学习者的过多干扰，把对社区学习效率的提升聚焦到学习者素质和能力的全面发展上，而非技术的选择和应用上。

最后，辩证看待教育技术应用价值。站在时代发展的立场审视如今教育教学过程中技术的应用，必然要意识到技术的率性发展已全然不可逆，任何人都不可站在时代发展的对立面，再去对技术应用价值做强烈性谴责批判或侈谈鼓吹对其过度推崇呐喊[1]。智能技术对教育教学的价值效用并非以技术的使用多寡、影响大小、数量多少来衡量，对于教育虚拟社区助学者和学习者来说，应用技术的智能化教育使得每一位社区学习者被个性化关注，给予了他们更多的个性化学习和发展机会，同时也给予了助学者解放自己、优化教学的机会。然而，在技术带给教育教学独特价值的欢欣之余，我们仍需对其价值进行辩证探寻。智能技术在预先设定的程式框架下有其自身独特的价值意向，呈现的往往是基于算法规则预先拟定的内容逻辑，社区中的学习交往数据自然就成为智能技术作用下算法产出所需的"原料"，故而要注意以下几点：其一，肯定智能化数据分析的应用价值。植根于智能时代和大数据社会之中，基于技术的数据分析的确可以在一定、可控的限度内发挥积极的效用价值，如促进社区学习者的元认知发展。其二，教育数据有其自然的产出来源。在社区中进行学习交往活动的助学者、学习者之间彼此生成大量的教育对话与探寻问答，智能技术可以为社区学习者提供更多展示自我的发声机会。其三，社区智能教学过程中投入道德生命和人文关怀才可发挥技术的最大价值。虽然智能技术只是一串串冷冰冰的计算程序、字符和代码，但社区助学者可以用每一位学习者个体独一无二的学习数据使其感受到融入生命情感的人文关怀。教育虚拟社区的核心要义是"人格完满"而非"生命抛弃"。

五、构建助学者伦理规范，铸就社区良好育人生态

教育虚拟社区不仅仅是一个简单的虚拟数字化空间，还是广大学习者、助学者

---

[1] 庞茗月，戚万学. 从解蔽主体到补偿"代具性"：智能时代教育技术价值新论[J]. 远程教育杂志，2022，40（3）：56-66.

专题研修、资源共享、情感交互的场所，更是社区成员德性养成、心性修养和精神成长的殿堂，是社区参与者共同的精神家园。但如今的部分教育虚拟社区存在功利化、技术化、不公平、不公正、社区无序、责任丧失等伦理失范现象，不仅仅是社区助学者个人存在这些现象，社区学习者、管理者、服务者、支持者等其他主体也概莫能外。因此，要加强教育虚拟社区的文化建设，促使社区成员养成先进理念和行为自觉意识，必须健全和完善教育虚拟社区的精神系统，坚持"育人为本"的社区理念，重视教育虚拟社区的人文性和伦理品性，使教育虚拟社区中的伦理关系，包括助学者与学习者关系、学习者同侪关系、助学者同侪关系等更为和谐、友好、融洽，弘扬和倡导社区的尊师重道之风，加强对社区助学者思想、心理与情感状态的了解、调适和干预，对学习者的社区行为加以合理、积极的导向与引领，进而使助学者和学习者都能以良好的身心状态投入到社区的学习交往活动中。

　　智能化教育广泛普及的今天，教育虚拟社区出现了一些技术滥用的伦理失范现象，这既不利于社区学习者的成长，也侵蚀着社区助学者的权益。因此，需对社区智能技术的应用进行规范治理，持续优化社区育人环境，发挥教育虚拟社区的育人潜力。其一，在教育虚拟社区中，要严格防范资本力量的高度渗透和捆绑，避免智能技术的功利主义和资本主义。社区管理者要定期组织专家学者对助学者在社区学习交往活动中所应用的智能技术进行反思监督和前瞻规划，提升智能技术在教育虚拟社区中应用和运行的透明度与监管度，在支持智能技术融合教育虚拟社区教育教学的同时，还要规约与避免智能技术资本商及企业对社区中智能教育的垄断、操纵、数据霸权等有损和侵害社区成员合法权益的行为出现。其二，提升教育虚拟社区管理者的技术管理和教育治理能力。智能教育凸显的是"以人为本"的价值理性的回归，要注重社区中的教育人文关怀，而非仅驻足于智能技术的社区应用。社区管理者要日臻完善和革新社区应用技术的教育治理理念，在向社区助学者推行和宣传智能技术时，要注意把握工具理性和价值理性之间的平衡，尊重社区助学者的教学自主权，本着不强制、不施压的原则，为智能技术在教育虚拟社区中的应用设置明确界限，划定相应主体的责任与义务，规制教育虚拟社区中因智能技术而产生的"内卷式""竞速式"等非理性的社区内部竞争，减少助学者因推崇和依赖技术而产生的过度教育倾向，杜绝因不同助学者引导下的智能技术应用不均而导致的学习者之间产生"数字鸿沟"这一社区伦理失范现象。其三，加强对教育虚拟社区中技术应用下教育数据的监督和算法纠偏。尽管智能技术在社区学习交往活动中对学习者的精准推送和个性定制等方面具有独特的价值效用，但技术开发者若无视社区学习者的发展规律，僭越学习者的个体性潜能，就极易陷入其中的"算法陷阱"。譬如，过于迎合社区学习者个性偏好而将个体学习路径设置为阻力最小化，看似帮助学习者提高了学习效率，实则削弱了学习者的抗逆能力，淡化了学习者本身专研探索的精神欲望，窄化了学习者的创新思维视域。故社区管理者应定期对社区中的技术应用算法进行全面审查和评估，及时对社区智能技术在学习交往活动中进行的数据收集和算法分析等过程存在的逻辑偏误进行改良与厘正，确保其设计和应用符合社区的教育教学基本规律，遵循社区的技术伦理规范，由此铸就技术赋能学习者健康成长的良好社区育人生态。

教育虚拟社区助学者伦理规范的构建是为了将社区助学者在学习交往实践中产生的伦理责任转化为切实的制度规约，通过完备的伦理规范制度保障社区助学者的权益和权利，以具体规范约束社区助学者的相关行为。但教育虚拟社区助学者伦理规范并非纯粹的条文罗列和理念制约，而是从更广域的视角对助学者在社区中的相关行为进行伦理审视和省思，完善教育虚拟社区助学者伦理制度的意义在于提升社区助学者行为的规范性和适用性，增强助学者社区伦理意识和伦理责任感。有关教育虚拟社区助学者伦理规范的具体构建过程及内容将在下文述及，这里不做详述。

第四章
教育虚拟社区助学者伦理规范的构建

　　教育数字化转型背景下，智能技术在教育虚拟社区中的应用不断深入，推动社区进行整体性变革，打造了开放、生成、自由、平等、智能的社区交互场域，凝聚着社区共同体的价值追求，重塑着社区关系，指向教育虚拟社区的和谐、可持续运行及学习者的完满发展和个性建构。较之于传统线下课堂，教育虚拟社区不仅表现为教学工具和媒体的升级以及教学资源的更新，更重要的是带来了新的教学组织形式，革新了交互方式，打造了新的社区生态，内蕴着复杂的伦理立场和道德追求。前文已经分析了助学者的角色定位、关键作用以及伦理失范表征，面对助学者伦理失范现状，若还是依靠道德自觉或是业已施行的适用于线下课堂的伦理规则将难以为继，须构建教育虚拟社区助学者伦理规范以规制伦理失范行为，推进社区建设。

第一节　教育虚拟社区助学者伦理规范概述

助学者是教育虚拟社区中由专业人员组成的、承担管理与促学任务并影响社区研习质量的关键社区成员，扮演着意见领袖、交互中介、活动管理者等多重角色，在交互中与其他社区成员形成了复杂多向、强弱不同的社区关系。前文已经分析了助学者在不同社区关系中的种种伦理失范表征和归因，为有效消解助学者的伦理失范状况，需要构建教育虚拟社区伦理规范，督促助学者养成良好个人品行，规约助学者的社区行为，更好发挥社区促学和治理作用，建立和谐的社区关系，发展社区共同体，最终指向社区良好育人生态的打造。

一、教育虚拟社区伦理规范

（一）何为伦理规范

教育虚拟社区伦理规范属于伦理规范的下位概念，应首先厘清何为"伦理规范"，其中既包括人际关系和道德交互层面的伦理性，也包括规约性质和理性要求立场的规范性，是关于心理、精神层面的调节方法和行为、能力层面的引导过程。"伦理"指向社会共同体中人际道德关系的应有准则[①]，"规范"侧重于规定性的标准和要求，限定着行为的边界。将两者结合在一起，既蕴含人文关怀和思想引导，也涉及行为示范和能力指导，两个名词往往是连在一体使用的。以"伦理规范"作为专有名词，内蕴的感性与理性互相辉映，指导着人"应该做什么"与"如何做"，具备促进道德养成和实现行为规约的价值意义。在此，本书将伦理规范界定为：人

---

① 李长成. 论马克思"真正的共同体"的相互性伦理规范[J]. 伦理学研究，2022（2）：1-8.

存在于社会关系中所应达到的伦理标准和遵守的行为准则，具备人文性与约束性的非正式规则。伦理规范与法律法规有本质区别，不具备强制的硬性约束特点，而是关于伦理意志和道德精神的养成及伦理道德指导下的行为的规劝，是社会共同体中处理人际关系的应然逻辑，其实质表现为"自愿的遵从"。尽管伦理规范的影响和地位尚不如法律法规突出，但它极具人文特征，在社会关系中有独特的作用，关注人的伦理道德层面，有助于构建更加和谐与友爱的社会共同体，促进人的健康成长和社会的有序运行。

（二）教育虚拟社区伦理规范的界定

教育虚拟社区已经发展成为功能完备、特点突出、虚实结合的场域，可以将它看作一个微型社会，其中同样内蕴着复杂的人际关系甚至还有人机关系，在交互中逐渐形成了社区共同体，像现实社会一样，需要伦理规范发挥引导和规约作用。然而，在现实社会发展中渐渐完备的伦理规范并不完全适用于具备开放、生成、虚拟特性的教育虚拟社区[1]，处理社区关系也不能完全依赖现实世界的伦理规范，需要结合社区特性，在已有伦理规范的基础上探讨适用于社区的伦理规范。在探讨教育虚拟社区伦理规范之前，有必要理清社区内的伦理层次，当前普遍认同的社区伦理层次包括三个方面，分别是社区伦理礼仪、社区伦理规范和社区伦理原则，其中，社区伦理礼仪处于最下位，其上是社区伦理规范，最上位是社区伦理原则。

社区伦理礼仪存在于社区成员的意识形态层面，涵盖范围最广，作用范畴较为宽泛，也最难以进行精确定义，主要包括社区成员基本的友善态度和待人接物的礼貌，其范围之广导致无法全部列出其具体条目，只能通过设定分类标准进行分类，从而潜移默化地影响社区成员。社区伦理规范是社区伦理礼仪的上位概念，更聚焦于社区成员的伦理道德素养和社区行为表现，范围更小，是处理社区关系的伦理标杆和道德参照，具有更具体的要求，具备更强的约束力和可操作性，规定着个体如何参与社区活动，是每个社区成员需要遵守的准则和规约。社区伦理原则是更为抽象的上位概念，普适性更强，表现出实践意义和应用价值。三者的逻辑表现为：在普遍的社区伦理礼仪共识中，通过社区伦理规范规约社区成员具体的社区行为，深化人的伦理道德素养，进而在伦理学层面将其抽象为社区伦理原则，发挥总领作

---

[1] 胡凡刚. 论教育虚拟社区交往[J]. 电化教育研究，2007（1）：21-26.

用，逐渐打造起社区的伦理理论架构。由此可见，教育虚拟社区伦理规范具备实践能力，同时又能提供伦理指导，以社区共同体认同的非正式规则的形式实现对人的行为的规约，在社区发展的伦理理论和道德实践层面具备重要的价值。

因此，本书将教育虚拟社区伦理规范界定为：教育虚拟社区成员参与社区活动时所应遵循的道德准则和行为规范。

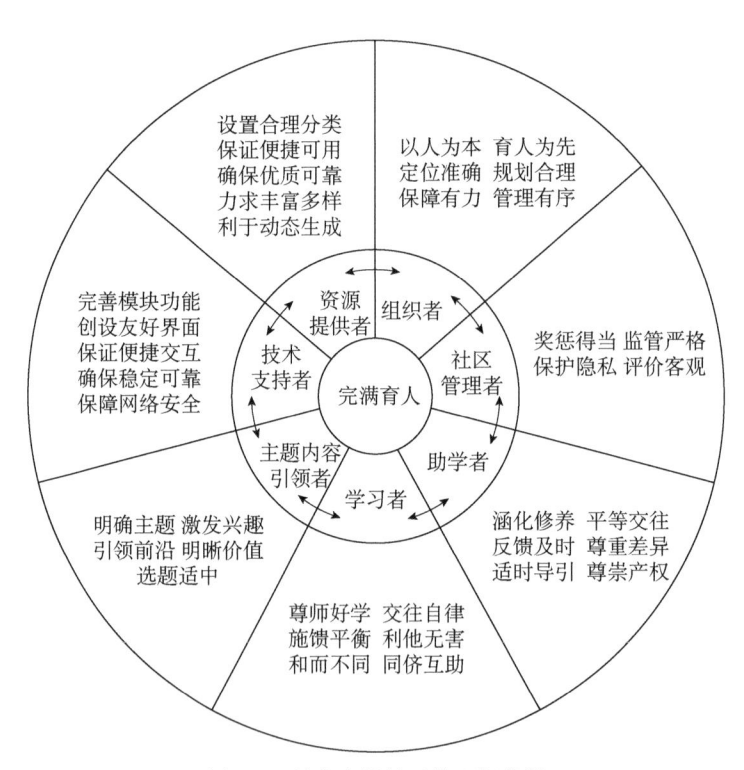

（三）教育虚拟社区伦理规范轮

来自不同背景、持有不同目的、怀有不同需求的人加入教育虚拟社区，作为社区成员承担着不同的角色，共同构成了社区共同体。基于笔者所在团队的已有研究，本书根据角色定位和伦理特征将社区成员划分为七大伦理主体，即学习者、助学者、社区管理者、组织者、资源提供者、技术支持者和主题内容引领者，并以不同伦理主体的伦理行为和道德需求为依据，进一步构建了教育虚拟社区伦理规范轮，如图4-1所示。

图 4-1　教育虚拟社区伦理规范轮

在教育虚拟社区中，每一伦理主体各自发挥作用，关系着社区伦理和道德的发展方向，尽管在发展过程中形成了普遍伦理共识，但在具体实践中仍面临主体责任模糊、伦理意识淡薄等问题，开放、生成、自由的社区环境在促进社区成员发展的过程中也为伦理失范问题的发生提供了可能，社区矛盾、攻击四起，使得社区伦理失范概率远远大于现实课堂。在此过程中，社区伦理规范的构建和应用可有效规避伦理失范现象的发生。需要注意的是，在伦理规范体系中，要关注不同伦理主体的失范特征和伦理诉求，构建反映主体性价值的多维度伦理规范，由此才能有针对性地发挥伦理规范的引导和调节作用。由教育虚拟社区伦理规范轮可知，每一类伦理主体在社区交互中均存在立足于不同角色定位的应然伦理行为，因此在构建具体伦理规范条目时也应充分考虑多维度的特征和需求。

（四）教育虚拟社区伦理规范的层级

在教育虚拟社区伦理规范轮的基础上，以宏观层面组织协调到微观层面活动参与的渐进为依据，可将社区伦理规范划分为四个层级。按照宏观程度，最宏观层级是建设规划层面，接下来依次是技术实现、主体参与和资源支撑层面。在对全国具有代表性的教育虚拟社区（如学堂在线、智慧树、中国大学 MOOC、腾讯课堂等）进行调研以及对相关社区成员（包括助学者、学习者、技术人员等）和专家学者进行访谈的基础上，笔者逐步搭建起了社区伦理规范层级[1]，通过对层级关系的解读，有助于我们更好地理解教育虚拟社区伦理规范的价值表现。

由教育虚拟社区伦理规范轮可知，社区内主要由七大伦理主体组成，每一伦理主体的角色定位不同且各具立场，比如，学习者在社区交互活动中居于主体地位，是在其中从事研习活动的人，是助学者教育的对象；助学者已在本书第三章进行了详细解读，此处不再赘述；社区管理者是社区内的管理人员，维护着社区的有序运行；组织者是社区活动的设计者和引领者，关系着活动的有效开展和社区的运行方式；资源提供者是社区资源的建设者和维护者；其他伦理主体也在不同的维度支持着社区的运行及发展。在社区关系中，不同角色的伦理主体应遵循符合其价值立场的社区伦理规范，社区中所发生的交互活动以及包含的内容资源也应有相应

---

[1] 胡凡刚. 教育虚拟社区交往理论模型与层级塔[J]. 中国电化教育，2006（5）：23-26.

的伦理规范发挥规约与调节作用，原因在于行为和资源背后的价值主体是社区中的人，是人际关系中的中介，支持着社区活动的进行和社区成员的发展。正如远程教育专家穆尔（Moore）所提出的观点：在学习者立场上，远程教育中的交互对象主要包括学习者、教师以及资源三个维度[①]。安德森（Anderson）和德龙（Dron）在此基础上又提出教师之间、教师与内容之间以及内容之间三种交互方式[②]。由上述观点拓展到教育虚拟社区可以发现，社区中存在多重交互维度，包括人与人之间的师生、生生和师师等关系，还有人机之间的多元关系，其中内容和资源是重要的交互对象，理应遵循一定的伦理规范。

综上可知，不同层级教育虚拟社区伦理规范所涉及的对象不同，建设规划层面对应组织者，技术实现层面对应技术支持者，包括平台设计者和技术开发者，主体参与层面对应助学者和学习者，资源支撑层面对应内容和资源，具体内容如图 4-2 所示。

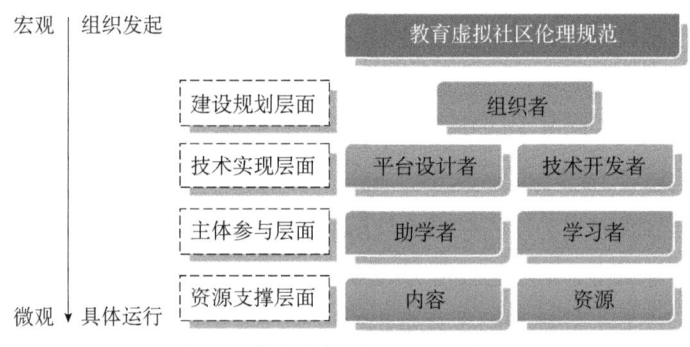

图 4-2　教育虚拟社区伦理规范层级

二、教育虚拟社区助学者伦理规范

助学者在教育虚拟社区中的角色特质和重要作用已无须赘述，教育虚拟社

[①] Moore M G. Editorial：Three types of interaction[J]. American Journal of Distance Education，1989，3（2）：1-7.

[②] Anderson T，Dron J. Three generations of distance education pedagogy[J]. International Review of Research in Open and Distance Learning，2011，12（3）：80-97.

区伦理规范层级中已明确列出助学者在主体参与层面应遵循相应的伦理规范，但当前的教育虚拟社区伦理规范体系中尚未形成完整的对于助学者的伦理规范。因此，下文将针对助学者的伦理失范表征，讨论应构建何种助学者伦理规范及其在社区中具有何种价值。

（一）教育虚拟社区助学者伦理规范的界定

教育虚拟社区助学者伦理规范是针对助学者的社区伦理规范，本书在前文分析的基础上将其界定为：助学者存在于教育虚拟社区以及参与社区活动时应遵循的伦理规则和道德要求，规约着助学者的思想观念和行为表现。在此界定的基础上，为构建条目清晰、结构合理、作用突出的助学者伦理规范，需要进一步分析其本质：在助学者参与社区交互和研习的过程中，以伦理规范引导和规约其行为表现，并在更深层次上帮助他们树立伦理意识，激发道德精神，充分发挥管理、促学作用，最终指向助学者自身的成长、学习者的完满发展、社区共同体的进步、美好人际关系的建立以及社区的有序运行。

（二）教育虚拟社区助学者伦理规范的价值

助学者存在于教育虚拟社区中，其与不同社区学习者的交往表现出强弱不同的社区关系[①]，在多个维度发挥着重要作用，具体表现在如下方面：首先，助学者面对不同的交互对象时表现出各具特色的传播方式，这关系着助学者将与交互对象形成何种社区关系，包括引导学习者深度参与社区交互、有效组织社区资源等，以促成人才培养和提升社区建设价值；其次，助学者的强社区关系表现为在社区交互中促进凝聚力的提升，尊重不同个体的差异性，主动发起社区活动，以自身角色的影响力直接促进美好社区共同体的形成；最后，助学者的弱社区关系表现为其所扮演的中介角色，在社区集体内部发挥作用，间接引导良好社区关系的形成。

---

① 王诗蓓，闫寒冰. 强弱关系视角下的教师网络学习共同体助学者角色研究[J]. 现代教育技术，2019，29（12）：103-109.

第二节 教育虚拟社区助学者伦理规范构建的理论基础

教育虚拟社区助学者伦理规范需要结合教育虚拟社区的特性和助学者的特征，以一定的思想理论为基础来构建。通过梳理国内外关于伦理道德的思想理论，笔者从中选取了儒家伦理道德理论、目的论与功利主义理论、义务论理论以及教育虚拟社区交往理论，从伦理指引、道德价值、实践效能和完满人格培养等方面为教育虚拟社区助学者伦理规范的构建提供理论支撑。

一、儒家伦理道德理论：指导伦理过程

（一）儒家伦理道德理论的内涵

伦理与道德是一脉相承的儒家文化基因与哲学脉络，根植于儒家的道德哲学沃土，"克己复礼为仁"（《论语》）的提出强化了两者的一体共生性，阐述了其中的价值互融，体现了"礼"为基石、其上生"仁"的哲学架构，提供了伦理道德的联结逻辑。与前面所述的黑格尔对伦理和道德的划分不同，儒家中的"伦理"即人伦之理，意指主观"人"与客观"伦"的关系存在和维系准则；"道德"拆分为"道"与"德"，"道"原指前进道路，逐渐含有普遍原则的意蕴，在此作为价值内涵呈现"德"的文化本体，"德"是契合"道"的具体表达与内在标志，"志于道，据于德"（《论语》）的内蕴就在于此。伦理偏重客观存在的关系实体，道德侧重主观控制的主体价值，两者的互构互通丰富了儒家思想的文化资源和哲学精神[1]。首先，由伦

---

[1] 韩玉胜. 儒家伦理传统与儒家道德记忆[J]. 伦理学研究，2021（5）：41-46.

理生道德，伦理是道德的根基，先于道德而存在，也就是真实存在的世界秩序决定了主体生成的精神价值。其次，由道德证伦理，道德是伦理的表达与确认，是在自我主体内在精神完满的同时捍卫伦理的价值，从而在体认中实现正义，承担塑造精神图谱的重任。培育"我"与"我们"的德性素养，在实践领域养成德行能力，需要以道德教育来实现，在儒家哲学的张力中汲取伦理道德的精神力量[①]。其中，"明人伦"反映了道德教育的重要目的在于帮助学习者澄清道德角色，厘清伦理责任，赋予实践动力；"文道结合"突出了道德教育的意义在于个人价值的完满实现，在实践中实现成己成物的目标。

此外，儒家伦理道德思想中还重点论述了仁礼思想。"仁"是为人处世的最高准则，将个体的道德修养立足于"仁"，阐述了其伦理意义和道德价值。"仁"的对象面向众人，自身、亲人、他人等皆包括在内，重视"善其身"与"济天下"的道德品格，在交互中强调勿将己所不欲施于人，应设身处地地提出中肯建议；"礼"之义既包括形而上的精神世界向往"克己复礼"，也涉及形而下的真实行为以维护现实秩序，"礼"的作用还体现在"和"的目标上，提倡中庸之道，追求天下大同，以道德修身，泛爱众人，为构建和谐社会提供指导。

（二）指导教育虚拟社区助学者伦理规范构建的伦理过程

技术的发展为教育虚拟社区赋予了新的教育价值，教育虚拟社区也承担着育全面发展的人的使命，为社区成员构建了开放、有序的社区研习场域，其间充满着不同于传统课堂但同时又契合于儒家伦理道德理论的伦理期望。助学者的交互对象主要是学习者群体和助学者群体。在面向人的交互中，需要助学者明确自身道德义务，自觉践行伦理规范，"人伦""仁""礼"思想将在精神世界和实践生活中发挥重要作用，为人师者要先正其身，再行指导之责任，履育人之义务。助学者群体作为教育虚拟社区研习活动的参与者，还扮演着指导者的角色，承担着对学习者的指导任务和解答工作，是激励学习者融入教育虚拟社区环境的纽带，也是促进教育虚拟社区适切学习者需求的桥梁，与学习者的发展和教育虚拟社区的建设密切相关。与传统课堂的教师相比，他们并不是完全意义上的教育工作者，而是被教育虚

---

① 崔振成. 儒家伦理道德一体的文化线索及其当代德育价值[J]. 南京社会科学，2019（7）：147-153.

拟社区赋予新价值的虚拟空间新角色，若是作用发挥得当，将有效提升社区研习效果，激发学习者的自我效能；但同时，作为新角色，若是定位不当，也将导致伦理失范，做出与伦理道德要求不符的种种行为。

儒家思想内蕴的伦理道德理论对教育虚拟社区助学者伦理规范的构建具有重要的伦理价值和指导意义，助学者的伦理意识成长和道德修养提高是一个复杂的过程，其中涉及行为、情感、意志等外显和内隐因素。在教育虚拟社区助学者伦理规范的构建过程中，有必要回望儒家伦理道德理论，汲取优质文化基因，将伦理精神和道德力量厚植于新时代教育虚拟社区助学者的综合素质中，培养伦理自觉和道德觉悟，以建设交互有序、参与有度的和谐教育虚拟社区。千百年来的历史已经证实了儒家伦理道德理论对于和谐社会发展的指导性意义，教育虚拟社区这一新型学习共同体是社会共同体的微观表达，更应建立一种和谐的社区伦理秩序，以五常之德为方向，动员教育虚拟社区成员遵循社区建设规则，切实培育伦理意识与道德素质，吸引有共同道德追求的个体加入教育虚拟社区，共同建设开放、个性、有序、和谐的教育虚拟社区。

历经岁月洗礼，饱含人文精神的儒家伦理道德理论仍然熠熠生辉，它与现代化的教育虚拟社区联袂，将在古今思想的碰撞下迸发勃勃生机。立于智能技术底色之上的教育虚拟社区的价值旨归与儒家蕴含的哲学精神具有高度契合性，能够促进伦理道德思想的创造性转化进而厚植于助学者的精神世界，规约助学者的实践生活，指导教育虚拟社区助学者伦理规范构建的伦理过程，提供极具智慧的伦理思路和道德格局。

二、目的论与功利主义理论：厘清道德价值

（一）目的论的内涵

作为哲学的基本领域，目的论解释了物之为物、人之为人的目的性，揭示了自然界种种现象的原因和目的，研究者又将其划分为外在目的论、内在目的论。外在目的论的代表人物是苏格拉底和柏拉图，其理论核心源于宗教神学，将世界分为

"理念世界"和"物质世界",由神的"善"的理念主宰着世界,认为事物存在的原因来自外界需要,是在神明的安排下得以存在并发挥着促进世界井然的作用[1],也就是通过外物的存在彰显事物的意义,比如,太阳的存在是为了植物的生长。将这一理论带入教育领域,意味着教育的存在是为了满足外界政治、经济、社会等对学习者的要求,学习不是自发进行的,而是强加于个体的强制性要求,有压抑学习者主观能动性的嫌疑。但从另一个角度来说,不管是否有为自己辩驳的色彩,它也说明了教育不只是拘囿于个体自身的主观活动,强调了教育的社会功能,教育活动的进行以及教育工作者的行为会受到社会的制约。

与外在目的论相对应,内在目的论的代表人物是亚里士多德。他认为目的并非是永恒的,是由潜在到实现的过程[2],肯定世界万物有必要存在的意义,但这个意义来自事物内部[3],不是因必要存在而存在,有超越外部必然性的内部目的性。目的是根本动力且高于客观必然性,基于事物的内部规则驱动外部表达,通过行为表现追求内在目的的实现,亚里士多德提出"本体"代表事物或个体的本质差异性[4]。将其带入教育领域,可以得出学习活动的进行是由内在主观能动性激发的,教育活动的开展来源于个人内在目的的驱动,落实于当下的内部需求,应根据个人发展兴趣和实际能力制定教学计划和采取教学干预,以促进个体的内生成长。但它在一定程度上也忽视了个人发展的外部影响,若教育只追求如何满足内部目的而不加考虑外部规约,最终会造成教育的无序发展。不管是外在目的论还是内在目的论,核心都指向"善"[5],蕴藏教育价值的同时也存在缺陷,教育工作者不能照本宣科地将某种理论搬到教育教学中,需多加考虑不同情境中学习者的需求与教学实际。

(二)功利主义理论的内涵

功利主义理论以边沁和密尔为代表人物,核心是"最大幸福原则",并从"最

---

[1] 袁辉. 康德双重目的论视角下的生命概念[J]. 自然辩证法研究, 2020, 36(7): 84-89.
[2] 姜华. 亚里士多德的目的论理论模式与西方文化危机[J]. 哲学研究, 2013(7): 103-107.
[3] 贺磊. 康德的自然目的论批判与理性的自我理解[J]. 世界哲学, 2022(4): 27-37, 160.
[4] McLaughlin P. Kants Kritik der Teleologischen Urteilskraft[M]. Bonn: Bouvier Verlag, 1989, 13-14.
[5] 李长伟. 何谓教育技艺——基于柏拉图自然目的论的视角[J]. 湖南师范大学教育科学学报, 2021, 20(1): 67-74.

大幸福"出发阐述其基本价值主张。他们所理解的幸福建立在自我兴趣上且是可以量化的，强调主观感受，能带来幸福就是道德的[1]，人们的行为应该以获得最大的利益为目标，将每个人预设为利己的行为主体并且是自我利益是否获得的判定者。道德准则体现于利益获得，人们行为的目的在于获得自我满意的结果[2]。若是如此，则可以称作"善"，若非如此，带来了痛苦的、忧虑的、难以接受的结果，则不可以称作"善"而是"恶"，是无道德行为。善恶的区分在于是否获得幸福，也就是将幸福视为正值，将痛苦视为负值，二者相加若为正那就是"善"果，反之则为"恶"果。

边沁将人的复杂的幸福和痛苦各自拆分成单独维度，将简单的幸福和痛苦叠加就得到了个人所感受到的复杂情感[3]。在社会共同体中，每个个体都有义务为群体的幸福努力，社会幸福的核心就是追求"在最大意义上最广泛的善"，"善"的最大化、"果"的最优化是社会发展的终极目标，个体带来的好结果的行为叠加在一起组成了社会最大的"善"，那就是正义的、有道德的社会。可见，功利主义理论将幸福作为目标，将"善"作为结果的价值判断，这种基于量化形式来表征"善"与"恶"、追求最大利益的做法容易诱发偏激行为，因而逐渐出现了行为功利主义和规则功利主义的分支。行为功利主义所持有的观点是将行为后果作为评判标准，以判断行为是否正当，使伦理道德的标准简单归入主观观点，而不考虑道德的客观性。规则功利主义与之相对，推崇普遍、普适的伦理道德规则，认为行为善恶的参照标准在于道德规则而非个人的主观感受，只有这样才能真正实现"最大幸福"和"最普遍的善"，道德规则代表社会利益的最大化，在面对选择时，道德规则将是决定性因素，只有遵循道德规则的行为才是正当的行为。

（三）厘清教育虚拟社区助学者伦理规范的道德价值

助学者在教育虚拟社区中发挥作用，难免要面临利己还是利他的伦理选择以及如何实现最大幸福的道德抉择。在构建教育虚拟社区助学者伦理规范前，有必要厘清其中蕴含的道德价值。助学者在教育虚拟社区研习中扮演着指导者角色，

---

[1] [英]蒂姆·莫尔根. 理解功利主义[M]. 谭志福，译. 济南：山东人民出版社，2011，34-38.
[2] 徐蓉蓉. 被忽视的先驱——边沁功利主义舆论思想阐释[J]. 国际新闻界，2018，40（12）：122-136.
[3] 马妮. 边沁功利主义幸福观刍议[J]. 天津社会科学，2016（6）：65-69.

既承担着促进学习者全面发展的责任,又承受着外部社会对人才培养和社区建设要求的压力,内在动机与外在驱动并行,其需要明确自身的伦理角色和道德价值。一方面,外在目的论指明了学习者参与社区研习是在外部社会、经济和文化环境的期望下进行的。伴随着技术的发展,生活、学习的边界不断扩展,时空限制更加薄弱,人们的思维范畴不再拘囿于一席之地,交往场域由现实转向虚实结合,对学习者参与教育虚拟社区交互的能力提出了现实要求。而助学者作为学习者有效参与教育虚拟社区交互的直接相关者,其社区行为表现和思想表达关系着学习者的发展状况,需要充分理解社会主流价值观、现实人才需求和预期培养目标,以此为标准规约自身言行,以合乎伦理道德的方式参与教育虚拟社区交互。

另一方面,教育虚拟社区中的每一个独立个体都有其内部动机,都怀揣着一定的内在目的,学习者如是,助学者亦如是。因此,助学者的言行举止不仅要满足内在伦理期待和道德追求,不能违背自我价值观,也要充分考虑学习者本身的交互动机、个性表达和发展规律。虽然学习者的内在动机对于助学者自身的伦理道德发展来说仍表现为外在目的,但只有以内在目的论的视角,才能充分分析、解读学习者的真切交互需求,以便帮助助学者充分揣摩角色定位,发挥指导人、培养人的作用。

另外,功利主义区分了利己与利集体的价值追求,同时强调目的和结果的重要意义,以最大幸福为目标,以"善"为价值规则,为最广泛的人追求最大的利益,契合于美好人际关系建立和促进个体完满发展的教育虚拟社区交往目标。助学者是集组织者、传道者、管理者和研究者等角色于一身的群体,在人的培养、平台开发、内容组织和资源整合等方面发挥着不可替代的作用。教育虚拟社区助学者若为追求利己而出现伦理失范行为,将阻碍育完满人的社区精神的发扬,带来种种伦理病候,会极大地影响社区共同体的和谐发展。当助学者将追求教育虚拟社区最大幸福的实现作为价值旨归和伦理追求时,才能规避伦理风险,以合乎伦理道德的方式参与社区交互。

以上几种理论有助于解释助学者在教育虚拟社区中的角色定位和价值发挥,针对伦理失范行为构建助学者伦理规范时,应厘清其中的道德价值,汲取与助学者伦理定位并行不悖的理念,以建设幸福、完满的教育虚拟社区。

三、义务论：提高实践效能

（一）义务论的内涵

前文中已经廓清了西方伦理学体系中的目的论和功利主义理论，为提升教育虚拟社区助学者伦理规范的科学性和实践效能，丰富其伦理价值和道德意义，还需要厘清伦理学领域中另一种与其相对的理论——以康德为代表人物的义务论。由目的论和功利主义理论的内涵可知，它们偏重完成性的结果，强调根据预期能得到的最佳结果做出道德决策和伦理行为，甚至可以为了大多数人的利益而牺牲某些人的利益。义务论与目的论和功利主义理论在理论意义和价值取向上有着根本不同。从义务论的基本主张来看，它强调要按照既定的普遍道德原则或某种正当性要求去表现和行动，以康德所提出的"绝对命令"（按照形而上的最高道德准则所提出的道德指令）为精神内核[①]，看重行为的动机，判断道德的标准在于动机是否是正义的、是否按照道德原则和伦理责任行事，而不关心行为结果如何。可见，道德义务和责任对个人的行为具有决定性作用，并且作为标准判断是否可以将个人的行为评价为道德行为。由康德的名言"世上值得敬畏和赞叹的唯有两件事：头上的星空和内心的道德法则"可窥，义务论不认同功利主义所追求的后果导向性"最大幸福"[②]，认为只要不违背道德规则，做出的行为都是正义的，可以在道德规则所规定的范围内自由选择如何行事。若是做出违反道德规则的行为，即使以正当的目的来辩护，也不足以作为证据证明该行为是道德的。比如，伦理学经典实验"电车难题"中的两种选择就代表了义务论和功利主义的不同论断。当火车司机面向的两条铁轨上都绑有人质，其中一条轨道上有一个人，另一条轨道上有五个人，这时是否要为了最大的利益牺牲少数人的利益就成为两种理论的辩论点。义务论呈现出一种强烈的"非结果"倾向，与目的论和功利主义互为掣肘，追求的是道德责任指导下呈现为"善"的行为动机，强调道德原则建立于理性意志之上而非主观欲望，

[①] 舒远招，吴雪. 从义务论的角度看康德的正义思想[J]. 道德与文明，2019（1）：58-67.
[②] 孙小玲. 义务论与德性论的视界交融——一种康德式的德性论[J]. 复旦学报（社会科学版），2022，64（5）：111-121.

应自觉履行伦理义务，通过道德的方法达到真正的"善"，而不在意行为的结果，只以是否遵循道德规则作为分界线来区分"善"与"恶"，忽视了动机与效果的辩证统一性。

（二）提高教育虚拟社区助学者伦理规范的实践效能

助学者在教育虚拟社区的角色定位并非只是服务于学习者的完满发展和整体生命建构，他们在人格上是独立的，在活动中是自主的，与学习者、管理者、平台建设者等社区成员平等存在于社区中，有丰富的精神世界和成熟的价值观。教育虚拟社区助学者伦理规范对于引导助学者厘清权责定位、消解伦理隐忧以及增强社区责任感等都有重要意义，与其自身发展、学习者成长和社区建设等都有重要关联。因此，在促使助学者存在于教育虚拟社区并持续发挥作用的过程中，不仅要在目的论和功利主义理论的指导下追求助学者行为结果的"善"和社区中的"最大幸福"，还要结合义务论观点，激发助学者的伦理动机，以道德规则规约其行为过程和表现方式，实现行为结果与行为过程的一致性，进而增强伦理规范的实践效能。纵使以康德为代表的义务论与以边沁为代表的功利主义各执观点，呈现出对立的两种道德倾向，但也不能否认两者对于教育虚拟社区助学者伦理规范的构建各具价值，在研究中需要充分挖掘两者关系的互补性，以此为基础提升教育虚拟社区助学者伦理规范的实践效能。

前文已经讨论了助学者行为结果的重要性以及目的论和功利主义理论在教育虚拟社区助学者伦理规范构建中的现实意义，持有不同观点的义务论对该伦理规范实践效能的提升也极具价值，具体表现如下。

第一，构建的教育虚拟社区助学者伦理规范能激发认同感。在构建具体的教育虚拟社区助学者伦理规范之前，要充分考虑其是否符合社区主流价值观，如何能被助学者群体所认同进而使其在实践中自觉遵循，如何将道德动机融合于具有约束性的伦理规范中。相比于还在认识世界的学习者，助学者形成了更为成熟的道德观念和更加理智的处事风格，在社区中表现出明显的主观能动性和更大的自由度。在其贡献于教育虚拟社区共同体发展的过程中，若不在行为上加以引导，将使其陷入功利主义的桎梏，一味追求结果认证，将个人利益置于群体价值之上，在权责失衡中引发伦理失范风险，激化伦理矛盾。因此，有必要以义务论为理论基础构建教育虚拟社区助学者伦理规范，激发助学者的道德动机，面向行为全过程规约伦理表现，增强道德责任。

第二，构建的教育虚拟社区助学者伦理规范要有执行力。康德提出的"绝对命令"命题反映了道德规则在生命成长中的绝对权威[1]，即便面临困难，也要最大限度地服从道德规则。虽然教育虚拟社区助学者伦理规范并非以"绝对命令"的形态存在，但需要具备可靠的执行力，敦促助学者在关心结果的同时注意过程中的伦理义务，以期发挥规约作用，在提升道德修养、履行伦理责任方面充分发挥其实践效能。

四、教育虚拟社区交往理论：培养完满人格

（一）教育虚拟社区交往理论的内涵

交往出现于人类的劳动过程中，马克思将其分为精神交往和物质交往[2]。精神交往是人在精神层面的交流，是人际关系中的情感交融和思想分享，通常通过物质交往所联结，且受到物质生产活动制约[3]。随着社会发展，交往逐步经历了三种形态的发展，分别是由无意识的"自然交往"到实现外在需要的"功利性交往"，再到由内而发的"目的性交往"。马克思指出，不同交往形态的呈现反映了不同历史阶段的社会实际水平[4]，交往具有在时空维度上永恒存在且在发展中不断进阶的特性，既呈现出人与自然的主体-客体关系，也表达了人与人的主体-主体关系，在不同维度的交往关系中蕴藏着多维生态理念。教育虚拟社区作为虚实结合的在线学习场域，仅仅通过单向度的知识学习或技能传授并不能达到促进个体完满发展和整体建构的最终目的，而应在真实存在的交往中辩证理解平等性与不平等性、目的

---

① [德]康德. 道德形而上学原理[M]. 苗力田, 译. 上海: 上海人民出版社, 1986, 72-86.
② [德]马克思, [德]恩格斯. 德意志意识形态（节选本）[M]. 马克思恩格斯列宁斯大林著作编译局, 编译. 北京: 人民出版社, 2018, 129.
③ 胡凡刚, 茹欣欣. 教育虚拟社区交往审视[J]. 中国电化教育, 2007（1）: 49-52.
④ 王冬云. 马克思交往理论中的生态意蕴[J]. 社会科学辑刊, 2010（6）: 31-33.

性与手段性、双向互动与自主建构的关系,将社区成员的行为表现和情感表达置于交互情境中才能有效发挥社区价值,实现社区既定目标。如此,教育虚拟社区交往便被赋予了重要的教育意义,具备深刻的研究价值。

在教育虚拟社区研究领域数十年的耕耘中,笔者所在研究团队逐步建构起了教育虚拟社区交往理论,认为发生于教育虚拟社区的交往由交往主体、交往客体以及虚拟场域构成,实质是在一定的价值关系实现中以交往客体为手段将交往主体联结并产生相互关系,发生于在交互客体支持下交互主体相互联系、相互影响的过程中,内蕴需要与被需要的价值实现和满足与被满足的伦理追求。教育虚拟社区交往的本体论意义在于,作为交往主体的社区成员之间通过作为交往客体的平台、技术等硬件设备和软件功能相结合的方式进行自主平等的内在"目的性交往",其价值体现在社区成员的非功利性、内在目的的激发并契合于自我存在意义上的人格培养和完满发展追求。教育虚拟社区交往突破了现实传统课堂交往的局限性,打造了完备的社区关系空间,是社区成员通过交往语言、交互平台和交互资源等手段进行交往的场域。该场域支持三个层级的交互,由低级到高级分别是基于现实功利目的(如知识获得、升学等)的手段性交往、内在目的与外在需要兼顾的目的与手段统一性交往,以及最高层级的完全出于自身完满发展和自我建构期望的内在自觉的目的性交往。在现实条件下,社区成员超越经验限制、功利束缚和规则制约,在内在需要的驱动下通过社区成员的"主体间交往"关系最终实现共同的理想、价值观和精神追求,达成内在真善美的统一,如图4-3所示。

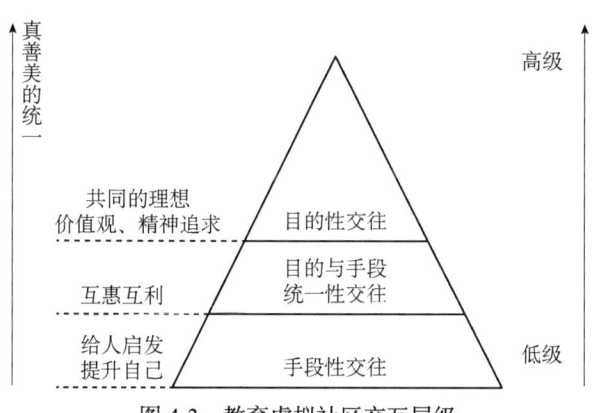

图 4-3 教育虚拟社区交互层级

（二）培养教育虚拟社区成员的完满人格

教育虚拟社区成员种类丰富，按照角色、作用的不同，其可分为学习者、助学者、社区管理者、组织者等七大类伦理主体，其中，助学者群体作为教育虚拟社区的主要交往主体，他们的行为表现和思想表达影响着社区交往的有序进行。助学者以交往为主要联结方式，在教育虚拟社区中发挥着启发、指导、组织和解疑的作用。相比较于线下传统课堂，其角色定位发生了显著变化，并没有将"教书匠""灌输者"等角色"网络搬家"到教育虚拟社区，而是转向了社区有序交往的引导者、优质资源的组织者、和谐环境的创设者以及美好社区关系的维护者，在社区交往中有明确方向和真切追求，凸显情感维护、价值呈现和道德导向等特质。但不容忽视的是，助学者由具备不同文化背景、交往兴趣、价值观、伦理习惯和道德追求的社区成员组成，在虚拟场域中面对包括交往主体、交往客体等在内各具特点的交互对象时表现出截然不同的交往风格，同时也在伦理、道德领域催生出形式各异的失范问题。助学者若将主要精力置于交往成效的功利性追求而忽视与内在目的性的统一，将诱使教育虚拟社区交往滞留于低交互层级，出现形式有余而价值不足的"花哨化"交往，宝贵的交往时间被无意义的"闲聊"占据，加剧伦理失范行为的发生，无法真正发挥助学者的道德引导作用，与理想、价值观和精神层面的交往追求相去甚远，为交往的有序进行、社区成员的完满建构以及社区自身的可持续发展带来隐忧。

因此，为实现教育虚拟社区成员完满发展和意义建构这一最终目标，在构建教育虚拟社区助学者伦理规范时，有必要以教育虚拟社区交往理论为指导，关注助学者在交往中心理、精神层面的价值观表达和伦理性特质，把握社区交往结构中的各组成要素的交往特性和发展特征，分析助学者的内在伦理需求以及不同类型伦理失范的根本原因，挖掘交往异化背后的关系失衡问题，规避由交往断裂产生的单向度输出，通过厘清不同交往形态的本体论意义来辨析功利性交往与目的性交往的本真表现，以此为基础正确认识社区内的良性交往（表现为互助、真诚、合作等）与不良交往（表现为歧视、争吵、从众等），平衡伦理需要与利益需求，从助学者的角色定位和道德需要出发统筹协调助学者与不同交往主体的社区关系，关注助学者自身价值塑造和社区建设需要，进而合理架构教育虚拟社区助学者伦理规范体系。

第三节　教育虚拟社区助学者伦理规范构建的伦理原则

在智能技术的赋能下，教育虚拟社区由单一的在线交互平台向更高阶的虚实结合的社区共同体方向发展，在突破了传统教育边界的同时为助学者带来了新的伦理抉择难题。在构建教育虚拟社区助学者伦理规范时，仅仅着眼于技术层面如何迎合人是无法真正触及复杂伦理问题的核心的，还应挖掘社区内人与人、人与技术以及技术与技术等关系的深层存在逻辑，得到对应伦理原则并将其用于指导虚拟社区助学者伦理规范的构建。在过往的研究中，针对当前智能技术带来的伦理隐忧，国内外学者从各自的立场出发提出了相应的伦理原则。乔宾（Jobin）所带领的团队归纳整理了84份已公开发表且较为权威的关于伦理原则的文件，从频率来看，透明、公正、不伤害、责任、隐私、有益、自由自主、信任、可持续等伦理原则被多次提到[1]。邓国民和李梅通过分析人工智能伦理和教育伦理，得出了两者的交集，并将交集部分作为教育情境中应用人工智能技术应遵循的伦理原则，具体包括福祉、善恶、公正、尊严、自由自治以及责任六个维度[2]。诸如此类的伦理规则归纳不胜枚举，但大都涉及了人本、公正、责任以及可持续性问题，结合教育虚拟社区的特性、助学者的角色特质以及伦理失范现状，在已有研究的基础上，笔者又归纳整合出了四条伦理原则，以期为教育虚拟社区助学者伦理规范的构建提供适切的伦理支持和原则参照。

---

[1] Jobin A，Ienca M，Vayena E. The global landscape of AI ethics guidelines [J]. Nature Machine Intelligence，2019（9）：389-399.

[2] 邓国民，李梅. 教育人工智能伦理问题与伦理原则探讨[J]. 电化教育研究，2020，41（6）：39-45.

一、"以人为本"原则

智能技术是人类智慧的创造物，与科技相关的活动实质上就是在人类主导下开展的一系列致力于实现人类目的、满足现实需求并维护人类利益的实践活动，"以人为本"在伦理原则体系中起着统领作用[1]，是其他伦理原则的基点。在"为人"和"人为"的价值指导下，教育虚拟社区伦理原则的立足点也要落在"从事实际活动的人"上，并符合人类文明中业已形成的道德追求和伦理观念。无论教育虚拟社区智能化水平如何精进以及能在多大程度上为教育赋能，都不能违背"以人为本"这一底线性伦理原则，应在它所允许的实践范畴内寻求教育价值并将其作为构建助学者伦理规范应遵循的准则。人本位的立场从人性出发，重点关注人的福祉和善良道德动机，因此下文对于"以人为本"伦理原则的论述也将从相关道德目标和善良动机展开。

（一）道德目标：增进社区共同体福祉

教育虚拟社区诞生的契机或许来自教育的现实需要抑或是技术的赋能，但服务于人的最终目的促使教育场域发生了真正进化，并在实践载体的更迭中重塑了个人价值体系。在"以人为本"伦理原则的指引下，构建教育虚拟社区助学者伦理规范并非是为了满足助学者的一己私利，其目标体现着道德意义且面向社区共同体福祉的实现[2]。所谓福祉，泛指人的幸福、利益，代表着安稳美满、祥和开放的生存状态。教育虚拟社区共同体的福祉是指在社区环境中能为利益相关者实现最大化福利，表现在通过人机联袂完善社区建设使其契合于人的发展需求，提升社区成员的社区生活质量，促进个体的完满发展，维护共同体的利益，增强社区幸福感。社区共同体福祉受到客观技术水平和主观价值导向的制约。在人机联袂视角下，技术发展之快、水平之高已无须赘言。社区共同体福祉的实现与助学者的道德目标直接相关，比如，助学者能否合乎伦理地与技术合作维护和谐社区环境，能否

---

[1] 吴红，杜严勇. 人工智能伦理治理：从原则到行动[J]. 自然辩证法研究，2021，37（4）：49-54.
[2] 王佑镁，王旦，柳晨晨. 从科技向善到人的向善：教育人工智能伦理规范核心原则[J]. 开放教育研究，2022，28（5）：68-78.

以道德的方式提供更多学习机会来支持学习者的成长，能否平等对待社区成员以及能否设计、实施更具价值的教学活动等。与传统课堂的教师相比，教育虚拟社区助学者极大地解放了双手，在技术的自动化和智能化下不必事事躬亲，有更多的精力关注"人"。角色的深化和定位的转变也促成了教师成长重点的变化，专业水平固然重要，他们在社区中所表现出的伦理道德意志也应受到更多的关注。因此，在构建教育虚拟社区助学者伦理规范时，需要在"以人为本"伦理原则的指导下，将增进社区共同体福祉作为道德目标，构建符合助学者成长规律、社区文化价值和社区成员利益的伦理规范，才能促进其在后续社区交往中更好地发挥作用。

（二）善良动机：遵循普遍性道德准则

"以人为本"不仅推崇人的自我实现与价值表达，还强调对他人的"善"和利益维护。善恶分明、不破坏他人权益应是"以人为本"伦理原则的应有之义。无论助学者角色如何重要、能力多么强大，都不能脱离于"以人为本"的教育立场和根本宗旨[1]，由"技术的善"最终实现"人的向善"。一方面，以善的动机在人机联袂中创设和谐开放的社区环境，调动社区资源为社区成员的完满发展和个性建构服务。另一方面，助学者在新的场域中难免出现力有不逮的情形，其自身的道德发展和伦理成长也需要多加重视，真正明辨善与恶才能够对社区共同体回馈真切的善意。也就是说，在教育虚拟社区助学者伦理规范的构建过程中，我们既要重视助学者伦理道德精神的输出，也不能忽视伦理道德意志的输入，以自身的善帮促实现社区共同体的善。

值得注意的是，当有了善的动机，还需要考虑是否能被助学者群体所遵循。助学者角色的转变不只是空间迁移条件下传统教师角色的"网络搬家"，不能再以传统的标准框定他们。在新的虚实结合场域中，他们表现出了明显的个性差异[2]，在不同的价值观下，对是非善恶有各自的判断标准，若是放任每个人追求自我认知中的善良，难以保证不会产生冲突，出现道德两难，最终在教育虚拟社区造成道德失

---

[1] Kish J, Harrison D, Trevino L. Bad apples, bad cases and bad barrels: Meta-analytic evidence about sources of unethical decisions at works[J]. Journal of Applied Psychology, 2010, 95（1）: 1-31.

[2] 周海波. 基于自适应学习平台促进学生个性化学习的研究[J]. 电化教育研究, 2018, 39（4）: 122-128.

调和伦理混乱。"善良动机"并非空泛的概念,其中应包含能为人遵循的普遍性道德准则,若是避开道德准则空谈善良,将被主观意愿所支配,凭感觉行事,无法真正实现既定的道德目标。因此,基于善良动机构建具有普遍规约特性的教育虚拟社区助学者伦理规范,是为了帮助助学者履行道德责任和伦理义务进而实现自身价值,遵循具有普遍价值的伦理规范作为参与社区交往的原则,呈现出广泛而崇高的道德精神,在良好的道德愿景下明辨善恶,不被功利目的和个人私利所裹挟,有效规避助学者无意识的霸权和偏见,减少潜在伦理风险对社区共同体权益的侵害,实现助学者自身角色特质、作用发挥与道德意志、伦理精神的统一,促进学习者的更好成长和社区的更好建设。

二、"公平正义"原则

智能时代,大数据、人工智能、区块链、学习分析以及虚拟现实等智能技术的应用为教育虚拟社区带来了全新发展机遇,同时也重塑着社区的价值体系。助学者实践领域的现实权益受角色变化的驱动而被重新分配,精神世界的思想观念在与技术的交互中迸发出新的灵感。但在此过程中,没有人可以保证新的权责体系是公正可靠的、更迭后的思想观念是道德的。技术在分担助学者工作的同时,也带走了一部分原来只属于助学者的责任和权利,这将在一定程度上削弱助学者的主导作用,由权责失衡引发包括歧视、偏见甚至霸权等在内的一系列不公正现象,诱使不和谐因素滋生,有损教育虚拟社区的公平正义。如前文所述,我们期望在教育虚拟社区助学者伦理规范的规约下能有效遏制不良现象,为此就要深究问题的根源,回望包括助学者在内的社区共同体对于公平正义的本真价值诉求,并从理性层面思考如何维护自由自治的权利,在公平正义伦理原则指引下构建助学者伦理规范,以真正实现教育虚拟社区的公平正义。

(一)德性之首:呈现本真价值诉求

在亚里士多德的伦理主张中,他认为公平正义居于人类德性的首位,是人类社会中最本真的价值诉求[①]。教育公平是整个人类社会的持续价值追求,是对社会现实的反映与超越,体现着理想与现实的统一性。人本位的教育虚拟社区所支持的交往活动和塑造的利益关系中,也表现出对于公平正义这一德性之首的诉求,其中蕴含着社区成员最朴素的道德期待和最真实的伦理需要,是维系社区关系的坚韧纽带。在助学者的伦理视角下,教育虚拟社区的公平正义表现在以下方面。首先,助学者在与人的交互中,提前确认人与人交往中应建立的道德关系,认识到每个社区成员都是平等的个体,尊重不同个体的主观能动性。学习者是助学者的主要交互对象,助学者更应充分了解包括知识水平、潜在能力和心理特质等在内的学习者个性特征以实现因材施教。其次,助学者在与技术的交互中,一方面要根据它们的工具特征挖掘实际应用价值,促使不同类别的技术以各自最擅长的着力点赋能于社区成员的完满建构和教育虚拟社区的和谐发展;另一方面,也是更重要的,就是要站在人本位的立场上选取契合于社区伦理期待和道德目标的技术,厘清作为主体的人和类主体的人工智能之间的伦理关系,阐释处于不同立场的技术与人的利益追求以及各自的道德责任,及时发现基于智能算法的数字歧视以及人与人之间更严重的数字鸿沟,在技术的作用周期内规避不公正的数据排斥与技术霸权,以包容和友好的态度引导技术向维护社区公平正义的方向发展,消解基于年龄、性别、能力水平以及经济条件等差异所导致的无理歧视。

从实践来看,智能技术的更迭速度远远快于教育的进步速度,通常一个教育目标的实现需要好几代的技术来发挥作用,譬如从虚拟现实到元宇宙再到突然爆火的 ChatGPT,其更迭速度之快令人瞠目。在此过程中,教育教学活动的开展迫切需要稳定性因素,由此才能保护教育公平,维稳教育生态体系。教育虚拟社区的研习活动不外如是,并且处于其中的人更容易受技术迷惑从而丢失本真的价值诉求,纵容欲望的生长,漠然对待社区共同体,与公平正义这一"德性之首"相去甚远。因此,迫切需要以"公平正义"这一伦理原则为指导,构建教育虚拟社区助学者伦理规范,以帮助助学者有效发挥指导和管理作用,在保证自身公正的道德立场中进一步维护教育虚拟社区的公平正义。

---

① Ekstrand M,Joshaghani R,Mehrpouyan H. Privacy for all:Ensuring fair and equitable privacy protections[J]. Proceedings of Machine Learning Research,2018(1):35-47.

（二）理性约定：维护自由自治权利

公平正义不仅是"德性之首"，也是关于个人价值认可和权利保障的理性约定，指导着人类社会中规章制度的安排、伦理关系的维护和道德责任的承担。在这一理性约定下，每个人都是独立个体并凸显着自身的主观能动性，有自由自治的权利[①]。在社会关系中，只有维护好、实现好这一基本人权，才能充分发挥个人价值，塑造和谐公正的社会大环境。助学者在教育虚拟社区中，也要注意基于公平正义这一伦理原则开展民主的教学活动，维护包括自身在内的社区成员进行交往活动的自由度和决定自身发展的自主权。虽然教育虚拟社区赋予了助学者进行教育决策的权利，但在进行教学活动的设计和开展时，助学者不能以自身的权利强迫学习者完成学习任务。在社区管理中，助学者不能为了满足自身功利性目的私自制定制度规约、霸占社区资源以及脱离公平正义这一价值诉求而进行评价活动。也就是说，助学者一方面要坚定立场，维护自身的自由自治权和主导地位，不在社区中随波逐流从而被技术牵着鼻子走，而是可以根据教育教学的实际情况和社区成员的真实需要，选择适切的媒体技术和功能模块与教学、评价等活动相结合；另一方面，在公平正义这一理性约定下，助学者的自由受伦理边界制约，自治权的行使受道德责任约束，公平正义的要义是在自身权利的维护中学会如何尊重他人的正当权益，助学者自身的价值实现不仅直接呈现于自我的生命成长中，还间接体现在学习者的完满成长和社区的和谐发展中。所以，维护包括学习者在内的其他社区成员的自由自治权也是助学者的伦理义务和道德责任。

由此可见，在自身自由自治权的维护和对其他社区成员自由自治权的尊重方面，助学者需要寻求多维关系的平衡，不能将自身的价值观强制嵌入技术更新和社区建设中，造成技术功能特点的偏移和转向，影响社区良好交往生态的形成。作为对助学者有道德规约和伦理预警作用的教育虚拟社区伦理规范，在构建中更要落实"公平正义"这一理性约定，以维护多方的自由自治权。

[①] 赵晓伟,沈书生.促进个性化学习：美国"未来准备学校"的经验与启示[J].比较教育学报,2022(5)：162-176.

三、"道德示范"原则

"立德树人"这一根本任务的实现要求教师充分发挥"道德示范"作用,并将其作为实现个人职业愿景的重要目标维度。"道德示范"的意义不局限于要求学生对教师行为进行复刻与模仿,关键在于教师通过"言传""身教"示范道德行为和伦理表现,以引导学生在模仿之上进行观察、思考,内化于自我的伦理道德认知心理和价值观体系中,进而追求高尚的道德人格实现。助学者在教育虚拟社区内承担着重要的道德角色,肩负着道德引领使命并身兼道德责任,单薄的言语说教法举步维艰,当前阶段更需要的是躬身进行道德示范,实现自我伦理追求。首先,助学者要在此过程中认清为师者的角色价值在于以自身的道德能力提高道德示范效能[①],强调主体道德自觉性与伦理素养。其次,在道德使命指引下,基于角色定位和角色价值,助学者需要找准在教育虚拟社区中的伦理追求,以自身卓越的人格魅力和高尚的道德修养吸引学生主动效仿,达到外化于行、内化于心的状态。

(一)角色价值:发挥道德示范效能

助学者不仅具有作为"本我"的主体性,还兼具作为"师者"的引领性。同样,在道德修养方面,助学者既要修炼自身品格和道德修养,同时也要发扬为师者的职业道德,两者的交融共构最终使助学者在教育虚拟社区中担当的道德角色呈现出来,表达着助学者对自身、学习者、社区共同体的道德期待和伦理追求。其中,助学者的角色价值体现为以自身的伦理道德修养向学习者等其他社区成员示范,以个人的角色影响充分发挥道德示范效能。但道德示范的实现却并不能一蹴而就,需要以角色价值为指向,在主观价值驱动下做到客观意义上的"身正"。

一方面,道德示范的发生是由内而外的过程,助学者应注重"内修",自觉遵循教育虚拟社区伦理规范,尊重个体差异性,锤炼自身的道德品格和伦理素养,培养道德理解力和实践能力,建构完备的价值观体系,注重道德心灵的养成。助学者所扮演的是关系到社区成员个性建构和完满发展的直接角色,其角色范围内的言行举止具备重要的教育意义,如何以合乎伦理的方式处理自我与不同社区成员及

---

① 周海波. 基于自适应学习平台促进学生个性化学习的研究[J]. 电化教育研究,2018,39(4):122-128.

其与社区平台的关系也成为必修课题。助学者在社区中的交互是心灵对心灵的交互，只有以道德的心灵和合乎伦理的观念对待他人，才能收获同样具备道德性的心灵回馈。

只有在内修道德品格和伦理素养的条件下，才有助于指导助学者的外显行为和交互活动的有序发生。因此，另一方面，助学者要将"内修"的道德价值观念外化于"言传身教"的德性行动中，以代表精神化身的行为示范于学习者并转化为教育力量影响学习者的道德养成和品格塑造。为师者不仅仅是帮助学习者建构知识体系，更当以完满人格养成为指向。在"言传"上，以道德性为要求规范表达，以礼仪性为边界正确输出，让以学习者为主的交互对象感受到助学者谦和、宽容、平等、温暖的关心之意和爱护之情。在"身教"上，以道德伦理观指导行为，发挥对教育虚拟社区共同体的表率作用。正如涂尔干所言：真正的德性表现为以适当的方式行事，能将自己身上某种内在方面外化，而不是对高尚图景和动人品格闷头进行精神建构和个人沉思[①]。因此，助学者的"身教"是发挥道德示范效能的重要一环。在此过程中，助学者在道德精神、理性信念等内化品格指导下所外化的行为表现将成为其他社区成员的成长范本，引导他们自觉行善，这比刻板的道德说教更具价值。由此可见，以"道德示范"原则指导教育虚拟社区助学者伦理规范的构建有助于助学者更好地承担起自身的责任与义务，发挥角色价值。

（二）伦理追求：促使道德能力养成

如果说助学者在教育虚拟社区伦理发展中的角色价值体现在"道德地教"，那么他们的伦理追求就在于成为"道德教育者"以培育社区成员的道德能力。道德性既指向自我建构，又指向整个社区共同体发展，体现着道德养成的必然要求。在社区道德实践中，人们的密切关注点在于助学者承担的重要使命，却疏忽了发扬卓越师德对于助学者自身的意义。作为一个完整的人，助学者首先具备作为人的道德特质（诸如爱心、正义、责任、友善等），履行着卢梭所述的"人的天职"[②]。道德心理学家林德（Lind）将人的道德分为道德取向和道德能力两部分，这两部分是描述道德实际的必要维度，也是关系道德养成的必然条件。助学者所进行的伦理道德教

---

① [法]爱弥尔·涂尔干. 教育思想的演进[M]. 李康, 译. 上海：上海人民出版社, 2003, 290.
② 罗丽君, 王皇星. 从"道德人"到"道德教育者"：教师道德性的意蕴演进与实现路径[J]. 教师教育研究, 2022, 34（5）：40-45.

育绝不只限于个人品德的培养以及进一步的道德示范,还包括对社区成员道德能力的培育。道德能力是在社会普遍认同的道德观念和原则体系的支持下,基于个体内在价值观和道德原则来处理和解决问题的能力,是在道德目标和伦理追求指导下真正能实现伦理道德的能力。由此可观,社区成员存在于教育虚拟社区,必定带有原本价值观体系下的伦理道德追求,包括促进社区的有序发展、培育自身的道德性以及建构和谐的社区共同体,这种普遍追求如何真正实现成为社区道德教育的重点等[①]。在此过程中,助学者这一角色具备权威性且能充分发挥作用,这就要求他们既要积极促进自身道德能力的发展,又要呈现社区内普遍认同的伦理规范和道德原则,以此为基本框架培育教育对象的道德能力。

从现实情况来看,教育虚拟社区内的道德教育仍存在低效、机械、僵化等忧患,其核心"病因"在于助学者的主要精力仍在知识教学上,在道德教育上以大规模的统一教化为主,道德真正的内涵未被充分理解,在构成上窄化为道德取向而非整体取向与能力取向,教授方法固化为观念传递,以单一的方式与学习者建立道德联系,学习者获得的是对既有道德规则的记忆,依靠这些死板的道德概念难以有效解决当下以及未来可能出现的道德困惑和伦理难题。对于助学者来说,其在培育自身道德性的同时还要促使整个社区共同体道德能力的养成,在理解道德规则的同时发展道德能力,以道德行为践行道德观念。因此,在构建教育虚拟社区助学者伦理规范时,应重点关注道德教育中助学者的角色价值和伦理追求,找准着力点,由此才能构建适切的伦理规范。

四、"可持续性"原则

在智能技术的风起云涌中,以智能技术赋能教育迎来了诸多可能,教学内容的组织、教学媒体的选择以及教学活动的评价等正在不断变化中寻找突破进路。虽然技术的变化给教育发展带来了更多的可能性,能以更大的力度推进教育变革,但同时也带来了极大的不确定性,可能会打破教育所需的稳定性。因此,在"变"中坚

---

① Speck B W. The academy, online classes, and the breach in ethics[J]. New Directions for Teaching & Learning, 2000 (84): 73-81.

守"可持续性"原则是必要的[①]。教育虚拟社区作为新型在线教育场域,"可持续性"也是社区建设的主要目标之一。助学者在教育虚拟社区中发挥着纽带作用,既是教学组织者,也是社区交互的中介,推动着一系列社区教育活动的开展,直接关系着社区成员的完满建构和社区的可持续发展。

"人是自由的,是自为的存在。"[②]当选择作为助学者加入教育虚拟社区共同体时,助学者也需要承担起对应的责任,充分输出角色价值,促进社区共同体的可持续发展。所以,需要以"可持续性"原则指导教育虚拟社区助学者伦理规范的构建。一方面,在开放的社区中关注隐私安全,厘清数据的开放共享范围;另一方面,在虚拟的社区中重视彼此认同,重塑人机协作互信关系。

(一)隐私安全:厘清数据开放共享边界

智能技术为教育的发展和变革带来了蓬勃生机和坚实支撑,大数据技术赋能教育虚拟社区全过程顺应了新的时代背景对教育提出的新要求,创新着教学模式,重构着教育体系,推进教育决策的灵活调整和教育治理的系统展开。在此过程中,在线开放教育中的隐私安全被研究者不断提起,设置的数据共享与开放边界影响着智能技术的应用范围。当前,个人隐私成为教育虚拟社区伦理规范体系中被不断提起的作为自由的人的基本权利,被视为社区有序发展的基石和个人自我实现的保障。数据的大规模采集与精准化分析势必引发新的伦理失调和关系失衡问题,但是相关研究大多停留在权利的维护上,对于隐私安全中的数据治理规则和数据权责分配等问题认识度不足、关注度不够[③]。助学者是不同社区成员之间、社区与人之间交互的纽带,对数据治理和权责分配起着重要的调节作用。因此,有必要将隐私安全纳入教育虚拟社区助学者伦理规范构建的"可持续性"原则中,厘清数据的开放共享边界,以促进社区的可持续发展以及社区成员的完满发展和个性建构。

现阶段,教育虚拟社区的隐私安全正在遭受新的挑战,主要来自个人在教育虚拟社区产生的数据的主动共享和被动记录,这是数据由隐匿性资源转变为外显性

---

① 田道勇. 教育促进可持续发展的价值与实现路径[J]. 中国人口·资源与环境,2020,30(7):162-168.

② 夏永庚. 课程哲学导论[M]. 长沙:湖南师范大学出版社,2018,191.

③ Audet C,Le Digabel S,Tribes C. Dynamic scaling in the mesh adaptive direct search algorithm for black-box optimization[J]. Optimization and Engineering,2016,17(2):333-358.

资源的两条主要路径。一方面，从数据本身来说，只有在社区中流动，数据才能充分体现其教育价值。教育虚拟社区提供了开放、生成的在线平台，为数据流动打造了通道，社区成员可以选择主动公开数据，与社区共同体共享数据信息。另一方面，从安全性来说，数据的公开和流动虽然是有选择的，但是数据及其所描述的个人敏感信息的走向难以被完全、有效控制，隐私的不安全性大多来自数据的被动泄露，导致数据失控，其背后原因主要在于相关人员对数据的无序管理和权力滥用，对数据开放共享的边界把握不清，使得越界行为时有发生，由此带来安全风险，造成价值流失。

数据的开放共享已是必然趋势，但同时也增加了用户隐私被泄露的风险。因此，助学者需要发挥自身调节作用，为数据开放共享的边界设定范围[1]，维护数据保障规则，明确自身权责，厘清合理共享数据的对象，处理好隐私保护和数据处理之间的关系，消弭数据应用风险，促进教育的可持续发展。由此可见，在构建教育虚拟社区助学者伦理规范时，迫切需要将隐私安全的维护纳入构建原则中，强化助学者的数据素养，进而更好地进行数据治理，实现可持续的发展目标。

（二）彼此认同：重塑人机协作互信关系

计算机辅助教学从 20 世纪 50 年代起逐渐进入研究视野，在教育领域中的应用规模不断扩大，教师的部分工作被计算机接手。随后，计算机智能化程度不断加深，自动化工具与教学的结合为教师提供了更广阔的教学空间。智能化的技术弥补了教师力有不逮的短板，承担了机械、烦琐而又耗费教师精力的工作，帮助教师摆脱了部分束缚，极大地提升了教学效率[2]。智能技术的能力特性与教育系统的需求不谋而合，在其应用过程中实现了与教师的双向互动，其高效率和合理性也受到了教学实践的检验，逐渐以智能教师的角色一步步地加入了教育系统。教育虚拟社区正是在这样的背景下诞生的，是在智能技术的全力支持下打造的新的在线虚拟场域，有助于助学者设计传统课堂中难以实现的教育活动，呼应着促进社区成员完满发展和个性建构的终极目的。教育虚拟社区的开放、生成特性为助学者以及智能教

---

[1] 田贤鹏. 隐私保护与开放共享：人工智能时代的教育数据治理变革[J]. 电化教育研究，2020，41（5）：33-38.

[2] 乐惠骁，汪琼. 人机协作教学：冲突、动机与改进[J]. 开放教育研究，2022，28（6）：20-26.

师能力的展现提供了舞台，智能教师成为社区共同体中不容忽视的成员，成为社区生活、交互和研习活动中不容忽视的参与者。随着智能化的深入，智能教师逐渐拥有了交流能力，在它的加入下，约定俗成的交往模式被打破，智能教师支持的多空间参与和多元活动开展为社区交互带来了新的活力，使社区交互进程能更好地被把控，超越了固化的交互场景和重复的参与模式，展现出人机联袂的新生态。

然而，技术水平的猛增尚未得到适切的观点、理念甚至伦理规范等的呼应，当智能教师参与到一定程度时，一些隐藏的问题慢慢凸显。教育虚拟社区提供了相对于普通多媒体教具而言更加智能的教学工具和手段，助学者在应用这些工具时，所看到和体验到的是外显的功能特性，而较少关注复杂的内部技术逻辑，使得技术的使用过程杂乱无章，对技术所能达到的教学效果感到模糊，智能技术对助学者来说尚未达到物我合一的"上手状态"，仍然停留在"物我两分"的"在手状态"，从而为可能的人机冲突埋下隐患。为实现教育虚拟社区可持续发展的目标，解决这一困境的突破口绝不是一方取代另一方[①]，而是帮助助学者审慎了解智能教师的运行逻辑，培养彼此之间的认同感，以重塑人机的协作互信关系。实践经验表明，人机间的简单分工并非能真正促使教学生态完成组织重构，也不是提升教学效率的必要手段，感性人与理性机器的互信才是双方联袂共同作用的基石。助学者在培育人的同时也要关注当前技术发展的进展，审慎了解智能教师内蕴的逻辑规则和作用原理，进而增强人机认同感，在协作互信的关系中促进教育虚拟社区的可持续发展。

第四节　教育虚拟社区助学者伦理规范的确立

基于教育虚拟社区在新技术背景下的发展现状以及助学者的角色特点和当前失范表现，结合相关研究成果和实践结果，笔者所在研究团队在上述理论基础的支

---

① Farrow R. A framework for the ethics of open education[J]. Open Praxis，2016，8（2）：93-109.

持和伦理原则的指导下,设计并发放了教育虚拟社区助学者伦理规范调查问卷,共包括 29 个题项,分为基本信息和伦理规范题项两个部分,进而对收集到的问卷调查数据进行了实证分析(包括回归、因子及聚类分析等),最终构建出了如表 4-1 所示的教育虚拟社区助学者伦理规范,希望助学者能在该伦理规范的规约下更好地发挥角色价值,促进社区成员的完满发展和个性建构,建设和谐社区。

表 4-1 教育虚拟社区助学者伦理规范

一级维度	二级维度	伦理规范
基本品行规范	规约基本行为	育人导向
		自主自律
		公平公正
		尊重差异
		尊崇产权
	培育品格修养	以人为本
		平等交往
		保护隐私
		利他无害
		涵化修养
社区管理规范	建设和谐社区	奖惩分明
		严格监管
	打造良好生态	管理有序
		策划得当
		分类合理
社区促学规范	交互有序进行	反馈及时
		即时答疑
		适时引导
		引领话题
	技术发挥作用	支持有效
		大数据评价
		推送式服务
	个人完满发展	明晰目标
		激发兴趣
		循循善诱

一、基本品行规范

良好的个人品行是助学者存在于教育虚拟社区的基本价值需要，规定着他们以何种态度和表现参与社区交互，对助学者自身素养的提升和教育价值的实现发挥着导向和规约作用。在最终确立的教育虚拟社区助学者伦理规范中，首先对基本品行规范部分进行阐释与分析，该部分共包括十项伦理规范，结合社区实际和助学者特点，进一步将其划分为"行"与"品"两个维度，具体来说，分别是在权利与责任规约下的基本行为以及由品格与修养培育而成的道德观念。

（一）权利与责任：规约基本行为

"行"这一维度主要包括"育人导向""自主自律""公平公正""尊重差异""尊崇产权"五项伦理规范。

助学者既是社区研习和交互活动中的主导者，同时也有作为人的主体性，在主体思想和意识的调节下做出基本行为，作用于教育虚拟社区培养人的活动中。社区的平等特性并没有要求助学者片面发挥教化作用从而消弭其自主性，也没有将作为人的价值全部外放于学习者的成长发展中，而是为其自身的发展和进步提供开放的空间，同时也为其量身打造在线教学场域，通过厘清权责立场，促进行为的合理性和道德性，种种措施皆有助于助学者合乎伦理的行为的展开。教育虚拟社区创设了自由度更大、自动化水平更高的教学场景，助学者以更便捷的方式获得信息、设计教学。然而，正如前文分析，在现实的教育虚拟社区教学实践中，助学者表现出了种种失范行为，在权利的追求中淡薄责任意识，使得督导促学者的角色定位发生偏移，本该合乎伦理的自主性出现异化，社区变成了助学者的"一言堂"而忽视了权责的协同对应。为了改变这一状况，引导助学者发挥应有的角色价值，真正实现社区成员完满发展和个性建构的育人目标，建设和谐、可持续社区，需要教育虚拟社区助学者伦理规范的加入，以外部要求明晰权责定位，规约助学者的基本行为，以期有效规避助学者的失范行为。

助学者遵循"行"这一维度伦理规范的具体思路是：坚守育人的目标导向，将其作为行为的出发点，同时维护作为人的自主性，严格要求自身，以平等的态度对待每一个社区成员,尊重人的差异性,保护社区内的知识产权,明确自身的权利与责任,营造开放和谐的社区环境。在对助学者的风格和特点进行深入分析的基础上构建的教育虚拟社区助学者伦理规范既是规约其基本行为的外在途径,也是助其维护权利、担当责任的内在手段。

1."育人导向"伦理规范

助学者应以道德的方式提供更多学习机会来支持学习者的成长,设计、实施更具价值的教学活动,提升社区成员的社区生活质量,调动社区资源为个体的完满发展和个性建构服务,以自身的道德能力提高道德示范效能,回归育人本质,尊重学习者的个性差异,强调主体道德自觉性与伦理素养。

2."自主自律"伦理规范

助学者在角色和职责范围内的场域中,应践行身先垂范的道德实践效能,在个人道德和职业道德的双重作用下,内外如一,达到"桃李不言,下自成蹊"的境界。虚心反思自身不足,在道德目标和伦理追求指导下培养自身真正能实现伦理道德的能力,既要积极促进自身道德能力的发展,养成伦理自觉意识,又要呈现社区内普遍认同的伦理规范和道德原则,严于律己,以此为基本框架培育教育对象的道德能力。

3."公平公正"伦理规范

助学者应将每个社区成员都视为平等的个体,在自身能力范围内帮助他人获得其所应得的利益,不凭借主观喜好和以往经验而带有偏见地评判任何一个人,尊重不同个体的主观能动性,充分了解学习者包括知识水平、潜在能力和心理特质等在内的个性特征,阐释处于不同立场的技术与人的利益追求以及各自的道德责任;规避不公正的数据排斥与技术霸权,以包容和友好的态度引导技术向维护社区公平正义的方向发展,消解基于年龄、性别、能力水平以及经济条件等差异所导致的无理歧视,树立共同体意识,培养合作精神。

4."尊重差异"伦理规范

助学者应认识到教育虚拟社区每一独立个体都有其内部动机,都怀揣着一定的内在目的,学习者如是,助学者亦如是。因此,助学者的言行举止不仅不能违背自我价值观,满足内在伦理期待和道德追求,也要充分考虑学习者本身的交互动机、个性表达和发展规律,因材施教,发挥指导人、培养人的作用,勇于担当,事不避难，创设和谐融洽的交互环境。

5. "尊崇产权"伦理规范

助学者应树立产权意识，有效组织教育虚拟社区内的资源，协调各方成员对资源进行存取和更新，保护好智力成果和精神财富，尊重知识、鼓励创新，充实社区资源，学会辨析社区内容、资源的优劣，中肯地评价学习者的知识成果，创设良好的产权保护环境，激发社区成员的创新水平和知识生产力。

上述五项伦理规范的设立为助学者参与教育虚拟社区活动提供了行为导向和路径指引，在权利与责任的关系中明确何种行为表现是合乎伦理的，期望在这些伦理规范的规约下，培养助学者的责任意识和伦理精神，帮助他们真正实现角色价值，以自身的行为贡献于社区的赓续建设和人的完满发展。

（二）品格与修养：培育道德观念

"品"这一维度主要包括"以人为本""平等交往""保护隐私""利他无害""涵化修养"五项伦理规范。

相较于线下真实的课堂，教育虚拟社区增添了虚拟性和智能性，并以开放的姿态迎接社区成员的参与。在虚实结合的在线场域中，助学者参与社区交互的一部分真实感知被技术消弭。例如，在物理空间中，助学者面向的是计算机显示屏而非真实的学习者的面庞，看到的是描述学习者的一串串数据而非生动的表情和动作，管理的是身处不同时空的人而非处于同一时空具有潜在凝聚力的共同体。因此，在虚拟网络空间中，助学者的精力往往集中于如何按时完成教学任务，如何将知识充分传授给学习者，关注教学活动的顺利开展，却忽视了虚拟场域中人的真实性和整体性，自动过滤了关于品格养成、价值观塑造等精神和心灵层面的教学需求。毋庸置疑，教育虚拟社区的存在能更有效地帮助助学者完成知与行层面的教学任务。然而，在监管不严、伦理机制尚不健全的虚拟场域中，技术应用在带来更大自由度的同时也极易诱发种种伦理失范现象，使伦理素养和道德精神的养成被置于末位。为改变这一现状，决不能放任助学者继续无意识地陷入伦理失范的泥沼，亟须在品格和修养上对助学者做出规约和引导，助其成长为真正的"师者"，树立高尚的价值观，发挥道德示范作用，塑造道德的"师者"形象以影响学习者。这一维度的伦理规范主要针对助学者的品格和修养方面以培育价值观念，在精神和心灵层面率先垂范。

1. "以人为本"伦理规范

助学者应从人本位的立场出发重点关注人的福祉和善良道德动机，完善社区建设使其契合于人的发展需求，维护人的主体性，打造和谐的社区环境，尊重每个人的利益，增强社区幸福感，培养广泛而崇高的道德精神，在良好的道德愿景下明辨善恶，不被功利目的和个人私欲所裹挟，活动的开展和技术的应用围绕着人的真切需求，合乎伦理地引导社区成员向善发展。

2. "平等交往"伦理规范

助学者应开展民主的教学活动，维护包括自身在内社区成员进行交往活动的自由度和决定自身发展的自主权，与社区成员建立平等的人际关系。在教学活动的设计和开展中不能以自身的权利强迫学习者完成学习任务，在社区管理中不能为了满足自身功利性目的私自制定制度规约，霸占社区资源以及脱离平等交往这一价值诉求而进行评价活动。助学者要规避在社区中随波逐流从而被技术牵着鼻子走，更重要的是将平等观念厚植于心，用以指导交往态度和行为表现，在维护自身权利的过程中学会如何尊重他人的正当权益。

3. "保护隐私"伦理规范

助学者应发挥调节作用，重视每个人的合法隐私权，做好社区数据库的管理工作，为社区内数据开放共享的边界设定范围，维护数据安全保障机制，谨防数据泄露风险，明确自身权责，厘清合理共享数据的对象，处理好隐私保护和数据采集之间的关系，消弭数据应用风险，促进教育虚拟社区向着安全和可持续的方向发展。

4. "利他无害"伦理规范

助学者应充分了解社区交互中不同社区成员心理、精神层面的价值观表达和伦理性特质，把握社区交往结构中的各组成要素的交往特性和发展特征，分析不同类型伦理失范的根本原因，挖掘交往异化背后的关系失衡问题，规避由交往断裂产生的单向度输出，通过厘清不同交往形态的本体论意义来辨析功利性交往与目的性交往的本真表现，平衡伦理道德需要与利益需求，从助学者的角色定位和道德需要出发统筹协调与不同交往主体的社区关系。

5."涵化修养"伦理规范

助学者应认清角色价值，充分发挥道德示范作用，注重"内修"，强调主体道德自觉性与伦理素养，修炼自身品格和道德修养，以道德的态度尊重个体差异性，培养道德理解力和实践能力，建构完备的价值观体系，注重道德心灵的养成，并将内修的道德价值观念外化于"言传身教"的德性行动中，营造融洽、和谐的社区氛围。

上述五项伦理规范的设立可以有效帮助助学者塑造高尚品格和良好修养，在规约基本行为的基础上培育正确的道德观念，通过"内修"厚植伦理和道德基础，以更好发挥其角色定位中的社区管理和社区促学作用。

二、社区管理规范

教育虚拟社区为社区成员的研习和交互提供了空间和场域。与传统课堂相比，教育虚拟社区形成了开放边界的教学组织形式，并承担着培养人、塑造人的任务。在开放的社区中，线上社区管理与线下课堂管理的目标和方向有着显著差异，简单地将线下课堂管理手段搬到教育虚拟社区显然是徒劳无功的。因此，需要以新的社区管理规范指导助学者发挥管理作用，建立现代化的社区管理体系，以期创设和谐有序、团结友爱的社区氛围，消除社区成员的顾忌，为学习者的完满发展和个性建构保驾护航。由最终确立的教育虚拟社区助学者伦理规范可见，社区管理规范部分包括五项伦理规范。笔者结合社区管理现状和社区成员需要，进一步将其划分为"建设和谐社区"和"打造良好生态"两个维度，具体来说，即以民主与开放的价值取向指导建设和谐社区，在有序和可持续的目标导向下打造良好生态。

（一）民主与开放：建设和谐社区

"建设和谐社区"这一维度主要包括"奖惩分明""严格监管"两项伦理规范。

作为由人主导和管理的在线开放场域，教育虚拟社区的氛围和环境往往是其最显著的标签，体现着伦理追求和道德目标。助学者在社区中的角色定位包括管理者角色，以促进人的完满发展和个性建构为旨归，作用在于促进自由、平等、开放、生成等社区特性的发挥，在合乎伦理的范围内保护人的自由，重构人与人之间的多向立体关系，厘清角色定位，规避霸凌、欺诈现象，有效管理、合理利用社区资源并发挥其最大价值。交互和研习活动需要以和谐的环境为依托，才能助其合乎伦理行为的开展。助学者在提升自我、厘清权责以及培育自身道德素养的同时，其价值还指向民主氛围的营造、开放环境的维护以及和谐社区的建设。这些前提条件均有助于助学者更好地发挥道德示范作用，促进社区的可持续发展，为育人目标的最终实现奠定基础。

大部分的助学者身兼现实课堂中教师的角色，习惯了传统的课堂管理方式，在加入教育虚拟社区之初也会感到无所适从，在行为惯性与实际需求的冲突中寻找合乎伦理的生存路径，单纯的内部调节不足以协助助学者转变观念态度。在民主与开放的价值追求中建设和谐社区，需要以助学者伦理规范进行规约与引导，并将其内化于助学者的价值观体系中，以期通过伦理的方式和道德的手段使助学者更好地管理社区，提高社区参与度、增加交互深度、丰富社区活动，打造具备更强凝聚力的社区共同体。

1."奖惩分明"伦理规范

在教育发展的历史长河中，奖励与惩罚一直是具有相对意义的最便捷的教学手段，也是最简单的评价方式，通过适当奖惩可以帮助学习者直观认识到自身的优势和不足，丰富情感体验，激发进步的愿望和改正的决心，蕴藏着重要的教育意义。教育虚拟社区的研习活动同样也离不开奖惩手段，助学者是奖惩行为的主要发起者。然而，当前的社区奖惩存在粗放化、流程化等缺点，也缺乏成熟的奖惩机制，造成了奖惩的混乱无序。助学者在社区管理中有必要澄清奖惩原则，重视奖惩质量和效果，维护社区民主性。助学者应根据不同个体的水平、研习内容和交互特点制定透明、公开的奖励规则，把握好奖惩分寸，做到严慈相济。一方面，在奖励时要厘清可奖赏的程度，不能突破原则进行过度奖赏，注意奖励条件的控制，以激发学习者参与兴趣、提升学习效率为目标导向，保证奖励的民主性，将奖励纳入社区管理体系，注意奖励的及时性和差异化；另一方面，也要注意不能过度惩罚，避免将惩罚作为教学手段以快速达到功利目的，在惩罚时要端正态度，坚守立场，客观地执行惩戒手段，惩罚可作为奖励的辅助手段，配合奖励以发挥教化作用。

2. "严格监管"伦理规范

助学者在社区中管理的对象主要是以学习者为代表的真实的"人"和以技术为代表的虚拟的"机"。由于社区的不稳定性太大，内含复杂的伦理失范现象，所以，需要助学者严格监管"人"与"机"，营造民主开放的社区氛围，建设和谐社区。

一方面，面对"人"时，助学者要厘清权责定位、消解伦理隐忧并增强社区责任感，以促进其自身发展、学习者成长和社区建设，激发社区成员的伦理动机，规范交互过程，维护社区民主，督促每个责任主体实现行为结果与行为过程的一致性，以自身卓越的人格魅力和高尚的道德修养吸引社区成员主动效仿，对于伦理失范问题迅速做出反应，及时化解。

另一方面，面对"机"时，助学者要严格监管社区内由技术异化可能带来的伦理隐忧，设置智能技术的应用边界和应用原则，以道德规则规约技术的作用过程和表现方式，在开放的社区中引导技术与人的发展相适应，保护社区成员的隐私安全，明确自身权责，厘清数据开放共享的范围，在开放场域中注意隐私性的维护，消弭技术应用风险，规避由技术带来的道德漠视和情感疏离，指导人机交互过程，为更深入的人机联袂提供条件。

（二）有序与可持续：打造良好生态

"打造良好生态"这一维度主要包括"管理有序""策划得当""分类合理"三项伦理规范。

良好的社区生态表现为社区以和谐有序的方式实现可持续发展，在此过程中，助学者发挥着重要的管理作用。教育虚拟社区是以人为主体的在线场域，除人之外还包括平台、技术、资源、环境、文化、内容、精神等多维组成部分。由此可见，助学者的社区管理活动受到多方因素的影响，需要寻找核心着力点以发挥牵引与导向作用，带动整个社区向更健康的方向发展。教育虚拟社区的建设目标最终指向有序与可持续发展支持下所打造的良好生态，同时这也是助学者发挥管理作用的核心着力点。有序是可持续发展的前提，在民主、开放的社区中，当交互有序、研习有序、评价有序以及所有社区活动都呈现出一种有序状态时，才能追求更高的目标。需要注意的是，有序并非机械的过程重复，而是以合乎伦理和道德要求的方式开展活动，表现为在共同的价值观指导下有德可依、有理可据。社区活动的有序开展，为社区的可持续发展提供了必备条件。当社区成员奔赴属于集体共有的价值目标和追求时将产生不竭的动力，促进教育虚拟社区向可持续方向前进，在有序与可持续追求的共融、共生、共同作用下，最终指向社区良好生态的打造。然而，助学者承担着多样化的工作，容易出现自顾不暇的现象，这时就需要教育虚拟社区助学者伦理规范指导助学者通过有序管理社区活动、有效策划社区活动以及合理分类社区资源来建设生态社区。

1. "管理有序"伦理规范

助学者应厘清维护自身管理权和尊重其他社区成员自由自治权的关系，需要寻求多维关系的平衡，不能将自身的价值观强制嵌入技术更新和社区建设中，造成技术功能特点的偏移和转向，影响社区良好交往生态的形成，应承担起助学者的伦理义务和道德责任。管理有序还包括对社区各项活动的管理，助学者要根据社区建设追求和社区成员发展目标监督各项活动是否有序开展以及社区成员的权利是否得到维护等。在此过程中，助学者可以充分利用智能技术的作用，在人机联袂中实现对社区的全面掌握，这样不仅能节省精力、提升效率，还能精准发现并解决问题，获得良好的社区管理效果。

2. "策划得当"伦理规范

助学者应充分了解不同社区成员的兴趣特点，立足于人的真切需要，在教育虚拟社区技术水平和功能特点的支持下，充分考虑伦理和道德因素，根据教学目标设计社区研习活动，根据不同个体以及不同发展阶段的需求按需开展。综合考虑社区学习者的优势特长，灵活调整、变换活动场景，组织、整合优质内容形成资源库，并在实际活动中加以有效利用，激发学习者的兴趣和参与热情，吸引他们主动加入其中，在策划方案中需要包括评价活动，适时追踪评价诊断活动开展情况，助学者根据反馈结果及时调整下一步方向。

3. "分类合理"伦理规范

助学者充分了解社区资源库的具体构成、内容特点和功能指向，按照社区研习和交互需要设定合理的分类标准，划分不同维度，打破资源利用与活动开展之间的壁垒，发挥社区资源的最大价值，减少资源的浪费和滥用。在社区研习与交互活动过程中还会产生丰富的信息和内容，助学者应及时筛选优质内容并将其纳入社区资源库，实现社区资源的不断更新与迭代，建设分类合理、内容充实的资源库。另外，助学者要引导学习者合乎伦理地存取资源，在有效利用资源过程中提升自我。

三、社区促学规范

教育虚拟社区是为实现学习者的完满发展和个性建构而打造的新型在线学习场域，其建设和发展的出发点和落脚点都集中于学习者这一社区主体，通过策划活动、组织资源、运用技术等为学习者服务，助学者正是在其中发挥着关键作用。学习者的成长涉及多维度，助学者对其进行简单的知识传授和技能讲解不符合当前的社区育人目标，更重要的是要关注他们伦理意识的增强和道德素养的提升，在"知""行"的基础上强调情感和意志的培养。教育虚拟社区为人的全面发展提供了开放、自由、平等的空间，助学者也需要发挥"助学"作用，在与智能技术的联袂中，激发学习者的学习动机，更好地参与社区交互，最终实现完满发展。前文已经讨论了助学者如何规约自身基本品行以及如何更好地管理社区，这两部分的达成和实现为助学者发挥促学作用奠定了坚实基础。社区促学规范部分共包括十项伦理规范，结合学习者的个性特点、发展需要以及助学者的能力水平，可将其进一步划分为三个维度，分别是"交互有序进行""技术发挥作用""个人完满发展"。

（一）平等与友爱：促进交互的有序发生

"交互有序进行"这一维度主要包括"反馈及时""即时答疑""适时引导""引领话题"四项伦理规范。

教育虚拟社区与线下课堂相衔接，将优质资源、智能技术以及优秀师资整合、汇聚起来，为学习者构建了虚实结合的新型学习场域。其中包括多种活动场景，涉及学习者成长所需要的多项功能板块，指向培养德、智、体、美、劳全面发展的人这一育人目标，支持学、教、治等活动的开展，为实现因材施教、促进教育公平、提升育人水平、健全教育体系提供了重要的平台支持。在教育虚拟社区实践中，交互是促进社区有效运转和功能发挥的关键，是社区活动开展的前提和保障，同时也影响着学习者学习活动的顺利进行，对学习者的成长发展起着重要作用。因此，助学者在发挥促学作用时，首先要做的就是促进交互的有序发生。社区中的交互主要包括人与人、人与技术、人与资源等维度，其中又以学习者与助学者的交互更为常见。智能技术的加入简化了社区交互过程，但也诱发了冲突、矛盾、霸凌等伦理失范状况，有违助学者育人的初衷，需要助学者调整观念，以平等与友爱的价值立场促进交互有序发生。交互活动的顺利进行建立在交互双方的平等关系上，若是助学者盲目拔高自身地位，置学习者于下位，以自己为中心，将扰乱正常的交互活动，使得教学与育人分离，有碍教育公平的实现，无法达到预设目标。另外，助学者应注意把控与学习者的关系，既不能过分疏离导致双方互不信任，也不能过于亲近从而消弭助学者应有的严肃立场，应以友爱的态度对待学习者。由此可见，助学者需要及时反馈信息、即时解答疑惑、适时引导方向、实时引导话题，以促进交互的有序进行。

1. "反馈及时"伦理规范

助学者应根据教育教学的实际情况和社区成员的真实需要，选择适切的媒体技术和功能模块与评价活动相结合，既能通过终结性评价检验学习者在整个研习活动中的发展状况，也能以伴随式的视角关注学习者在整个活动周期中每一步的表现，以此为证据诊断学习者的真实状态，并将结果及时反馈给学习者，为接下来交互活动的有序进行制定策略。助学者不仅要在与学习者的交互中及时反馈信息，还要关注社区中其他成员的表现，将相关信息反馈到位，以促进有序交互活动的开展，敦促社区成员为建设和谐社区而共同努力。

2. "即时答疑"伦理规范

助学者应实时关注学习者的研习状态，提升自身的教学能力，建立平等的师生关系，及时发现学习者的困惑和犹疑，结合研习目标和学习者的个性特质答疑解惑。在这一过程中，助学者应立足于学习者的立场，平等对待每个学习者并站在他们的立场上寻找问题的症结，根据每个人的能力特点制定解决策略。助学者在此过程中应以引导为主，注意不能将答案直接呈现出来或是直接代替学习者解决问题，而应与他们平等相处，避免在解疑的过程中将自身凌驾于学习者之上，为完成教学任务而忽视他们作为人的真切需求，影响交互的有序进行。

3. "适时引导"伦理规范

助学者应躬行道德示范，找准角色定位和角色价值，以道德的心灵和合乎伦理的态度对待他人，引导社区成员向善发展，以合乎伦理的行为示范于学习者并转化为教育力量影响学习者的道德养成和品格塑造，帮助学习者建构知识体系，同时以促进完满人格养成为指向。助学者在社区中注意观察学习者的行为表现，通过交互了解他们的思想意识和价值观念，及时发现潜在的伦理隐忧并提醒他们规避，根据具体的问题特征提供解决思路，注意不能取代学习者的主体地位。

4."引领话题"伦理规范

助学者应深入参与到社区交互中，根据社区内的研习进度、交互程度和合作深度，发起适切于学习者交互需要又合乎伦理道德的社区话题，打造个性化交互场景。注意激发兴趣并树立合作意识，引导每个人积极参与，尊重差异，创新话题呈现形式和进行方式，适时调整研讨方向，保障话题的顺利进行。关注不同个体的适应情况、活动的开展过程并检验完成效果，营造和谐友爱、积极进取的交互氛围。在面对不同的交互对象时，助学者要平等对待每个参与社区交互的个体，适当调整话题的侧重点，在完成话题研讨的同时，更重要的是关注承担不同角色个体的作用是否得到充分发挥、是否合乎伦理道德。

（二）联袂与共生：挖掘技术的育人价值

"技术发挥作用"这一维度主要包括"支持有效""大数据评价""推送式服务"三项伦理规范。

智能技术赋能于教育虚拟社区，逐渐担当起了智能教师的角色，形成了双师联袂教学的新格局。助学者与智能教师各有侧重点，在双师互动中为学习者的社区研习和交互带来了新生态。智能教师在辅助助学者的过程中承担着部分教学任务，被赋予了一定的管理权，突破了传统课堂的限度。双师协作所带来的变化主要体现在教学环境与教学关系两个维度。首先，在教学环境方面，智能教师的加入带来了新技术和新思路，打造了新的在线交互场域，能根据研习活动的不同灵活变换场景，在多模态的教学环境中为学习者提供沉浸式体验，激发其研习兴趣和参与热情。其次，最重要的变化体现在教学关系上，教育虚拟社区所承载的教学关系以交互为中介，智能教师的参与将促使人与人的交互关系演进为"人-机-人"关系甚至更为复杂的立体关系。权利与责任是教学关系形成的重要条件，智能教师将从助学者手中分得一部分权利，同时也承担相应的责任，有效帮助助学者减轻教学压力。教学关系影响着研习和交互活动的顺利进行，关系着学习者能否更好地适应、融入社区。助学者与智能教师通过联袂构建了新的教育生态，改变了单一教师决定教学走向的模式，能有效规避助学者"一言堂"局面的出现，但同时也带来了伦理失范的风险，具体表现在智能技术全面取代助学者而带来的地位倒置、学习者面对双师而出现的交互迷茫、双师的交互边界混乱，以及双方的伦理意识和道德责任失守等。为促进双师在联袂中实现共生，深入挖掘技术的育人价值，需要教育虚拟社区助学者伦理规范发挥规约作用，厘清双师交互边界，引导两者步调一致、同频共振，联袂促进学习者的完满发展和个性建构。针对社区发展现状，有必要施行"支持有效""大数据评价""推送式服务"的伦理规范。

1. "支持有效"伦理规范

助学者应熟悉社区各功能模块，了解智能教师的能力特点，充分考虑不同情境中学习者的需求与教学实际，合乎伦理地与智能教师合作，适时为社区成员提供有效支持，创设适合他们的交互环境，呈现分类明确、种类多样的资源，提供优质、有效的工具，发挥助学者的道德引导与伦理示范作用。在助学者与智能教师的教学关系中，需要明确权责分配体系，将一部分教学和管理任务分配给智能教师，促进交互的深入发展和资源的充分流动[①]，提供多种交互场景，重视社区中的情感涌动和道德激励，有效支持社区成员的完满发展和个性建构。

2. "大数据评价"伦理规范

助学者应熟练运用大数据技术，在与智能技术联袂中采用智能手段和工具，追踪社区成员的活动轨迹，全方位采集整个研习活动中所产生的数据并进行处理与分析，以此作为教学评价的证据。在评价活动中，开展面向社区共同体的整体评价和面向个体的个性化评价，关注结果评价的同时注重过程性评价，改进社区评价模式，做到效率与质量并重，构建以助学者为主导的评价体系，促进社区评价的数字化转型。具体来说，智能教师辅助助学者突破时空限制，采集全过程中的数据，运用学习分析技术分析数据并挖掘深层教育价值。在此过程中需要突破传统的经验主义评价取向，以客观的数据结果作为证据来描述不同个体的研习情况，动态呈现

---

① 张靖，郑新. 教学关系视域下的双师课堂：特征、问题与优化策略[J]. 电化教育研究，2022，43（10）：19-25.

学习者的成长状态，预测行动轨迹，为助学者的教学决策提供参考。

3."推送式服务"伦理规范

助学者应在研习目标的指引下，结合不同社区成员个性特点、成长需要，充分运用智能技术，推送符合社区学习者成长规律、社区文化价值和社区成员利益的服务。此服务既包括资源的推送，也包括相关研习活动的支持以及交互场景的提供，在实践活动的推送中塑造个人价值体系，关心人的道德养成和伦理发展。助学者应意识到依靠单一的师生关系难以实现服务的精准化和及时性，需要与智能教师联袂，建立合乎伦理道德的教学关系，在共生中创新社区资源、灵活调整交互场景，赋予智能教师一定的教学权利。

（三）自主与创新：实现个人的完满发展

"个人完满发展"这一维度主要包括"明晰目标""激发兴趣""循循善诱"三项伦理规范。

教育虚拟社区是当前智能技术发展趋势下的一种重要教育形态，是历久弥新的教育改革浪潮中的一场数字化转型实践，存在于社区共同体中的助学者在其中发挥着重要作用，在促进交互有序发生和挖掘技术育人功能的角色价值之上，最终指向学习者的完满发展和个性建构。所谓完满发展，是指包括知、情、意、行等方面在内的全领域成长，意味着传统观念下的知识获得和技能提升已不足以满足社区育人需要，助学者要关注到显性行为表现背后的隐性发展内容，立足于个人发展的内生需要，融入社区共同体。助学者处于由不同个性、不同背景、不同时空的人所构成的虚拟空间共同体中，其中充满着不确定性和差异性，在交互中容易催生出强弱不同的社区关系，影响着社区的有序运行和人的完满发展，需要助学者发挥调节与导向作用，保证社区研习质量和交互效果。

在强弱不同的社区关系中，一方面，学习者的主体地位容易被倒置，进而其自主性被消弭。学习者逐渐变成被操纵的对象而非主体的人，需要助学者明晰学习者的中心地位和主体价值，规避侵占学习者地位情况的出现；同时也要划清学习者自主研习的边界，避免从自主异化为过度自由从而脱离社区共同体，引导社区建设与学习者发展规律相协调，为个人的完满发展创设条件。另一方面，教育虚拟社区为学习者提供了开放、自由、生成的交互环境，同时整个社会对其饱含教育期待，提出了更高的育人标准，其中最重要的一点就是创新人才的培养。当今社会需要的不再是流水线上生产出来的形式标准、能力统一的"产品"，而是强调具备创新水平和创造能力的真正的"人"。因此，学习者完满发展的目标中不能忽视创新性的培养，这需要助学者调整促学的侧重点，传具有生命力的"道"，授有实践价值的"业"，解关于人格塑造的"惑"。

1."明晰目标"伦理规范

助学者需要明晰教育虚拟社区建设目标、社区成员发展目标、各项研习活动目标以及自身伦理道德目标等各级目标，根据不同的目标制定行动路线，合乎伦理地引导社区成员共同努力、发挥效能，关注不同角色的目标和需求，因地制宜地开展活动以达成目标。需要注意的是，在促进个体完满发展和个性建构的总体目标指向下，助学者要制定适合于不同社区成员的培养方案，关注到知识和技能层面之上的情感交互和意志表达，尊重学习者的自主性，激发参与社区研习的主动性和兴趣，培养他们的创新精神、思维能力、道德意识和伦理行为。

2."激发兴趣"伦理规范

助学者应充分了解学习者的基本情况，关注他们内在的目的驱动，落实于当下的内部需求，设计符合学习者需要的活动，激发他们研习交互的热情和兴趣，根据个人发展兴趣和实际能力制定教学计划、采取教学干预以促进个体的内生成长。开放、生成的学习空间为学习者提供了自由的环境，在助学者的促学中支持每个人进行观点表达和内容输出，维护学习者作为社区主体的平等地位，在交互中实现了信息和资源的流动、更新，学习者的兴趣也有机会从意识层面落实到实践活动中，真正践行着以学习者为中心的价值追求。

3."循循善诱"伦理规范

助学者应充分理解道德真正的内涵，在道德精神、理性信念等内化品格指导下，外化的行为表现将成为其他社区成员的成长范本，将引导他们自觉行善，使他们在理解道德规则的同时发展道德能力，以道德行为践行道德观念。循循善诱，灵活调整教授方式，比刻板的道德说教更具价值。教育虚拟社区为助学者与学习者的交互赋予了更深刻的价值，开辟了更宽阔的道路，实现了交互形式的深刻变革，师生关系由二维线性关系向多维立体关系转变，助学者通过计算机与学习者联结，过程中往往会出现道德漠视、情感疏离等失范状况，脱离了因材施教价值导向下的育人趋向，逐渐转向功利主义追求，需要以"循循善诱"的伦理规范引导助学者坚守教育初心，坚守促进学习者完满发展的基本立场。

  本章以教育虚拟社区助学者的角色特质和实践表现为依据，厘清了助学者伦理规范的具体概念和价值本质，结合国内外相关研究选取了助学者伦理规范应坚持的理论基础和伦理原则，基于理论基础和伦理原则进行了关于助学者伦理规范的实证研究，根据实证分析结果，在伦理学视角下，从基本品行规范、社区管理规范和社区促学规范三个维度构建出教育虚拟社区助学者伦理规范，以期进一步完善社区伦理规范体系，有助于助学者有规可依、有范可循。本章构建的教育虚拟社区助学者伦理规范最终要应用于助学者的社区实践中，为深化引导作用、呈现育人价值，需要进一步分析所构建的教育虚拟社区助学者伦理规范的作用，具体内容将在下一章中讨论。

第五章
教育虚拟社区助学者伦理规范的作用

作为伦理准则和道德规范，伦理规范可以协调不同行为主体之间的关系。助学者是教育虚拟社区的核心主体，教育虚拟社区助学者伦理规范不仅能够协调其中不同行为主体之间的关系，促进各行为主体的发展，而且有助于教育虚拟社区相关制度和日常管理的逐渐完善，促进社区文化的健康发展，以及社区学习氛围和互动环境等日益向"善"。

第一节　教育虚拟社区助学者伦理规范作用的实践表现

助学者伦理规范属于诺思（North）所提出的一种非正式制度[①]，它把对助学者的道德要求和伦理原则显性化为规范和约束助学者言行的条例，从而发挥调节助学者与其他社区主体之间关系的作用。因此，教育虚拟社区助学者伦理规范的作用，在本质上指的是教育虚拟社区中助学者遵循相应伦理规范进行的助学活动对助学者自身发展、以学习者为主的其他社区主体的发展以及整个教育虚拟社区健康发展的正向影响及积极辐射作用。

依据伦理规范作用的实践表现，我们可以把教育虚拟社区助学者伦理规范的作用分为如图 5-1 所示的三个方面：其一是对主体品行的规范作用；其二是对主体知识与技能的提高作用；其三是对社区文化的保障作用。

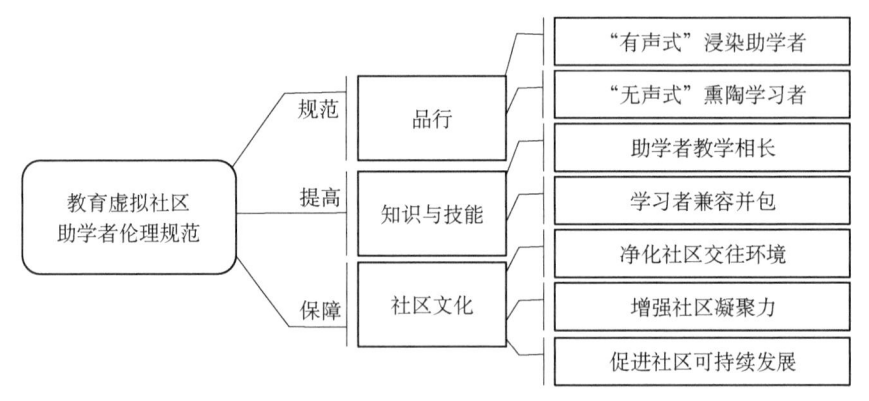

图 5-1　教育虚拟社区助学者伦理规范的作用

[①] ［美］道格拉斯·C. 诺思. 制度、制度变迁与经济绩效[M]. 杭行，译. 上海：上海人民出版社，2014.

第五章
教育虚拟社区助学者伦理规范的作用

一、规范主体品行

教育虚拟社区中的核心主体是助学者和学习者。一方面，助学者伦理规范直接作用于助学者，能够规范和约束助学者的助学行为，并在其教育虚拟社区实践过程中逐渐被内化，涵养助学者品性。另一方面，助学者对伦理规范的践行多发生在助学者与学习者的社区交往过程中，必然会对教育虚拟社区学习者产生潜移默化的影响，使他们在社区交往过程中以助学者为榜样，自觉规范自己的言行，形成对教育虚拟社区伦理规范的认同和自觉践行，涵养学习者品性。

（一）"有声式"浸染助学者

助学者是教育虚拟社区中广大学习者持续发展的"导师"。他们的职责不仅仅在于"传道授业解惑"，在教育虚拟社区中扮演着学习者自主学习的"支持者"、学习者自我监管和调控的"督导者"、学习者之间协商和交往的"促进者"、学习者进行探究和创新的"引路人"等助学角色，更重要的是，助学者在教育虚拟社区中还承担着"立德树人"的使命和育人职责。

在履行助学和育人双重使命时，每一位助学者都是"助学行为-助学者"的统一体。助学者与其助学行为是相互联系、相互论证的。助学者身份的确立以及助学者所在的教育虚拟社区的"存在"，或者说助学者"之为助学者"，必须凭借他们多样性的助学行为。

教育虚拟社区助学者伦理规范可为助学者多样化的助学行为提供指导和应然规范。一方面，"支持有效""适时引导""即时答疑""引领话题"等显性规范，可以引导助学者更加合理地开展有明确指向性的、更为有效的社区助学活动。另一方面，助学者伦理规范所蕴含的促进学习者发展的价值取向和立德树人的本质内涵，可以促使助学者更深刻地思考在教育虚拟社区中什么样的行为才能真正"助学"以及怎样才能真正有助于教育虚拟社区中学习者的发展，使他们更为慎重、更为深思熟虑地对待复杂的实践情境，对助学过程中存在的种种"陷阱"和似是而非的"迷雾"进行更为理性的思考。比如，当教育虚拟社区中学习者遇到疑惑或学习障碍时，助学者怎样做才能更好地帮助他们？直接告诉学习者答案或解决方案似乎是很受学习者欢迎的做法。然而,这样做真的是在"助学"吗?真的有助于学习者的发展吗?在助学者伦理规范的引导和规约下,助学者将会摒弃"灌输式""投喂式"的助学理念,以给予学习者情感上的支持、思维上的引导、主体性的激发、创新等素养的培养为己任,在促进学习者发展与自身作为"助学者"的价值、意义之间建立联系。这样,助学者不仅乐教,还努力使自己"善育",树立教书育人的崇高理想,真正践行"以人为本""涵化修养""育人导向"等助学者伦理规范。

这样,助学者在其助学活动中不断探索如何才能更好地促进学习者发展,在促使其"成人"的同时,不断规约自己的外在言行,吸纳、内化伦理规范的智慧,努力求真、务实,严谨自律,在确立自己"之为助学者"的社区"存在"中充实精神、提升境界、陶冶情操。

(二)"无声式"熏陶学习者

在日常教育生活中,教师具有榜样示范作用,学生具有"向师性",会潜移默化地受到教师立身处世态度以及言行举止、待人接物方式的影响。我国教育家叶圣陶提出的"教育工作者的全部工作就是为人师表"[①]这一理念影响深远,其内涵也指向教师德行会对学生产生润物细无声式的影响。

在教育虚拟社区中,助学者在遵循伦理规范达到"涵化修养""自主自律""尊重差异""保护隐私""平等交往""循循善诱""管理有序"等规范要求时,实际上也为学习者树立了如何自我修养、向善自律,如何与社区中的其他成员进行平等交往,并在交往中真诚助人,以产生"成人"亦"成己"的示范和榜样作用。教育虚拟社区学习者在日常学习与交往活动中,耳濡目染、日积月累地感受、体验助学者的榜样作用,其内在的观念与价值观、外在行为都不可必免地受到触动和潜移默化的影响。学习者不由自主地就会以助学者的言行、德性为基准,校正自己的社区言行,正确认知教育虚拟社区中的自我发展,以及自我与社区中其他学习者、与教育虚拟社区之间的相互依存、互惠共荣关系。这些均有助于增强学习者对教育虚拟社区的认同感和归属感,使得学习者自发地规范自己的言行,在社区交往中尊重、善待其他学习者,真挚热忱、乐于助人;有助于学习者认可、践行教育虚拟社区相关

---

① 张圣华. 叶圣陶教育名篇[M]. 北京:教育科学出版社,2007,81.

伦理规范，并将这些规范所蕴含的伦理理念与学习者自己原有的人生观、价值观以及内在品格等相互作用和加以重构，产生积极影响，内化于心继而外化于行。

二、提高主体的知识与技能

以助学者和学习者为核心的教育虚拟社区成员基于共同的教育目的，在长期的教育交往过程中价值观趋近、社区言行特征趋同，从而产生较为强烈的认同意识并逐渐形成教育虚拟社区共同体。在这一过程中，教育虚拟社区助学者伦理规范起到引领、协调和促进作用，帮助助学者明晰自身助学职责，在有效提高学习者知识与技能的同时，也促进助学者自身知识与技能的发展。

（一）助学者教学相长

作为一种非正式"制度"，教育虚拟社区助学者伦理规范对助学者如何助学有着较为明确的要求，要求助学者在履行自己职责的时候要明晰目标，合理进行助学规划，激发学习者的学习动机与探究兴趣，对学习者在学习过程中的表现给予及时反馈和适当评价，对于学习者在学习过程中遇到的困惑和疑难、表现出来的错误理解等要及时察觉、循循善诱，以合适的方式进行适时引导。助学者需要密切关注学习者的社区交互过程，引领协商话题，根据学习者需求适时推送具有针对性和能适应个别化需求的学习资源与支持服务。

教育虚拟社区助学者伦理规范对助学者职责和行为的上述"规约"，必然会对助学者应具备的知识与技能提出更高要求。遵循教育虚拟社区助学者伦理规范，助学者不仅需要具备充分的专业知识，还需要掌握在教育虚拟社区情境下进行交流、教学和评价的相关技术与能力，以及支持学生学习和发展的相关知识与能力。具体来说，教育虚拟社区中的助学者应具备的知识与技能主要包括知能基础、技术素养与助学能力三个方面，如图 5-2 所示。

知能基础主要包括两方面的知识与技能：其一是领域内的专业知识，以及助学者在相关领域进行探究、持续更新和发展自己专业知识的专业学习能力，这是助学

```
                    认知
                   与学习
                  支持能力                        助
                                                 学
              社区学习规划、                       能
             监督、管理与评价能力                   力

           数据分析与应用能力                      技
                                                 术
                                                 素
              交流互动能力                        养

         综合知识与复杂问题解决能力                 知
                                                 能
                                                 基
          专业知识与专业学习能力                   础
```

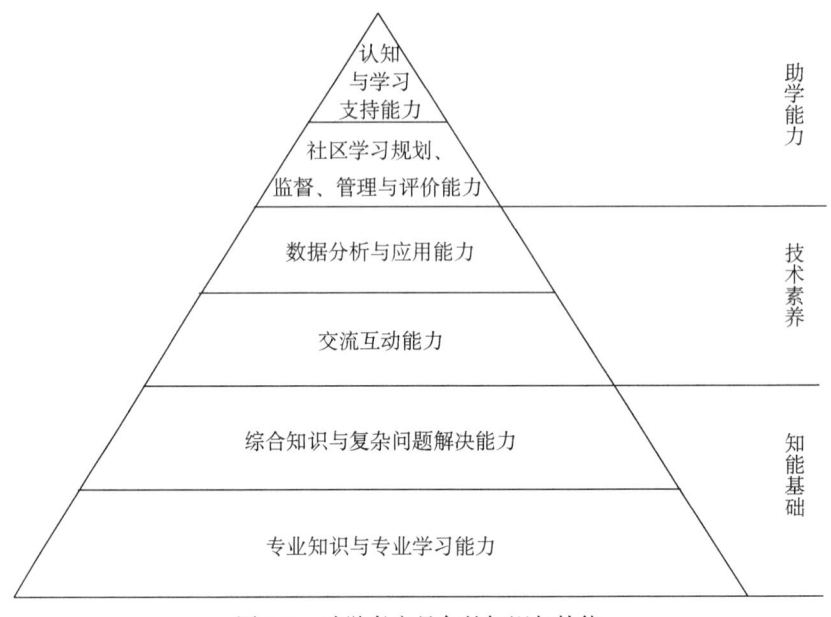

图 5-2 助学者应具备的知识与技能

者得以胜任教育虚拟社区助学工作的基本知识和能力基础；其二是和真实情境相关的综合知识与复杂问题解决能力，这是助学者能够引导和支持学习者进行探究与问题协商、解决真实助学情境中复杂问题的知识和能力基础。

技术素养方面的知识与技能主要包括助学者基于教育虚拟社区平台与学习者、其他助学者、社区管理者等进行交流互动的能力，以及在教育虚拟社区中合乎伦理地收集、分析学习者学习过程和学习交往数据，据此对学习者的学习过程与结果做出价值判断的数据分析与应用能力。

助学能力包括助学者基于一定的教育目标，对教育虚拟社区学习活动进行规划、监督、管理与评价的能力，以及为学习者的认知发展和学习过程提供各种类型的学习支持的能力。

由于真实助学情境的复杂性，助学者遵循相关伦理规范履行助学职责时所需要的上述知识与技能并不是完全客观的，也不是固定不变和价值中立的，而是与具体情境"纠缠"在一起的，具有不确定性、动态发展性、个体建构性、价值非中立性等特征。助学者需要基于自身已有的助学经验，在分析具体情境、发挥个体主观能动性和教育智慧的基础上，对这些知识和技能进行迁移、应用与建构发展。这使得助学者常常陷入"助学"然后"知困"的境地。在教育虚拟社区助学者伦理规范

的引导和规约下，助学者在"知困"后必然"自强"，付出努力以提高自己的知识与技能，积极与其他助学者进行交流讨论以丰富自己的助学策略和经验，在"助他"的同时，其自身的各方面知识与技能也得到了质的飞跃[①]。

（二）学习者兼容并包

前文已述，教育虚拟社区助学者伦理规范从社区促学规范、社区管理规范和基本品行规范三个方面提出了明确要求。

在教育虚拟社区中，助学者遵循社区促学规范，根据学习者的需求及时给予反馈和答疑，进行"传道授业解惑"，帮助学习者获得相关知识，深化学习者的理解；助学者对学习者之间的讨论话题进行有效引领和支持，帮助学习者在问题解决、认知冲突、与他者的思维交流及智慧"碰撞"中建构和发展知识与技能；助学者激发学习者的内在动机和学习兴趣，适时点拨和有效引导，促进学习者知识迁移、知识运用等相关能力的提升；助学者借助大数据挖掘和分析技术，分析学习者学习行为的内在逻辑，精准把握学习者的学习现状和学习需求，为学习者知识和能力的发展提供更具个性化与针对性的引导和帮助。

在教育虚拟社区中，助学者遵循社区管理规范，科学管理教育虚拟社区，为学习者的知识建构、协商和创新发展提供良好的制度环境和学习氛围；助学者建立有效的奖惩制度，激励学习者通过各种学习活动发展和提高自己的知识与技能，预防、制止学习者干扰他人学习的行为；助学者对教育虚拟社区中的学习活动进行精心策划，提高学习者的参与度、主动性，优化学习者的学习体验；助学者对教育虚拟社区的学习资源进行合理分类，在助学过程中促进学习资源的不断丰富和发展，对持续生成的各类学习资源进行有效管理和智能推荐，为学习者的知识与技能发展提供有力的学习资源支持。

在教育虚拟社区中，助学者遵循基本品行规范，在助学工作中以人为本，坚持育人导向，保护学习者的隐私权益，为学习者的知识学习和技能提升提供安全、人性化的学习环境；助学者尊重学习者之间的个体差异，甄别学习者的需求差异，因材施教，为不同学习者提供能促进他们知识与技能发展的助学行为；助学者尊重和

---

① 陈晓慧，卢佳，赫鹏. 信息技术教学应用的伦理失范及其治理[J]. 开放教育研究，2019，25（3）：53-59.

保护社区成员的知识创新成果，尊崇学习者的智力劳动价值，鼓励学习者进行知识建构和创新。此外，助学者对基本品行规范的践行，能够影响学习者的学习兴趣及其对学习活动的参与度和积极性，促进学习者学习能力、元认知监控和调节、知识建构与共享的态度、相关价值观等非认知方面的发展，间接促进学习者知识与技能的提升。

综上所述，教育虚拟社区助学者伦理规范通过直接规约助学者的助学行为，引导、管理和支持学习者之间的交流与协作，促进教育虚拟社区学习资源的丰富、发展、高效管理和智能化推荐，推进教育虚拟社区人文环境的优化等，为学习者知识与技能的发展提供有效支持（图5-3）。正是在教育虚拟社区助学者伦理规范的作用下，学习者得以兼容并包，通过基于社区资源的自主调节学习、与其他学习者之间的交流与协作学习、助学者点拨与答疑、助学者推送个性化资源的学习等多种途径来提高和发展自己的知识与技能。

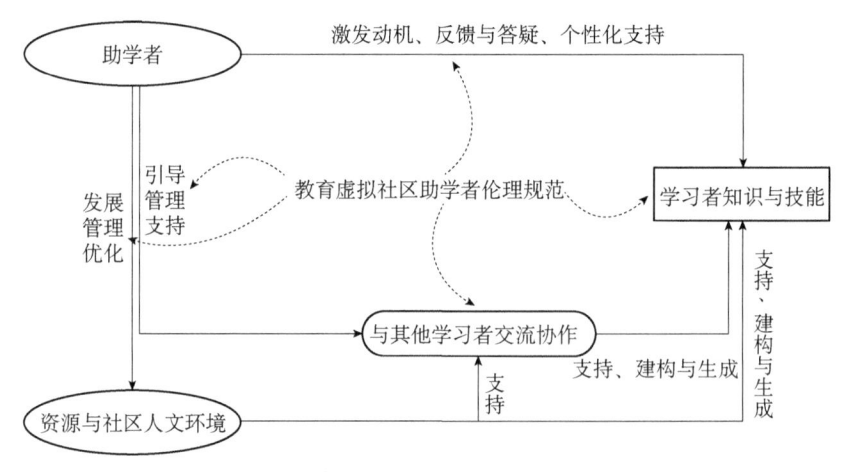

图 5-3　助学者伦理规范提高学习者知识与技能

三、保障和谐社区文化

文化是人类所特有的社会现象，对个体发展至关重要[①]。教育虚拟社区文化代

---

① Raeff C，Fasoli A D，Reddy V，et al. The concept of culture：Introduction to spotlight series on conceptualizing culture[J]. Applied Developmental Science，2020，24（4）：295-298.

表着社区成员的精神面貌，是社区成员思维方式、价值信念、伦理意识、品质修养等的集中反映。教育虚拟社区致力于发展社区成员之间平等、自由、友爱、互惠的交往关系，以促进学习者的学业发展和个性完满为宗旨，在这一过程中逐渐形成并持续发展的社区文化成为教育虚拟社区成员追求发展和自我完善的内驱力。同时，社区文化促使教育虚拟社区成员之间的关系从线性走向网络，从依附走向平等，促使社区从他塑走向自塑[1]，成为促进教育虚拟社区健康发展和趋向完善的强大动力。

教育虚拟社区助学者伦理规范在教育虚拟社区文化的生成、和谐发展中起到举足轻重的作用。助学者通过遵循相应的伦理规范，带动、影响学习者自觉规范社区行为，使伦理规范由最初的"他组织"约束逐渐内化为成员的价值理念，进而外化为成员在社区中的良善行为，从而规范社区的交往活动，在社区中形成安全、有序、和谐的氛围，净化社区环境，增强社区凝聚力，并促进社区的可持续发展，实现社区由"他组织"向"自组织"的转变，营造具有自身特色，融合智慧、人文、关怀的共同体文化。

（一）净化教育虚拟社区交往环境

"文化失衡"是虚拟学习社区中或多或少存在的问题。社区参与者的价值观念、交往态度、行为礼仪等可能给其他学习者的学习造成困扰，引发他们的不满、愤恨等负面情绪，教育虚拟社区交往中产生的大量碎片化、质量良莠不齐的信息，社区成员在学习交往中表现出来的趋同心理、功利行为、漠视他人需求、无视他者利益、缺乏责任感等失范现象层出不穷，对教育虚拟社区的舒适度、信赖度产生严重影响[2]。

教育虚拟社区助学者伦理规范可以净化社区交往环境。在该规范的引领和规约下，助学者以公平公正的价值观认同参与社区研习的学习者，使社区学习者树立正确的价值观；助学者有步骤、有思想、有技巧、有温度地引导学习者研习，使学习者感受到助学者的和善和关怀；助学者将学习者视作彼此的同伴，与他们开展平

---

[1] 胡凡刚. 教育虚拟社区生态交往的理论与实践[M]. 青岛：中国海洋大学出版社，2011，128-131.
[2] 谷志远，梁俊娟，杨文阳. 信息素养教育的网络文化安全视角[J]. 现代远程教育研究，2007（5）：21-24，71.

等对话，使学习者与助学者的关系更加和谐、友好；助学者适时地对学习者进行点拨与引导，使自身成为"意见领袖"，进而提升学习者的知识与技能及其与学习者的交往层次；助学者营造保护知识产权的氛围，尊崇他人的创新成果与劳动价值，使得学习者尊崇他人劳动的价值；助学者保护所有参与社区研学活动的学习者的个人信息，以免他们的学习受到伤害，使学习者懂得以爱之名、行爱之实的道理。正因为有了教育虚拟社区助学者伦理规范的制约，社区文化环境与价值观才得以朝着正确、健康、积极、向上的方向发展。

（二）提升教育虚拟社区凝聚力

教育虚拟社区文化包括社区群体的物质文化、精神文化和规范文化，具体包括社区平台、社区内容资源、共同价值观、思想、态度、信仰、规范等，因此，社区凝聚力本身就是社区文化的一部分，属于精神文化的范畴，是社区文化发挥积极作用的动力。一方面，社区凝聚力通过共同的价值观念、目标追求来凝聚社区成员，从而形成团结互助的学习共同体；另一方面，在社区凝聚力的作用下，社区成员由内而外产生团结互助的行为。这两方面是互相促进的，是一个良性循环的过程，社区通过凝聚力的增强而产生友好、互助的外在行为，进而促进社区凝聚力的再增强。助学者伦理规范在这个过程中的作用主要表现在：通过建立规范文化来增强社区凝聚力，最终达到构建社区文化的目的。作为教育虚拟社区的两大核心主体，即助学者和学习者都直接或间接地受到助学者伦理规范的约束，这有利于社区规范文化的建立，使他们在社区交往活动中自觉遵守社区礼仪及规范，维护社区正常秩序，平等交往，团结互助，充分尊重他人的思想及观点，和而不同，随着社区规范文化的建立，逐渐形成友好和谐的社区环境，在这种社区环境中，社区成员获得尊重与帮助，逐渐使自己融入社区中，并把自己作为社区的一分子，逐渐增强社区凝聚力，真正营造出平等、开放、自由、多元、生成的社区文化。

（三）构建良好的教育虚拟社区伦理生活

教育虚拟社区助学者伦理规范有助于构建良好的教育虚拟社区伦理生活（ethical life）。教育虚拟社区伦理生活是社区成员共同认可和接受的伦理规范与伦理秩序。根据黑格尔（Hegel）对伦理生活的相关阐述①，助学者基于其自我意识，通过各种助学行动，在教育虚拟社区助学者伦理规范的指引下影响自我以及社区中其他主体（包含广大学习者、其他助学者、组织者、管理者等）的实践生活，促进社区成员形成积极、乐观、向善、奉献的社区伦理价值取向和良好的社区教与学的秩序，推动社区助学者、学习者、管理者等相关伦理规范的发展和完善，使社区伦理生活更和谐，使促进所有成员共同发展的育人价值得以持续彰显。

（四）促进教育虚拟社区可持续发展

教育虚拟社区的可持续发展理念是社区文化的重要组成部分，属于精神文化的范畴，代表社区全体成员的共同追求与价值目标，同时，社区的可持续发展理念也蕴含着社区文化，代表着教育虚拟社区的未来发展走向，是社区文化发挥作用的结果。因此，促进社区可持续发展既是构建社区文化的重要手段，也是构建社区文化的核心目标。教育虚拟社区助学者伦理规范在其中发挥着重要作用，通过对社区成员的行为约束，来规范社区成员的言行举止，使其符合伦理，进而调整共同体的交往，使得每个成员在扮演好自身社区角色、完成社区任务、实现社区目标的同时，保证教育虚拟社区这个学习共同体的交往更顺畅、有序，提高社区交往效果，使社区向着健康、可持续的方向发展。

第二节 教育虚拟社区助学者伦理规范的作用原理

教育虚拟社区助学者伦理规范在社区基本伦理原则的基础上确立助学行为善

---

① Hegel G W，Wood A W，Nisbet H B. Hegel：Elements of the Philosophy of Right[M]. Cambridge：Cambridge University Press，1991，115.

恶之间的界线，引导助学者对相关伦理实践进行深入的理性思考，促进助学者伦理意识、伦理情感和伦理行为的统一，使助学之善得以实现的同时也推动学习之善和整个教育虚拟社区之善的实现。

一、确立：基本伦理原则基础上助学行为的善恶界线

对任何关涉伦理问题的思考和解决总是以特定的基本伦理原则为基础的[①]。在教育虚拟社区中，基本伦理原则是教育虚拟社区伦理价值的表达和体现，包括知情同意（学习者对于教育虚拟社区的决策应该具有明了和认可的权利）、人文关怀（尊重学习者的个性和个体价值，关注学习者的社区存在和发展）、施馈平衡（积极参与社区交往，在交往中"索取"和"贡献"平衡）、自律与他律统一（社区交往规范、制度等外在约束和内在规范认同、践行统一）、可持续发展（从促进当下及长远发展的视角认知和解决社区问题）等原则[②]。

教育虚拟社区助学者伦理规范是在上述社区基本伦理原则的指导下对教育虚拟社区助学行为之善恶界线的规定性，也即康德所说的关于道德行为的"道德律"或"定言命令"[③]。通俗地说，教育虚拟社区助学者伦理规范就是基于社区基本伦理原则所指向的社区"善"的价值追求，而明确规定的哪种或哪些助学行为是善的，是助学者应该给予学习者的，以及哪种或哪些助学行为是恶的，是助学者不应该施加于学习者的。

教育虚拟社区助学者伦理规范所确立的助学善行与恶行之间的界线是客观有效的。其之所以客观，首先是因为这条界线对于每一个社区成员来说都应该是同意和接受的，即具有普遍性。前文已提到，教育虚拟社区助学者由以教师为主的群体构成。因此，这条助学善行与恶行的界线是教育虚拟社区助学者、学习者群体都应该同意和接受的。其中，部分作为意见领袖的学习者具有助学者和学习者的双重身份。对于这部分学习者来说，他们在扮演普通学习者角色和助学者角色时，都是同

---

① [美]庞思奋. 哲学之树[M]. 翟鹏霄, 译. 桂林：广西师范大学出版社, 2005, 202.
② 胡凡刚, 刘玮, 孟志远, 等. 教育虚拟社区伦理失范影响因素实证分析[J]. 电化教育研究, 2016, 37（3）：26-33.
③ [德]康德. 道德形而上学奠基[M]. 杨云飞, 译. 北京：人民出版社, 2013, 52.

意和认可这条界线的。其次是因为这条界线划分助学善行与恶行的基础——人之为人的本性——是客观存在的实在。

之所以说教育虚拟社区助学者伦理规范所确立的助学善行与恶行之间的界线是有效的,缘于助学者伦理规范是安斯康姆(Anscombe)和塞尔(Searle)所说的一种"制度性事实"①。制度性事实与原始事实相对,指必须依赖于人的心灵而存在的事物,是由人所创造出来的。作为一种制度性事实,教育虚拟社区助学者伦理规范从认识论来说是客观存在的。比如,我们说某个教育虚拟社区或某些教育虚拟社区的助学者伦理规范,就意味着在这个或这些教育虚拟社区中确确实实存在着一些基本伦理规则。这些伦理规则是承担助学者角色的社区成员在从事支持、协助学习者学习的相关活动中应当遵守的。另外,从本体论来说,作为一种制度性事实,教育虚拟社区助学者伦理规范就其存在来说具有依赖于人类心灵的主观性②,是基于教育虚拟社区助学者、管理者、学习者等成员的集体意向性而人为创造的。这意味着教育虚拟社区助学者伦理规范是为社区成员集体所认可、接受的,并凭借这种集体性的认可和接受被赋予了划定社区助学善行与恶行之间的界线,继而规范助学行为的地位和功能。

教育虚拟社区助学者伦理规范确立的助学善行与恶行之间的界线之所以有效,就在于其构建基础是社区成员的集体意向性,以及他们对这些规范的集体认可。同时,这种集体认可所产生的功能赋予使助学者伦理规范具有了义务性力量,指明了社区成员助学行为中的应当与不应当、权利与责任、自由与限制等。因为社区成员的集体意向性具有相对稳定性,所以教育虚拟社区助学者伦理规范及由其所确立的助学善行与恶行之间的界线也具有相对稳定性,在一定时间内,这些界线基本保持不变。然而,随着教育虚拟社区成员间教学交往的进行,社区学习行为和针对这些学习行为的助学行为持续发生,学习者的社区学习逐渐深入,学习活动日益丰富,可能会产生新的助学需求。同时,教师等助学者在这个过程中对社区助学的目的、方法等的理解也趋向深入。这使得社区成员的集体意向性可能会产生变化。这种变化会导致教育虚拟社区助学者伦理规范的变化,使其确立的社区助学善行与恶行之间的界线也随之发生变化。

---

① [美]约翰·R. 塞尔. 社会实在的建构[M]. 李步楼, 译. 上海: 上海人民出版社, 2008, 3.
② 李晔, 苗青. 伦理规范作为制度性事实: 一种本体论研究[J]. 深圳大学学报(人文社会科学版), 2012, 29(6): 58-62.

二、深化：教育虚拟社区助学者伦理规范作用下助学实践的理性思考

如上文所述，教育虚拟社区助学者伦理规范在认识论上是客观存在的，是外在于教育虚拟社区助学者的认知对象。从知晓到内化践行，助学者对这些伦理规范的认识是一个伴随着教育虚拟社区助学实践及相关理性思考的动态发展而逐渐深化的过程。

（一）教育虚拟社区助学者伦理规范理解的深化

对于外在于自己的伦理规范，助学者的"知"与"悟"是分层次的。最初的也是最低层次的是感官之知，即助学者通过自己的眼睛、耳朵知晓教育虚拟社区助学者伦理规范，借助于感官直接与其中的具体条文发生作用。在这一过程中，助学者基于其过往的实践经验、头脑中已有的伦理价值、伦理行为倾向、教师职业道德等来解读感官接收到的教育虚拟社区助学者伦理规范。

在感官之知层次，教育虚拟社区助学者伦理规范对于助学者来说只是一些关于助学行为之应当或不应当的言语表达。助学者在这一阶段的解读，更多的是助学者头脑中相关伦理价值或规范的言语表达与感官新接收的教育虚拟社区助学者伦理规范的言语表达之间进行的相互作用，在本质上是语义和逻辑层面的关系分析。如果关系分析的结果表明它们在语义和逻辑上是相互包容、趋向一致或融洽的，助学者就会在潜意识中形成对教育虚拟社区助学者伦理规范的悦纳倾向；反之，助学者就会因新旧伦理规范及其价值倾向的冲突和矛盾感到迷惘，并潜在地形成对新接收到的教育虚拟社区助学者伦理规范的拒斥。

感官之知是脱离教育虚拟社区助学情境的语义和逻辑层面的认知。助学者基于这种最初层次的认知结果，特别是由认知所产生的悦纳或拒斥情感倾向开展助学实践活动。在助学实践活动中，助学者不可避免地将其所遇到的真实助学情境与感官之知的认知结果进行对照，并基于这种对照分析做出行为选择。这些行为选择中既包含着是与非、应当与不应当的全然对立的行为抉择，也包含着类似"如何才能适度"的助学行为的谨慎与斟酌，后者往往更为常见。按照亚里士多德的伦理学

思想，德性是选择的品质，是适度[①]。助学者在其助学实践中的伦理遵循主要也是行为选择的适度。助学行为之适度，意味着在助学者的支持下，社区学习者在学习过程中的认知负荷与学习任务的适当挑战性之间达到平衡，以及学习者当前学习任务完成与学习者可持续发展之间达到平衡。助学行为的适度是助学者行为选择的目标，过与不及都属于助学行为之恶。

助学者在教育虚拟社区实践过程中对助学行为的适度选择往往是困难的，需要借助自己以往的实践经验，对教育虚拟社区助学者伦理规范进行反复分析和深入思索，其本质是教育虚拟社区助学者伦理规范的应用。在这一过程中，助学者对于教育虚拟社区助学者伦理规范的认知和理解会得以极大发展，从而进入较高层次的实践之知。

与感官之知是脱离具体实践情境的语义和逻辑层面的认知不同，助学者对教育虚拟社区助学者伦理规范的实践之知是与具体助学情境密切关联的，是在具体助学实践背景下，助学者以往伦理经验、助学行为选择、学习者需求和教育虚拟社区助学者伦理规范之间的相互作用。

教学活动和伦理实践活动的本质，天然地要求助学者对其社区助学行为进行反思。反思的目的是对助学行为及其效果进行价值判断，并基于价值判断的结果建构教育虚拟社区助学行为选择、策略与方法等方面的经验。价值判断主要是评判助学行为适度与否，也即助学行为的善恶。教育虚拟社区平台、学习者的学习行为表现及结果、学习者的直接反馈等为助学者的伦理实践反思提供了必要信息。助学者通过在反思中对教育虚拟社区助学者伦理规范进行更深层次的理解，以及对自己原有的伦理价值倾向与伦理实践经验等进行修正和完善，从而实现对教育虚拟社区助学者伦理规范的内化。这显然是比实践之知更高的认知层次，我们将这个层次的认知称为反思之知。

综上所述，伴随着助学实践的过程，助学者对教育虚拟社区助学者伦理规范的认知由最初的感官之知经由实践之知和反思之知逐渐深化。教育虚拟社区助学者伦理规范对于助学者来说，也相应地由外在的伦理条款逐渐内化为助学者自身伦理价值、伦理原则的组成部分，并在助学者社区行为选择中发挥重要作用。

---

① [古希腊]亚里士多德. 尼各马可伦理学[M]. 廖申白，译. 北京：商务印书馆，2003，49-50.

（二）助学者伦理责任的明晰

责任概念来源于希腊单词"kathekon"，由希腊语的"kata tinas hekein"衍化而来，意指尽力而为[①]。可见，责任概念从一开始就强调行为的理性。康德的义务论哲学认为行为之所以具有道德价值，是因为行为是由责任所驱使的。尊重道德法则或定言命令的必然行为就是责任，责任听从人的良心而不是欲望[②]。良心是具体化、个人化的善。因此，责任出于个体对善的设定和追求。法国伦理学家居友主张从人的生命、内在意志自由说明道德责任，认为责任不是对个体活动的限制，而是人的生命意志向外扩张的结果[③]。

助学者对教育虚拟社区助学者伦理规范的理解逐渐深化的过程，也是助学者逐渐明晰自己作为社区助学者的责任的过程。在感官认知层次，教育虚拟社区助学者伦理规范是外在于助学者的言语表达，是关于助学者助学行为应当或不应当的表述。此时，助学者并没有将这些表述与自己的社区助学行为关联起来，也没有生成助学行为的相关责任感。在实践之知层次，教育虚拟社区助学者伦理规范"参与"到助学者的社区活动之中，引导、影响着助学者对自己助学行为的选择过程。教育虚拟社区助学者伦理规范是作为对助学者行为自由的外在限制而存在的。在助学行为的选择过程中，助学者生成着自己在教育虚拟社区社会结构中的地位和角色，也逐渐产生对于社区成员（特别是学习者）以及教育虚拟社区整体的责任感。此时，责任意味着助学者要用理性约束自己的社区行为，本质上也是对自由的限制。在反思之知层次，助学者在反思自己助学行为选择及效果的过程中，逐渐意识到教育虚拟社区助学者伦理规范对于自己来说不仅仅是行为选择的限制，也是自己在助学过程中自由意志的体现，是将自己的教学理念、社区伦理价值观念等转化为助学行为的需要。由此，助学者生成一种促使自己按照教育虚拟社区助学者伦理规范要求进行助学行为的内部力量，也即形成了内在责任感。这种内在责任感体现了助学者"之为助学者"存在的必然性。它不再是对助学者的束缚，而是助学者自由意志的外在表现和向外扩张，是助学者确立自己助学者身份、对自己负责的主动自证的必然需要。外在的教育虚拟社区助学者伦理规范转化为助学者的内在责

[①] 宋希仁. 西方伦理学思想史（第2版）[M]. 北京：中国人民大学出版社，2010，96.
[②] [德]伊曼努尔·康德. 道德形而上学原理[M]. 苗力田，译. 上海：上海人民出版社，2012，5-11.
[③] [法]居友. 无义务无制裁的道德概论[M]. 余涌，译. 北京：中国社会科学出版社，1994，98-99.

任感,成为他们在自身内部生成的行为动力的情感源泉。

三、践行:伦理意识、伦理情感与伦理行为统一的实践过程

  王守仁将知与行统一在致良知的道德修养过程中,提出了著名的哲学主张——"知行合一"。在这一主张中,他不仅强调"知行本体",而且把知行看作连贯的过程,即"知,已自有行在""行,已自有知在"①。基于王守仁的思想,助学者对教育虚拟社区助学者伦理规范的认识过程(即王守仁所说的心理感受之"知")与价值评判过程(即王守仁所说的心理活动之"行")在其思维活动中同时发生。助学者不是被动地接受教育虚拟社区助学者伦理规范,而是在接受、认知的同时进行主观价值评判,并产生意志及情感上的感应。感应的结果是,使助学者形成对于教育虚拟社区助学者伦理规范赞同或排斥的意向性。这种伦理意向性先天地具有将自己外在化的趋势和能力,必然引发与主观意识相符合的外在伦理行为。

  助学者在教育虚拟社区中助学的过程,也是把主观意识之"知"中包含的伦理追求、教育虚拟社区助学之善进行呈现、扩充,并外在地落实于伦理行为的过程,是助学者内在的伦理价值、伦理追求,是对教育虚拟社区助学者伦理规范的价值评判、相关意志及情感感应等在实践过程中与外在的伦理行为相统一的过程。

  在实践过程中,助学者对教育虚拟社区的助学情境,以及他们自身伦理行为的影响和由这些伦理行为所导致的效果(尤其是社区学习者的学习表现和效果)等进行实时感知,感知的过程同样伴随着助学者对感知内容的内在价值的评判过程。这样就在助学者主观意识之中实现了助学者伦理价值、伦理规范、对外在伦理行为及其效果的感知、与感知同时伴随的价值评判(心理活动之"行")的统一。

  综上所述,助学者在教育虚拟社区中的助学过程是其伦理意识、伦理情感与伦理行为相统一的过程。这种统一既存在于助学者的主观意识之中,又存在于助学者的外在伦理行为过程中。

---

① 王守仁. 王阳明全集(上册)[M]. 吴光,钱明,董平,等编校. 上海:上海古籍出版社,1992,4.

四、辐射：从助学之善到社区之善

助学者践行教育虚拟社区助学者伦理规范的过程，是助学者遵循自己对教育虚拟社区之善的相关信念建构社区助学之善的过程。在这个过程中，助学者的助学实践会对以学习者为主的其他社区成员的伦理信念、伦理价值和伦理行为产生影响，使助学者具有一种"道德力量"。这种道德力量极为深刻地影响着社区学习者的学习行为，催生教育虚拟社区学习之善，继而推动整个教育虚拟社区之善的实现和发展。

（一）助学之善催生学习之善

教育虚拟社区助学者伦理规范要求助学者成为社区助学伦理意识、伦理情感和伦理行为相统一的伦理主体，成为践行教育虚拟社区助学者伦理规范过程中具有主动反思能力的伦理行为主体和实践主体。助学者遵循教育虚拟社区助学者伦理规范进行助学行为选择，经过助学伦理知与行的持续相互作用，避免教育虚拟社区助学实践中可能出现的过度与不及，从而实现教育虚拟社区助学之善。

教育虚拟社区伦理本质上是社区成员处理相互关系时应遵循的行为准则[1]。助学者在遵循教育虚拟社区助学者伦理规范实现社区助学之善的过程中，会影响、调节、建构与教育虚拟社区学习者以及与其他助学者之间的关系。这种对于社区成员之间关系的作用，使助学者的助学伦理行为具有一种"道德力量"，对与助学者在社区交往活动（即助学者社区伦理活动）中发生关系的其他社区成员产生道德辐射作用。助学者的伦理价值、伦理信念、伦理责任的履行和省视，以及伦理行为的选择等会在其社区实践过程中潜移默化地对学习者产生影响，激发学习者作为社区学习活动主体的意识、生命意识和社区共同体意识，使之逐渐形成与助学者伦理价值取向相一致的社区学习信念、伦理责任和伦理行为，培养学习者作为社区学习主体的伦理自觉。这样，在其社区学习实践过程中，学习者通过自身伦理知与行的持续相互作用，对教育虚拟社区学习活动中的行为进行选择，把握怎样才是与其他学

---

[1] 胡凡刚，刘玮，孟志远，等. 教育虚拟社区伦理失范影响因素实证分析[J]. 电化教育研究，2016，37（3）：26-33.

习者互动协作过程中的适度、怎样才是与助学者教学交往中的适度、怎样才是基于社区资源学习的适度等。在这一过程中，积极参与、深度互动、互惠互助、有效协作逐渐成为教育虚拟社区学习的主要特征，学习之善得以待续生成。

（二）教育虚拟社区之善的实现

助学者遵循教育虚拟社区助学者伦理规范的实践过程，使其自身和与之发生关系的社区学习者、其他社区成员在主体间性的实践过程中实现相互理解，逐渐形成趋于一致的社区价值信念和伦理行为倾向，强化自己作为伦理主体的自觉意识和相应的责任感，在积极施行自身伦理实践的行为选择过程中，也逐渐参与到社区中他者的伦理实践过程。在相互交流、互动的过程中，助学者在自我形成、发展和超载的过程中，支持、促进以学习者为主体的其他社区成员实现持续建构和自我超越，形成相互尊重、互促发展的助学者与学习者之间的伦理关系，增强社区成员之间的信任、互惠、凝聚力和认同感，促进整个社区中合乎伦理的社区关系的生成和持续建构，发展具有教育意义的、有助于丰盈和扩展社区成员生命样态的教育虚拟社区伦理文化。助学者在持续的伦理实践过程中所产生的极具影响力的道德力量激发、引领着社区学习者及其他成员的伦理实践，使社区成员协同努力，共同建构合乎道德的教育虚拟社区，使助学者、广大社区学习者及其他社区成员等社区存在的意义得以彰显，使教育虚拟社区之善得以持续生成。

第三节　教育虚拟社区助学者伦理规范作用的影响因素

虽然助学者是其伦理活动的主体，是教育虚拟社区助学者伦理规范的主要作用对象，但是伦理问题往往是复杂的，在实践中，教育虚拟社区助学者伦理规范作用的发挥会受到外部环境因素、社区技术与文化因素、社区教学因素、助学者自身因素、学习者因素等的影响。

一、外部环境因素对教育虚拟社区助学者伦理规范作用的影响

在外部环境因素方面，本书着重考虑国家层面的教育政策以及助学者所在教育机构的影响。

（一）教育政策的影响

教育政策属于教育领域的国家政策，其功能主要是从国家层面对教育领域社会问题和相关利益关系进行调整。为实现这一功能，教育政策中往往表达出明确的价值倾向，是政策制定者从国家层面上通过多方面的比较、协调和平衡，从而进行价值选择的结果。教育政策的明确价值倾向性以及其由国家或教育主管部门颁布所具有的强制性执行的特征，使其成为国家教育规划和教育社会问题解决的顶层设计，对于各种类型、层次和形式的教育活动有着方向指引、价值规约和目标引领等作用。

1. 教育政策引领教育虚拟社区助学者伦理规范作用的方向

教育政策中所蕴含的价值选择表明了相关人员在各级各类教育活动中处理教育社会问题时的倾向性，也同样引领着教育虚拟社区助学者伦理规范作用的方向。我国始终坚持育人为本、德育为先，强调教育把立德树人作为根本任务和本质要求[1]。这就要求在教育虚拟社区助学实践中，助学者遵循教育虚拟社区助学者伦理规范在具体情境中进行行为选择时，要始终把学习者思想品行的培养放在最为重要的位置加以考虑，把价值观培养和德育融入自己的助学活动中去，促进学习者德才并

---

[1] 袁贵仁. 深入学习贯彻党的十八大精神 把立德树人作为教育的根本任务——访党的十八大代表、教育部党组书记、部长袁贵仁[J]. 思想理论教育导刊，2013（1）：4-8.

举，将教育虚拟社区作为全过程育人的教育网络的重要组成部分。

落实立德树人任务的关键在于"立怎样的德"和"树什么样的人"[①]。教育部委托林崇德团队进行了历时3年多的研究，并于2016年发布中国学生发展核心素养。以此为依据，在2017年和2022年，教育部分别推出高中阶段和义务教育阶段的课程标准，明确提出各学科的学科核心素养，核心素养成为新时期教育领域把握教育目标的重要方式[②]，由核心素养到学科核心素养的教育目标体系也为社区助学者怎样遵循教育虚拟社区助学者伦理规范的要求开展助学活动指明了方向。比如，教育虚拟社区助学者伦理规范要求社区助学者应准确定位教学目标，为学习者提供适时引导。助学者在确定社区教学目标，以及为学习者提供引导时的倾向性等，都应该以国家教育政策中关于学生发展核心素养和学科核心素养的要求为指向，使教育虚拟社区学习活动不再停留在知识获取、机械记忆层面，而是应该通过多样化的社区教与学活动，使学习者的相关素养得到实实在在的提升。

2. 教育政策规约教育虚拟社区助学者伦理规范作用的过程

2018年，教育部印发《教育信息化2.0行动计划》，指出应将信息化作为系统性教育变革的内生力量，强调基于"互联网+"、人工智能等信息化手段深化教学改革，鼓励新型个性化、智能化的教学模式、服务模式和治理模式探索，由新兴信息技术与教育教学的融合应用走向创新发展。2019年，教育部等十一部门发布《关于促进在线教育健康发展的指导意见》，提出育人为本、改革创新、融合融通、多元治理四个基本原则，强调从保护消费者权益、创新管理服务方式、加强部门协同监管、强化行业自律等方面形成多元管理服务格局。2021年，教育部等六部门发布《关于推进教育新型基础设施建设构建高质量教育支撑体系的指导意见》，协同推进教育新型基础设施建设，强调教育教学的数字转型、智能升级，线上线下、物理空间和网络空间融合发展，促进教育高质量发展。同年，工业和信息化部等十部门印发《5G应用"扬帆"行动计划（2021—2023年）》的通知，提出5G+智慧教育，通过数字教学内容研发、虚拟现实技术应用等实现场景化交互、沉浸式教学。

---

① 林崇德. 构建中国化的学生发展核心素养[J]. 北京师范大学学报（社会科学版），2017（1）：66-73.

② 钟柏昌，李艺. 核心素养如何落地：从横向分类到水平分层的转向[J]. 华东师范大学学报（教育科学版），2018，36（1）：55-63，161-162.

上述教育政策指明了助学者应遵循教育虚拟社区助学者伦理规范创新社区助学的智能化、个性化、场景化、融合性等方向，同时也对助学者在实践中的行为选择进行了限制和约束，要求教育虚拟社区助学者伦理规范作用的发挥应以人为本，保护广大社区学习者的权益，特别是学习者的个体尊严、隐私权等，增强相关行为的自律和自治。

3. 教育政策影响教育虚拟社区助学者伦理规范作用的评价

教育评价是依据教育目标，对教育活动及结果进行的价值判断。首先，教育虚拟社区助学者伦理规范作用的评价是助学者对自己助学行为的价值判断，是其遵循教育虚拟社区助学者伦理规范进行助学伦理实践的必要环节，是助学者进行自我反省、调节自己助学行为的必要依据。其次，教育虚拟社区助学者伦理规范作用的评价也是教育虚拟社区教学管理的重要组成部分。

国家层面教育政策在"评价什么""怎么评价""谁来评价"等方面对教育虚拟社区助学者伦理规范作用的评价有着深刻影响。2020年，中共中央、国务院发布《深化新时代教育评价改革总体方案》，要求落实立德树人根本任务，遵循教育规律，系统推动教育评价改革，指出教育评价应科学有效，强调过程评价、增值评价，以及信息技术支持的更加科学、专业、客观的教育评价。根据政策要求，教育虚拟社区助学者伦理规范作用的评价应避免唯分数论和只注重学习结果评价的倾向，应关注助学者在践行教育虚拟社区助学者伦理规范的过程中是否以及在多大程度上促进了学习者的学习过程和效果，是否以及在多大程度上促进了学习者的成长与发展；在评价过程中应尊重助学者自己以及广大学习者的主体性、参与性和话语权，充分利用信息技术和基于伦理规范对助学行为的全过程数据、学习者学习行为的过程数据等实施综合性、全过程评价，促进评价对于提高助学者伦理实践、促进学习者的学习效果以及发展和完善教育虚拟社区助学者伦理规范的作用与价值。

（二）教育机构的影响

助学者所在教育机构的教育理念、激励与管理机制等对助学者社区助学实践的动机、态度、能力水平、投入度和持续性等有重要影响，会间接影响教育虚拟社区助学者伦理规范的作用。

1. 机构教育理念的影响

助学者所在机构的教育理念通过机构教育目标设定、教学工作研讨、机构中人员之间的日常交流等多种方式向助学者进行渗透，在很大程度上左右了助学者的社区助学理念，使之形成相应的助学价值观念。这不仅会影响助学者倾向于接纳还是排斥教育虚拟社区助学者伦理规范，而且会对助学者社区助学实践中的行为选择产生重要影响。比如，注重知识获取的助学者在其助学实践中可能倾向于为学习者提供更为丰富、多元化的学习资源，注重学习者知识获取的量而非质；注重知识建构和能力培养的助学者则更关注学习者在知识建构过程中的成长和发展，倾向于为学习者的协同知识建构、深度认知加工、高阶思维的应用等进行引导并提供支持和必要帮助。

2. 机构激励与管理机制的影响

助学者所在机构是否重视教育虚拟社区的助学活动、是否制定了有效的激励机制和助学效果的合理评价机制等对助学者参与助学伦理实践的态度、动机、投入度和持续性等有深刻影响。助学者所在机构是否对员工进行了相关伦理价值、伦理规范以及教育虚拟社区助学技能的培训或是否组织了相关研讨会等，对助学者能否深入理解教育虚拟社区助学者伦理规范、在具体助学情境中进行适度的行为选择等具有重要影响，在一定程度上决定了助学者践行教育虚拟社区助学者伦理规范的能力和水平。助学者所在机构的情感因素，如机构情感氛围、凝聚力、合作与互助氛围等，极大地影响着助学者的助学热情，决定了助学者是热情洋溢地积极践行教育虚拟社区助学者伦理规范，还是被动漠然地承担助学职责，从而对教育虚拟社区助学者伦理规范的作用效果产生较大影响。

二、社区技术与文化因素对教育虚拟社区助学者伦理规范作用的影响

教育虚拟社区技术条件为教育虚拟社区助学者伦理规范作用的发挥提供了硬件基础，社区文化因素则是影响其作用发挥的社会情境的重要组成部分，它们都是

影响教育虚拟社区助学者伦理规范作用发挥的重要因素。

（一）社区技术因素的影响

教育虚拟社区是建立在网络通信技术之上的，是教育信息化发展推动下技术与先进教学理念相结合的产物，技术成为教育虚拟社区交互以及基于交互的助学活动得以开展的前提条件，也成为助学者进行助学伦理实践的限制条件。社区技术条件在一定程度上决定了助学者在助学实践过程中的行为选择。

比如，在早期教育虚拟社区中，助学者只能通过文字和少量表情符号与学习者进行交互。教育虚拟社区也只能呈现学习者在社区中的发言频次、点赞数，以及学习者的发言被回复、点赞的次数等少数信息。助学者很难准确、全面地掌握学习者的真实情况，在遵循教育虚拟社区助学者伦理规范进行助学活动时也很难做到因材施教和个别化指导。

随着教育虚拟社区的发展以及大数据、虚拟现实、人工智能等新兴信息技术逐渐被应用到教育虚拟社区中，社区平台为助学者提供了更为多样化的交互方式。同时，教育虚拟社区可以对学习者的学习行为及其效果进行全过程记录和实时分析。这样就可以为助学者提供更为详细、精准的学习者学习过程数据，包括学习者浏览学习资源的情况、学习内容测试成绩、他们的发言和发言被回复情况，以及在社区协商及问题解决过程中提出问题和建议等的情况。大数据、人工智能等技术的应用，还可以帮助社区助学者分析学习者与其他同伴进行协商的交互深度、学习者的学习行为模式和倾向、社区学习者互动的社会网络结构、学习者在学习资源和交互过程中认知图谱的发展等。这些实时数据和相关分析有助于助学者对学习者进行精准画像，在遵循教育虚拟社区助学者伦理规范过程中提供更为人性化、个性化、智能化、具身性的支持和服务，提高助学者社区助学实践的效果。

（二）社区文化因素的影响

心理学家勒温（Lewin）认为，人的行为是个体及其行为发生的社会情境的函数[①]。社区文化因素是教育虚拟社区中助学者进行助学伦理实践的社会情境的重

[①] 转引自：施良方. 学习论：学习心理学的理论与原理[M]. 北京：人民教育出版社，1994，164-167.

要组成部分。从某种程度上来说,助学者在教育虚拟社区中的助学伦理行为选择可以看作助学者个体与社区文化的函数。

教育虚拟社区文化因素主要包括社区成员趋于一致的价值观、态度、期待、信仰,以及成员间关系的亲密程度、情感氛围、社区凝聚力等。首先,社区文化因素会影响助学者进行助学伦理实践的情感体验,其结果是使助学者对社区助学活动产生欢喜、积极、期待等正向情绪,或者使其产生厌倦、消极、漠视等负向情绪,影响助学者基于教育虚拟社区助学者伦理规范进行助学实践的积极性、投入度和效果。其次,社区文化中助学者与学习者之间、学习者与学习同伴之间关系的亲密程度,社区情感氛围、凝聚力等在很大程度上影响着助学者助学行为对学习者的引领、激励、示范等作用效果,也会影响学习者是否能够积极配合、主动参与到社区学习活动中,影响他们给予助学者相关反馈信息的数量和质量。最后,社区中人际关系、情感氛围、凝聚力等对于助学者的社区助学效能感以及学习者参与知识建构与协作问题解决等学习活动的效能感有很大影响。这些都极大地影响着教育虚拟社区助学者伦理规范作用的效果。

三、社区教学因素对教育虚拟社区助学者伦理规范作用的影响

在教育虚拟社区中,助学者的助学活动是社区教学活动的重要组成部分。其中,教育虚拟社区助学者伦理规范的作用受到社区教学目标、教学活动设计、教学评价方式等的影响。

(一)社区教学目标的影响

社区教学目标是教育虚拟社区中助学与学习活动的目的,是对社区学习者学习成果的预期和表达,既是教育虚拟社区教与学活动的出发点,也是教与学活动的归宿。助学者基于教育虚拟社区助学者伦理规范所进行的所有实践活动都是围绕社区教学目标展开的。

根据哈贝马斯的交往理论①，教育虚拟社区学习是在教育虚拟社区助学者伦理规范的作用下，助学者通过与学习者的交互作用，引领、支持、帮助学习者对所涉及的客观世界、社会世界和社区成员主观世界的"理解"行为。理论上，社区教学目标应该是多层面、多维度的，主要包含知识技能目标、协作问题解决目标、元认知目标和情感态度目标等，最终指向社区学习者的自我建构和完满发展②。

但事实上，教育虚拟社区教学目标的设置往往会受到教育机构、社区教学者、助学者等的理念及教育水平等的影响，使教育虚拟社区助学者伦理规范的作用产生不同的效果。首先，如果教育虚拟社区的教学目标仅仅被设置为较低层次的概念性知识的习得，助学者在遵循教育虚拟社区助学者伦理规范的实践过程中就很难关注到如何引导学习者的社区学习超越简单的知识了解和机械记忆，也往往不能关注到程序性知识、策略性知识、情境性知识的学习，不能有效地引导学习者利用学习支架进行深度讨论和建构对于知识的共同理解。其次，只有在设置教育虚拟社区教学目标时关注协作问题解决目标，助学者才有可能关注并积极引导学习者在协作过程中将问题空间、概念空间和程序策略关联起来，引导他们与教育虚拟社区的学习同伴一起，通过沟通交流，共同识别问题和建构解决方案，实施并调节问题解决过程，并在这一过程中培养与人交流、协作、问题解决等能力。再次，只有设置并重视元认知目标，助学者在其社区助学伦理实践中才会引导学习者对自己以及学习小组的学习活动进行监测、评价、反思与有效调节，培养学习者的批判性思维能力、元认知能力和共享调节能力。最后，只有在教育虚拟社区教学中重视情感价值目标，助学者在社区助学实践中才有可能真正实现以人为本，关注学习者的情感体验，发挥情感动机因素对于教与学的活动的作用和育人价值，才能真正促进学习者的成长和完满发展。

（二）教学活动设计的影响

教学活动设计是教育虚拟社区中的教与学活动能否取得成功的关键。教学活动设计具有很强的目标导向性，是通过对一系列学习任务的设计来实现教学目标

---

① ［德］哈贝马斯. 交往行动理论（第1卷）——行动的合理性和社会合理化[M]. 洪佩郁，蔺菁，译. 重庆：重庆出版社，1994，135.

② 胡凡刚. 论教育虚拟社区交往[J]. 电化教育研究，2007（1）：21-26.

的过程。在教育虚拟社区中，教学活动的设计主要包括学习任务设计、教学资源设计、教学交互设计、支持工具设计等内容。

学习任务是教与学活动的重要载体。不同的学习任务设计，使教育虚拟社区学习任务的复杂性、劣构性、情境性、真实性程度不同，学习者面临的困难和挑战也不同，他们在学习过程中在助学支持的类型、过程以及程度等方面的需求也有所不同。

教学资源的设计不同，学习者在利用资源学习的过程中所隐含的学习者与资源的设计者、开发者的模拟对话的程度也会有所差别；教学资源对于学习者自主建构和协同问题解决的支持不同，学习者在知识建构过程中需要的助学支持也就不同。

教学交互设计是影响网络教学的重要因素[1]，不能被简单地理解为讨论或社区交流。根据远程教育专家穆尔的观点[2]，不同的教育虚拟社区教学交互设计意味着学习者与教学内容、教师以及其他学习者之间的交互不同。助学者在遵循教育虚拟社区助学者伦理规范的过程中对学习者与教育虚拟社区学习环境之间的适应性交互，以及对学习者头脑中的概念与教师或其他学习者概念之间的会话性交互的引导、支持和帮助不同，助学效果自然也会有所差别。

在教育虚拟社区中，支持工具主要包括支持学习者认知加工的工具、支持学习者元认知过程的工具以及支持社区成员之间进行交互的工具，是能够支持学习活动的进行、可以在一定程度上降低学习者认知负担的人工制品。支持工具的设计不同，支持工具的易用性和支持效果也就不同。对于学习者来说，利用不同支持工具进行学习活动时的认知负担也会不同，所以，助学者在基于教育虚拟社区助学者伦理规范进行助学实践时需要提供的助学类型和帮助程度也会有所差别。

（三）教学评价方式的影响

教学评价是依据社区教学目标对学习者的学习过程、学习表现以及学习结果的价值判断。在教育虚拟社区中，教学评价在三个层面上发挥着重要作用：其一，

---

[1] 肖广德，黄荣怀. 学习过程导向的网络课程教学交互设计研究——面向网络课程实施的视角[J]. 电化教育研究，2014，35（9）：85-90.

[2] Moore M G. Editorial：Three types of interaction[J]. American Journal of Distance Education，1989，3（2）：1-7.

个体学习者层面。教学评价可以使学习者了解自己的学习进度、知识掌握情况等，以便帮助学习更好地制定后续学习计划，更有效地实施学习过程中的自我调节。其二，学习者之间交互与协作层面。为保护学习者的隐私，教育虚拟社区不会公布学习者教学评价的结果，但会对学习者整体的教学评价情况进行分析和呈现。这样，学习者就能够了解到社区学习同伴在资源学习以及学习交互等方面的表现，评估自己在所有学习者之中的表现，为学习者的群体感知提供准确、有效的信息，帮助学习者更好地与其他学习者进行交互和协同学习活动。其三，教师助学层面。对学习过程的评价结果可以使助学者更加精准地把握学习者的知识建构、学习互动、协作任务参与等情况，为实施更精准的、个性化的助学实践提供必要的信息。

综上所述，教学评价方式对于个体学习者层面、学习者之间交互与协作层面的作用都会影响到学习者的学习活动，使他们对于学习支持的需求有所不同，进而影响到助学者社区助学伦理实践的内容和过程。不同的教学评价方式所能反映的学习者学习过程的准确性、全面性不同，能够为助学者实践过程提供的信息依据也不同，这会对助学者践行教育虚拟社区助学者伦理规范的效果产生影响。

四、助学者自身因素对教育虚拟社区助学者伦理规范作用的影响

助学者是教育虚拟社区助学者伦理规范作用的主要主体，其自身教育观念、人格特征、助学态度、知识基础、交往能力等对助学者在社区助学实践过程中的行为选择以及助学实践效果都有重要的、直接的影响。

（一）助学者教育观念的影响

助学者教育观念是助学者在教育虚拟社区助学活动中形成的对社区教与学现象、自己助学能力以及社区学习者的主观认知。它是助学者个体层面的主观认识，具有鲜明的情感性、评判性[①]。

---

① 辛涛，申继亮. 论教师的教育观念[J]. 北京师范大学学报（社会科学版），1999（1）：14-19.

助学者教育观念是助学者在自己过往经验的基础上通过自我建构形成的。在建构过程中，其不可避免地会受到国家教育政策、社会教育价值取向、助学者所在机构和教育虚拟社区文化的影响。助学者教育观念的形成过程是助学者在以往经验的基础上将自己对教育虚拟社区教与学的主体、活动等进行认知和评价的结果加以抽象化的过程，是认知或知识向个体观念的转化，是助学者职业素养的重要组成部分。

不同的教育观念会使助学者产生不同的社区学习者发展观，使其对社区学习者及其学习活动形成不同的期望，对自己助学活动的价值、能力、结果等产生不同的预期，从而影响到助学者遵循教育虚拟社区助学者伦理规范的助学行为选择和助学效果。因为教育观念一旦形成，助学者就会不自觉地产生围绕其教育观念对客观事实、外在信息等进行解释的倾向性。一方面，这种倾向性会使助学者在进行社区助学实践时，以自己的教育观念为基础，对自己在教育虚拟社区助学者伦理规范的实践过程中接收到的关于社区教与学活动的信息等进行解读，并且会在潜意识中将教育虚拟社区助学者伦理规范、接收到的信息与自己的教育观念进行关联，从而做出价值判断，进而形成助学行为方案和具体决策；另一方面，这种倾向性通过对助学者认知、助学行为的影响，使其认知、行为与观念趋向一致，并反过来强化助学者的原有教育观念，最终实现教育观念的"自我实现预言"（self-fulfilling prophecy）。

（二）助学者人格特征的影响

助学者人格特征是教育虚拟社区助学者所具有的较为稳定的心理以及行为特征的总和。根据罗宾斯（Robbins）的组织行为学理论[1]，人格特征反映的是助学者对教育虚拟社区中以学习者为主体的其他成员的反应以及与他们进行互动的方式。已有研究表明，教师人格特征对其工作绩效有着显著的正向影响，能够作为预测教师工作绩效的重要变量[2]。根据麦克雷（McCrae）和科斯塔（Costa）在 20 世

---

[1] [美]斯蒂芬·P. 罗宾斯. 组织行为学（第七版）[M]. 孙健敏，李原，等译. 北京：中国人民大学出版社，1997，74.

[2] 姜红，孙健敏，姜金秋. 高校教师人格特征与工作绩效的关系：组织认同的调节作用[J]. 教师教育研究，2017，29（1）：79-86.

纪80年代提出的人格理论[①]，助学者人格特征是助学者所特有的关涉多个维度的复杂心理特质。

助学者人格特征的外倾性指助学者所具有的热情、乐群、自信、活跃、乐于冒险的倾向以及积极心态。外倾性程度高的助学者在社区助学实践中往往更主动，愿意与学习者进行交互，勇于进行助学模式的创新，对自己助学伦理实践的效果更有自信。

助学者人格特征的宜人性指助学者的思想、情感和行为方面在从同情到敌对连续体上的人际取向。更具宜人性的助学者在其助学实践中往往更有耐心和持久性，更愿意信任其他助学者和社区学习者，乐于通过自己的努力践行教育虚拟社区助学者伦理规范。同时，他们在做出助学行为时往往愿意尊重学习者的个体意愿，表现出更多的人文关怀。

助学者人格特征的责任感指助学者的责任心、效能感、条理性、自律等方面的特质。更具责任感的助学者在其遵循教育虚拟社区助学者伦理规范的实践过程中往往更具有规划性，助学工作更条理、更高效、更负责，愿意克服困难，这类助学者的助学实践效果也往往优于责任感较低的助学者。

助学者人格特征的情绪稳定性指助学者在焦虑、抑郁、羞涩、冲动、依赖等方面的倾向性。情绪稳定性较强的助学者在助学实践中往往更积极、乐观、从容，他们的积极心态通过助学活动传递、感染着教育虚拟社区中的学习者，使学习者也倾向于积极、乐观、自信地面对社区学习任务。

助学者人格特征的经验开放性指助学者对新生事物的容忍度以及愿意探索的倾向。更具经验开放性的助学者在遵循教育虚拟社区助学者伦理规范的实践过程中，往往更能够捕捉到助学情境的关键信息并进行相应的变通，他们想象力丰富，愿意尝试新的助学行为和方法，更富有思辨力和创造力。

助学者人格特征的组织认同指助学者对自己作为教育虚拟社区助学者身份的知觉程度。组织认同感高的助学者与教育虚拟社区以及社区中的学习者、其他助学者之间的情感更深厚，他们遵循教育虚拟社区助学者伦理规范进行相关实践的意愿、责任感更强烈，更具有奉献精神和团队合作精神。这类助学者的努力往往能够促进整个教育虚拟社区助学实践效果的提升。

---

① McCrae R R, Costa P T. Validation of the five-factor model of personality across instruments and observers[J]. Journal of Personality and Social Psychology, 1987, 52（1）: 81-90.

（三）助学者助学态度的影响

助学态度是助学者对教育虚拟社区助学活动涉及的学习者、学习内容等做出反应时的评价性心理倾向，包含认知、情感和行为倾向三个组成成分[1]。态度虽然是助学者内在的倾向性，却能够通过"认知-情感-行为倾向"的作用链对助学者在教育虚拟社区中的助学效果产生重要影响。

助学者对助学活动及这些活动所涉及的主客体对象的认知是其助学情感的基础，与助学者如何看待社区学习者和社区学习内容，以及如何看待自己的助学活动密切相关。态度更积极的助学者往往能够感受到自己的助学活动对于社区学习者、教育虚拟社区以及自身成长和发展的意义与价值。他们与社区学习者、教育虚拟社区之间的情感关联更密切，在助学实践过程中往往具有更为愉悦的情感体验，能够友善、耐心地对待学习者，愿意通过自己的努力促进学习者的社区学习效果以及教育虚拟社区的整体发展。

（四）助学者知识基础的影响

教育虚拟社区助学是助学者以自己所具有的知识基础为依据开展的教学活动。助学者的知识基础既包含与特定领域或学科内容相关的概念性知识，也包含与助学情境密切关联的实践性知识。它们与助学者遵循教育虚拟社区助学者伦理规范的实践行为有着内在的联系，影响着教育虚拟社区助学者伦理规范的作用效果。

具备一定水平的特定领域或学科内容知识是助学者能够开展社区助学活动的最基本要求。特定领域或学科内容知识水平更高的助学者往往具有更为宽广的领域或学科视野，他们对于相关知识内容的思维过程往往更具广度和深度，对知识之间关系的掌握、知识结构以及知识应用的水平也更高。在遵循教育虚拟社区助学者伦理规范进行助学行为选择时，他们往往更容易洞察学习者认知结构的不足以及在知识建构过程中存在的问题，能够在关键之处进行巧妙点拨，更有效地帮助学习者进行知识的自我建构和协同建构。

教育虚拟社区助学者的实践性知识内容丰富，包括助学者基于社区平台助学

---

[1] 李霞. 信念、态度、行为：教师文化建构的三个维度[J]. 教师教育研究，2012，24（3）：17-21.

的相关操作、技巧、方法和策略，关于社区学习者的知识，关于社区平台中新兴信息技术支持的学习分析工具、教学及管理工具应用的知识，社区助学情境知识，以及学科或领域特定教学方法知识等内容。实践性知识水平更高的助学者在其助学实践过程中，往往能够合理、有效地应用信息技术手段实施更为多样化、更适当的助学行为，他们遵循教育虚拟社区助学者伦理规范的助学活动往往更具策略性，效果也更好。

（五）助学者交往能力的影响

助学者遵循教育虚拟社区助学者伦理规范的实践活动主要是通过社区交往实现的。因此，交往能力水平的高低对助学者社区伦理实践的效果有重要影响。

助学者交往能力主要包括助学者对社区平台交互工具的操作能力、语言能力、逻辑思维水平、教学交往技巧等。教育虚拟社区助学交往是以技术手段为中介的助学者与社区学习者之间的交互。助学者熟练地操作社区平台的交互工具是其能够顺利进行助学实践的基本条件。助学者语言能力和逻辑思维水平的高低一方面决定了助学者能否准确理解学习者的需求，另一方面决定了助学者在引领、支持、帮助学习者的过程中能否准确、流畅、逻辑清晰地表达自己的思想。这两个方面共同决定了助学者与社区学习者交互的质量和效果。教学交往技巧决定着助学者能否根据助学实践的真实情境和需要，灵活运用语言技巧和交互技巧，实现与社区学习者更有效的沟通。

五、学习者因素对教育虚拟社区助学者伦理规范作用的影响

学习者是教育虚拟社区学习活动的主体。助学者遵循教育虚拟社区助学者伦理规范的助学实践活动，最终必须作用于学习者的知识建构和问题解决等过程，使学习者在动机信念、行为、态度等方面发生转变，由此才能真正产生助学效果。因此，学习者也是影响教育虚拟社区助学者伦理规范作用的重要因素。

（一）学习者学习观念的影响

学习者对于学习现象及经验所持有的直觉及潜在认识就是其学习观念[1]。对于学习者来说，学习观念是一种隐性的元认知知识[2]，能够影响学习者的学习态度和学习方式，会对学习过程和学习结果产生深远影响，能够间接影响助学者的社区助学效果。

从学习者对学习能力的看法来看，认为学习能力是后天养成的学习者更容易接受助学者对其学习的引导。他们在社区学习中，往往能够积极改进自己的学习方法，努力在助学者的帮助下使自己成长为成熟、高效的学习者。

学习者对知识的认识也会影响其学习行为。那些认为知识是不断发展而非固定不变的、知识是相互联系而非孤立的社区学习者，往往不认为学习是信息的获取或简单的认知加工。他们倾向于把学习看作复杂的、多维度意义建构的持续过程，同时，他们将学习视为自我建构和发展的方式。这些学习者在助学者的支持下更倾向于通过高阶思维活动发现知识之间的关联性，促进自己认知建构的发展。在助学者伦理实践过程中，这些学习者与助学者之间的关系更亲密，他们对群体知识协商和建构的参与度往往比较高，更愿意为群体知识探索和创新付出自己的努力。

（二）学习者学习态度的影响

学习者学习态度是教育虚拟社区中学习者对于社区学习活动的认知和评价，包括对学习活动的认知（学习活动的价值判断）、情感（情绪反应）和行为倾向（认知和情绪的外在表现倾向）三个构成因素。态度对学习者的学习行为有直接影响，也会影响学习者与助学者之间的交往关系，从而间接影响助学者社区助学实践的效果。

那些在学习过程中建构起社区学习对自己成长和发展有价值的学习者，往往对学习活动持有更为积极的情绪体验，表现出更主动、自治、追求高效能的学习倾向性。他们与助学者交往密切，能够较好地理解、吸纳、落实助学者在遵循教育虚

---

[1] Buehl M M, Alexander P A. Beliefs about academic knowledge[J]. Educational Psychology Review, 2001, 13（4）：385-418.

[2] 王学臣，周琰. 大学生的学习观及其与学习动机、自我效能感的关系[J]. 心理科学，2008（3）：732-735.

拟社区助学者伦理规范的实践过程中提出的建议，不断地改善自己的学习过程，以取得更优的学习结果。

（三）学习者交往能力的影响

教育虚拟社区交往具有深刻的教育内涵，是目的与手段的统一[①]。从某种意义上来说，助学者遵循教育虚拟社区助学者伦理规范的助学实践，也就是助学者和社区学习者之间以教育虚拟社区平台为中介的教学交往过程。在这个过程中，社区学习者作为交往的重要主体，其交往能力对助学实践效果有重要影响。

学习者交往能力包括学习者对社区平台交互工具的操作能力、语言能力、逻辑思维水平、社区教学交往技巧等。交往能力强的学习者更容易与教师、其他学习者通过交往建立亲密的关系，能够更好地理解助学者助学行为的意义和目的，倾向于认同、接受助学者对自己学习信念、行为、方法等的引领、支持和帮助。他们在与助学者的交互过程中，往往能够落实助学者的助学举措，持续改进自己的学习过程，在提高自己学习质量和效果的同时，也增强了助学者遵循教育虚拟社区助学者伦理规范的作用效果。

第四节　教育虚拟社区助学者伦理规范作用省思

教育虚拟社区助学者伦理规范作用的发挥，是助学者基于自身内在的情感、意志、知识、素养等，外在地参与教育虚拟社区中的各类学习交往和助学行为，从而在教育虚拟社区中追求一种良善、美好生活的实践过程。

[①] 胡凡刚. 教育虚拟社区与学习交往设计[J]. 中国电化教育，2006（2）：23-26, 31.

一、教育虚拟社区助学者伦理规范的循环论证

教育虚拟社区助学者伦理规范为社区中的助学者提供了开展助学行为的行动指南、框架和基本原则,使他们的助学行为更为理性、可靠,能够为学习者提供更科学的、更有助于学习者发展的关怀、支持和帮助。教育虚拟社区助学者伦理规范蕴含着助学者"是助学者"的主体确证和助学者"之为助学者"的价值确证。

(一)助学者"是助学者"的主体确证

在教育虚拟社区中,助学者的职责实际上是由具有不同"身份"的社区成员担当的。比如,王陆在对虚拟学习社区社会网络进行分析时发现,部分学习者与任课教师在较高水平上具有结构对等性或规则对等性,极少数学习者与教师既具有结构对等性又具有规则对等性[1]。学习者的网络角色具有双重性,在作为社区学习者的同时,也是社区助学者群体的组成部分。笔者所在团队基于多年教育虚拟社区研究经验,认为教育虚拟社区助学者是在社区中组织和帮助开展各项学习活动的群体,其组成包括教师、领域专家、家长或学生[2]。

上述教育虚拟社区成员之所以在社区交往中具有了"助学者"身份,并不是由于某种外在的规定或被指派的,而是因为他们在教育虚拟社区交往过程中持续地、有计划地通过自己的实践行为引领、推动、帮助社区学习者的学习过程,促进他们的成长和发展。他们积极地分享有价值的信息,参与社区交流与协商过程,乐于奉献,热情地回复学习者提出的问题,传递自己的感悟、经验,促进社区讨论走向深入,引领社区成员在不断反省中调节学习的过程、方法和策略。总之,他们在社区交往中扮演着重要角色,其行为具有鲜明的助学性。他们自觉地遵循教育虚拟社区助学者伦理规范,符合教育虚拟社区助学者伦理规范所规约的助学者"应该是什么""应该做什么"的基本要求,其行为在事实上成为教育虚拟社区情境中对教育虚拟社区助学者伦理规范的践行。这种伦理践行反过来是教育虚拟社区助学者伦

---

[1] 王陆. 虚拟学习社区社会网络位置分析与助学者群体的发现[J]. 中国电化教育,2010(3):23-27.
[2] 胡凡刚,孟志远,庞茗月,等. 基于欧盟AI伦理准则的教育虚拟社区伦理:规范轮构建与作用机制[J]. 远程教育杂志,2019,37(6):41-49.

理规范对他们的行为进行规约和引领，并在规约和引领中对他们"是助学者"的身份进行确证的过程。

（二）助学者"之为助学者"的价值确证

教育虚拟社区助学者伦理规范内在地要求它的实践者对自己的这种实践"论证"进行反省。而教育虚拟社区所具有的交互性、新兴信息技术在教育虚拟社区中的深入应用，共同为助学者的这种实践反省提供了交流的技术支持和时空场域。助学者之间基于各自实践反省的交流，使个体性的实践反省转变成助学者群体性的实践反省。不论是个体性实践反省还是群体性实践反省，都进一步强化了教育虚拟社区助学者伦理规范与助学行为之间的联系，促进教育虚拟社区助学者伦理规范对助学行为的引领和规约作用。同时，个体性实践反省和群体性实践反省也促使助学者转变自己的价值观念，充实和完善相关知识经验，改善教育虚拟社区助学者伦理规范的实践方法与策略。这些改变反过来作用于教育虚拟社区助学者伦理规范，使之得以修正和完善，进而影响整个教育虚拟社区伦理规范。助学者"之为助学者"的价值在上述过程中得到逐步确证和进一步彰显。

综上所述，在教育虚拟社区助学实践中，实现了由伦理规范到伦理实践再经由实践主体伦理反省达成更为完善的伦理规范的实践循环论证，如图5-4所示。教育虚拟社区助学者伦理规范作用发挥所蕴含的助学者"是助学者"的主体确证和助学者"之为助学者"的价值确证都以是否真正有助于学习者的发展为评价依据，使助学者在伦理实践过程中将确立自己助学者身份的理性思辨逐渐上升为"之为助学者"的价值思辨。

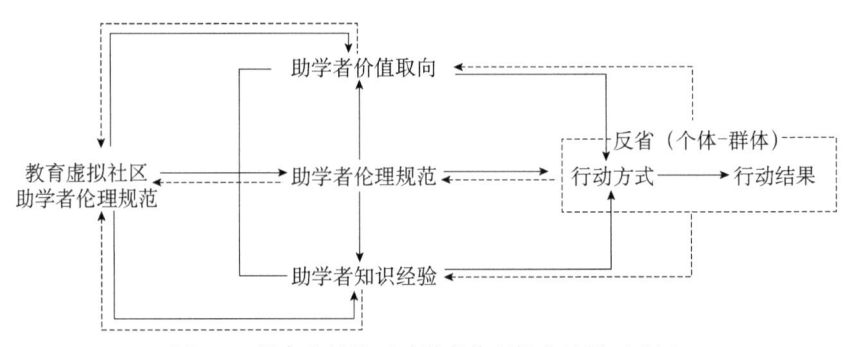

图 5-4 教育虚拟社区助学者伦理规范的循环论证

因此，对教育虚拟社区助学者伦理规范作用的理解应该选择"实践的"或"社区生活的"视角，而不应该停留在"理论的"分析，不能单纯地将教育虚拟社区助学者伦理规范当作一种理论上的建构，或者仅仅从学术上探讨不同伦理学流派的相关思想观点在教育虚拟社区助学者伦理规范上的体现，而是应该从伦理实践的角度，从助学者在教育虚拟社区中"伦理生活"的本原性存在出发，进行助学者"是其所是"的思考，以及基于这种思考的基于助学者"所是"的敞开和践行。只有摒弃单纯的形而上的理论探讨，真正做到在交往和助学实践中躬行践履、率先垂范，才能实现以教育虚拟社区"伦理生活"为核心的助学者伦理规范与助学者伦理实践的统一，更好地发挥助学者伦理的作用。

二、教育虚拟社区助学者伦理规范作用的发挥是助学者主体意识的展现

伦理规范作为合理的应然存在，其实质是一种"遵从的邀请"[1]，属于特殊的非正式制度。助学者遵循教育虚拟社区助学者伦理规范的过程，是助学者认同和自主接受这种"邀请"的主体意识觉醒和发挥作用的过程。

助学者是教育虚拟社区中组织、辅助开展各项教学活动的人，是社区中的首要核心主体[2]。助学者遵循教育虚拟社区助学者伦理规范，发挥其对社区教与学活动的主体、活动过程的规约、引导等作用的过程，是助学者逐渐确立自己处于教育虚拟社区的核心主体地位，以及主体意识不断展现并得以增强的过程。在教育虚拟社区助学者伦理规范的引领下，助学者准确感知社区情境，进行助学行为选择，处理自己与教育虚拟社区、社区中的广大学习者和其他社区助学者之间的关系，同时引领、保障以广大学习者及其他助学者为主体的社区成员的社区存在和实践过程，促使教育虚拟社区中复杂教与学的活动所产生的集体行为特征、教育虚拟社区整体

---

[1] [德]马克斯·舍勒. 伦理中的形式主义与质料的价值伦理学——为一种伦理学人格主义奠基的新尝试（上册）[M]. 倪梁康，译. 北京：商务印书馆，2011，330.
[2] 胡凡刚，卢潇，庞茗月，等. 教育虚拟社区助学者伦理规范构建及作用[J]. 开放教育研究，2020，26（2）：92-101.

涌现的结果朝向善和美好的方向发展，在教育虚拟社区中形成向善、追求美好的共同价值取向，实现教育虚拟社区立德树人的教育价值，保证并促进社区中所有成员的个体自由和幸福。

三、教育虚拟社区助学者伦理规范作用发挥的复杂性和生成性

教育虚拟社区助学者伦理规范作用的发挥是在教育虚拟社区实际教与学情境下的复杂过程，不仅仅是在认识论意义上构建由教师、助教、领域专家、个别学习者等构成的助学者群体能够理解和认可的"规范性"知识，也不只是意味着在方法论意义上要求助学者在参与教育虚拟社区交往活动和实施各种助学行为时需要遵循一定的道德和准则，更是在本体论意义上通过对助学者自身言行的"规约"，从而努力实现其对于社区学习者乃至对于整个教育虚拟社区来说"是其所是"的价值追求和意义显现。在很大程度上，上述认识论、方法论、本体论意义上的教育虚拟社区助学者伦理规范作用的发挥可以分别表述为使助学者具备在教育虚拟社区中应该怎么做的相关知识、指导助学者在教育虚拟社区中应该怎么做、助学者在教育虚拟社区中应该成为什么样的助学者的思考和践行。

上述教育虚拟社区助学者伦理规范作用的发挥涉及多个维度的复杂性以及社区自身的持续发展性，使教育虚拟社区助学者伦理规范作用具有实践生成性特征。首先，教育虚拟社区中的成员交往、学习活动毕竟是复杂的，更何况社区中不同的学习者具有各自独特的以往经验、知识与技能基础、个性及学习风格，他们的学习需求、学习困难、对助学内容及方式的需要与期待等常常并不相同，甚至相差极大。教育虚拟社区助学者伦理规范只是一般性的原则，助学者需要在自己的助学实践过程中不断地进行反思，在特定学习者助学需求、教育虚拟社区助学者伦理规范所规约的助学行为的"应然"以及自己助学行为选择的"实然"之间进行比较、分析和更深层次的思考，这样才能将教育虚拟社区助学者伦理规范和复杂、具体而特殊的助学情境结合起来，并在这种结合中深化对教育虚拟社区助学者伦理规范作用的领悟，强化自己作为助学者"是其所是"的体验和身份确立。其次，伦理规范

的制定总是"滞后"于伦理实践的发展。当前，大数据、人工智能等新兴信息技术持续赋能教育虚拟社区，为助学者的助学行为带来新的机遇和伦理挑战。同时，教育虚拟社区更为丰富的学习活动使助学行为选择面临新的问题和新的伦理矛盾、冲突等，诸如此类的状况不胜枚举，需要助学者既以已有社区助学者伦理规范为依据，又要超越教育虚拟社区助学者已有伦理规范的具体规定，以实现"助学之善"为目标持续进行伦理探索和伦理实践创新。

需要明确的是，本章所述的教育虚拟社区助学者伦理规范的作用只是一种潜在的可能性，并非必然如此的客观现实。为更好地发挥教育虚拟社区助学者伦理规范的作用，需要对教育虚拟社区助学者伦理规范的应用进行深入探讨，具体内容将在下一章中讨论。

第六章
教育虚拟社区助学者伦理规范的应用

　　人要在实践中证明思维的真理性，也便是自我思维的此岸性[①]。教育虚拟社区助学者伦理规范的构建是在理论层面对助学者伦理诉求的把握，而该伦理规范能否有效推动社区的赓续传承发展，能否有效改善助学者的伦理失范行为，还需要应用层面的检验。教育虚拟社区助学者伦理规范应用是伦理规范价值发挥与内容迭代优化的过程。本章首先对教育虚拟社区助学者伦理规范应用的相关原则、运作机制进行了探讨，进而设计、分析、实际应用了教育虚拟社区助学者伦理规范，在此基础上基于CIPP[背景（context）、输入（input）、过程（process）和结果（product）]评价模式构建了教育虚拟社区助学者伦理规范应用评价指标体系，最后进行了总结与展望。

---

　　① ［德］马克思，［德］恩格斯. 马克思恩格斯选集（第一卷）[M]. 中共中央马克思恩格斯列宁斯大林著作编译局，编译. 北京：人民出版社，2012，134.

第一节　教育虚拟社区助学者伦理规范应用学理分析

一、应用原则

并非各种活动都被称为实践，而是当活动目的的实现被预设为某种普遍规划过程的原则之后果的，才被称之为实践[①]，因此在实践时应思考"如何行动"的问题。换句话说，我们在教育虚拟社区助学者伦理规范应用过程中理应遵循一些指导性原则。在应用目的上，需要在对教育虚拟社区助学者伦理规范进行实际应用的基础上为社区建规立制，为助学者提供现实的规范指引，以促进社区的赓续传承发展。在应用思路上，教育虚拟社区助学者伦理规范的应用过程亦是学习过程，它是在教育虚拟社区这一动态系统中展开的，那么在应用时还需考虑如何立足于动态情境协调社区各要素之间的关系。综上所述，我们认为在教育虚拟社区助学者伦理规范应用过程中需遵循以下原则。

（一）实现社区系统整合，强化伦理规范应用的共同体立场

社会学家洛克伍德（Lockwood）认为，系统整合所关注的是组成系统的各部分和谐有序或矛盾冲突关系，但个体作为系统中的行动者如何解决系统制度与物质基础间的功能结构失调同样不能忽视[②]。教育虚拟社区助学者伦理规范的应用将引发系统的结构功能重新组合，因此在应用过程中如何保证系统各部分和谐有序至关重要。按照洛克伍德的观点，我们理应关注社区系统的个体行动者。教育虚拟社区系统中主要包括助学者、管理者、学习者等个体行动者。需要注意的是，个体

[①]　[德]康德. 历史理性批判文集[M]. 何兆武, 译. 北京：商务印书馆，1990，164.
[②]　刘晓民，杨嵘均. 社会整合与政治整合的概念：基于主体、目的与路径的比较[J]. 学海，2021（2）：100-108.

第六章 教育虚拟社区助学者伦理规范的应用

行动者之间亦是相互联系、相互制约、相互作用的关系。因此，在教育虚拟社区助学者伦理规范应用的过程中，要保障社区系统的和谐有序关系，则不应忽视助学者、管理者、学习者等个体行动者的作用，个体行动者要能够紧密联系，形成"伦理规范应用"共同体。

教育虚拟社区助学者伦理规范的应用过程，亦是"伦理规范应用"共同体的建构过程。当伦理规范进入教育虚拟社区系统，社区管理者、助学者与学习者等应"各安其位""各施所长"，依靠社区平台及时制定社区规章制度、组织社区讨论、沟通协调，推动伦理规范的有效应用。在这一过程中，社区主体皆能感知到社区共同体成员的存在，感知到社区"他者"与自身的目标统一性，进而将自我置于共同体的关照下。同时，助学者在与社区管理者、学习者的交往互动中确立自己的社区角色，意识到伦理规范应用不仅是个体行动，更应成为社区行动，进而使主体间的观念、行动不断趋同，其最终目标便是伦理规范的有效应用，由此形成"伦理规范应用"共同体。

需要注意的是，在教育虚拟社区助学者伦理规范应用的过程中，由于社区管理者、助学者和学习者所扮演的角色存在差异，如社区管理者负责制定规章制度、社区助学者需要遵守规范等，这就意味着社区主体难以凭借简单的自发磨合形成"伦理规范应用"共同体，这不但满足不了伦理规范应用问题处理的需求，甚至在某些极端情况下可能会导致伦理规范应用所形成的合作基础土崩瓦解。为确保伦理规范应用的有效性，保障其满足解决应用问题的需求，同时保障社区主体间能够团结共生，在伦理规范应用中形成强大的"合力"，我们应强化"伦理规范"应用的共同体立场，即由社区管理者统筹负责，充分调动社区助学者与学习者的广泛参与，通过分层管理、沟通协调等方式实现社区系统整合，进而形成社区主体内部共生、共轭与共振的"伦理规范应用"共同体。

（二）坚守助学者核心地位，遵循内化与外化相统一的成长规律

恩格斯认为，看似是偶然性在起作用的地方，此类偶然性是受内部隐蔽规律支配的，而问题在于找到这些规律[①]。助学者在教育虚拟社区助学者伦理规范应用过

---

① [德]马克思，[德]恩格斯. 马克思恩格斯选集（第四卷）[M]. 中共中央马克思恩格斯列宁斯大林著作编译局，编译. 北京：人民出版社，1995，247.

程中处于核心地位，对助学者成长规律的把握是教育虚拟社区助学者伦理规范应用的根本要求，亦是其落脚点，对于教育虚拟社区助学者伦理规范应用能否取得成效起到至关重要的作用。通常来讲，教育虚拟社区助学者伦理规范应用的过程是按照教育虚拟社区助学者伦理规范的诉求，系统地、有组织地对助学者施加影响，把其中蕴含的道德思想转化为助学者个体的道德意识和能够达成共识的道德认知，进而指导助学者的伦理行为。从教育虚拟社区助学者伦理规范应用的过程来看，这一过程是助学者能够基于自身需求，在社区环境的作用下经过中介对教育虚拟社区助学者伦理规范进行反思、整合、内化与践行所构成的完整的活动过程。教育虚拟社区助学者伦理规范应用的结果是助学者精神内化与行为外化。在教育虚拟社区助学者伦理规范应用过程中，助学者的内化与外化是错综复杂的，内化与外化的失衡将影响教育虚拟社区助学者伦理规范的应用成效，这就要求我们在教育虚拟社区助学者伦理规范应用过程中应遵循助学者内化与外化和谐统一的成长规律。

内化为助学者的价值追求，外化为助学者的行动自觉，是教育虚拟社区助学者伦理规范应用应达成的目标任务，两者是辩证统一的关系。助学者精神内化是行为外化的前提，没有精神内化，行为外化也难以实现，因为思想能够为行为提供指导；行为外化是精神内化的最终归宿，没有行为外化，精神内化也将失去其独有的存在意义，因为教育虚拟社区助学者伦理规范行动的自觉是精神内化的结果。精神内化与行为外化是相互联系、相互作用的，在教育虚拟社区助学者伦理规范应用的过程中，两者缺一不可：精神内化中蕴含着行为外化，助学者接受、整合教育虚拟社区助学者伦理规范形成的思想品德，亦是助学者在教育虚拟社区助学者伦理规范的行为实践中所形成的；行为外化中蕴含着精神内化，助学者对教育虚拟社区助学者伦理规范的行为实践过程，亦是助学者精神内化的强化过程。

要想促进精神内化与行为外化的统一，应抓住精神内化的关键环节，并非将教育虚拟社区助学者伦理规范简单地灌输给助学者，而应该通过引导，以"润物细无声"的方式传递给助学者，社区管理者的主要目标应是引发助学者对教育虚拟社区助学者伦理规范内化的需求，使其积极主动地进行精神内化，此外还可以通过社区平台促进助学者及时实践，使其将精神内化的成果通过行为实践显现出来，如社区比赛、交流反馈活动等，进而对助学者产生更深刻的影响。

从根本上说，教育虚拟社区助学者伦理规范应用是做人的工作，它必须要围绕助学者、关照助学者。正如马克思所言，把人看作处于发展过程中的、现实的、有生命力的人，方能真正理解人的成长规律[①]。新时代对于助学者提出了新的伦理诉求，但不变的是，助学者始终是处于发展成长过程中的人，有其自身的成长规律，应遵循助学者内化与外化相统一的成长规律，将正确的伦理规范认知传递给助学者，达成教育虚拟社区助学者伦理规范内化与外化的和谐统一，这同时也对助学者、管理者等提出了更高的要求。

（三）立足社区真实情境，平衡应用需求与目标间的适恰张力

新的制度从初始就注定成为幻想，它制定得越发缜密，则越容易陷入纯粹的空想之中[②]。一种制度设想要想成为科学有效的制度设想，就必须以现实性为基础。教育虚拟社区助学者伦理规范应用的实际需求与理想目标之间存在一种分界，也存在一种必然的张力。实际需求与理想目标总是与伦理规范的应用活动相关联，而具体的伦理规范应用活动会受当时教育虚拟社区动态情境的制约，进而伦理规范的实际需求与应用目标处于动态变化过程中。因此，教育虚拟社区助学者伦理规范的应用要立足社区真实情境，平衡应用需求与目标间的适恰张力。

通过实际应用过程，教育虚拟社区助学者伦理规范得以以现实有效的行为规定方式呈现出来，进而发挥其功能作用，这也就是理想目标下教育虚拟社区助学者伦理规范的现实创造过程。在教育虚拟社区助学者伦理规范的应用过程和应用结果中充分体现出所构建的伦理规范的理想状态，即实现伦理规范完美应用的理想目标，毫无疑问是教育虚拟社区助学者伦理规范应用的重要原则。然而，任何理想的伦理规范都难以在真正的教育虚拟社区中存在，因为现实的教育虚拟社区中有时难以具备支撑伦理规范存在和使其发挥作用的理想的社区因素与条件，社区管理者、助学者、学习者等所组建的社区系统也并不总顺应着理想的伦理规范发展而发挥自身作用，相反，常态化情形反而是这些社区因素和条件，以及由社区管理者、助学者、学习者等所组建的社区系统总是会对伦理规范的作用发挥造成一定程度的掣肘，从而成为教育虚拟社区助学者伦理规范作用发挥的制约因素。因此，在

---

① [德]马克思，[德]恩格斯. 马克思恩格斯文集（第一卷）[M]. 中共中央马克思恩格斯列宁斯大林著作编译局，编译. 北京：人民出版社，2009，525.

② [德]马克思，[德]恩格斯. 马克思恩格斯文集（第三卷）[M]. 中共中央马克思恩格斯列宁斯大林著作编译局，编译. 北京：人民出版社，2009，781.

教育虚拟社区助学者伦理规范的应用过程中，我们不能将伦理规范应用的理想目标看作唯一指标来考量，而是需要以伦理规范应用的理想目标为基础，尽可能全方位地了解社区助学者目前伦理状况所形成的社区条件与因素以及现实存在的由社区管理者、助学者、学习者等所组建的社区系统，进而能够深度考量这些因素对教育虚拟社区助学者伦理规范作用发挥的真实影响。正是这些社区条件与因素以及现实存在的社区管理者、助学者、学习者等所组建的社区系统，决定着教育虚拟社区助学者伦理规范应用的实际命运。因此，在教育虚拟社区助学者伦理规范应用的过程中，我们不得不将伦理规范的可行性、可操作性的考量作为重要的应用原则。

实事求是地平衡伦理规范应用的实际需求与理想目标之间的适恰张力，是教育虚拟社区助学者伦理规范应用及结果质量得到保障的基石。

（四）注重应用过程控制，依照成效评估与迭代优化相协同的展开逻辑

通常来讲，过程是一定时空中由起点转到终点的运动变化轨迹[①]。过程本就具有内在错综复杂性，在其他诸要素的影响下，结果便有了很大的不确定性。协调控制伦理规范的应用过程，亦是教育虚拟社区助学者伦理规范应用的原则遵循。

实践是主观见之于客观的活动，加之教育虚拟社区助学者伦理规范对于个体、社区等发展的意义，也就决定了教育虚拟社区助学者伦理规范的应用过程并非无控制与自组织的活动。于是，教育虚拟社区助学者伦理规范应用一般需要在社区结构变革、助学者内化等的基础上，通过评估确定伦理规范应用的成效。教育虚拟社区助学者伦理规范应用处于动态变化的过程中，其问题、目标不断发展变化，并不是说伦理规范的单次应用便能得到理想的结果，而是需要通过不断分析产生的问题来逼近理想目标，通过创设有利应用条件和整合社区应用资源，以解决问题并实现理想目标。而迭代优化作为能够逐渐逼近理想目标的方法，上一次的评估结果会影响下一步的行为，迭代过程中下一步的行为都需基于上一步的评估结果。在成效评估的基础上不断迭代优化以适应过程中的变化，更加强调了成效评估与迭代优化相协同的重要性。

---

① 刘雄. 教育目的：基于"过程-结果"关系的思考[J]. 首都师范大学学报（社会科学版），2017（1）：155-160.

成效评估不仅用于确定教育虚拟社区助学者伦理规范应用的意义，也用于确定教育虚拟社区助学者伦理规范应用的效果。它是通过比较应用实际效果与理想效果之间的差异，从而改善应用方法、策略，进而推进教育虚拟社区助学者伦理规范应用的过程。例如，在教育虚拟社区助学者伦理规范应用中设置短期与长期目标，按照目标来规划应用方案，在进行到一定阶段之后，通过评估标准、奖惩机制或者交流沟通等来分析、理解教育虚拟社区助学者伦理规范应用的效果。与此同时，每一轮成效评估的最终结果都会为下一轮的迭代优化提供反馈，一种可能为强化教育虚拟社区助学者伦理规范应用，通过迭代应用来进一步放大应用效果；另一种可能为调整教育虚拟社区助学者伦理规范应用，根据反馈的结果来调整、改正教育虚拟社区助学者伦理规范应用活动。在此基础上，建立应用目标、结果、资源等的联系，以寻找相应的解决思路来优化教育虚拟社区助学者伦理规范应用。概言之，教育虚拟社区助学者伦理规范应用不能自动实现，而是需要行动者运用方法、策略等积极主动地采取行动。成效评估与迭代优化相协同的展开逻辑能够帮助我们理解过程与目标之间的复杂关系，有助于我们勾画出教育虚拟社区助学者伦理规范应用策略的轮廓。

二、应用理路

教育实践是一种错综复杂的行为，其内部构成的各种关系与外部所形成的相互羁绊的联系难以通过简单的目光打量[1]，而是要理解教育实践的逻辑。助学者对教育虚拟社区助学者伦理规范的应用亦是一种错综复杂的行为，要想实现"恰如其分"的应用，就必须要摸清教育虚拟社区助学者伦理规范的应用理路。

（一）相关理论模型

1. 学习环路模型

维果茨基在文化历史理论中指出，人的学习并非刺激与反应的过程，而是通过

---

[1] 熊川武. 教育研究的新视域[M]. 沈阳：辽海出版社，2003，44.

文化这一中介进行文化建构的过程。在此基础上，哈里（Harre）提出了被广泛认可的学习环路模型（图6-1）[①]。

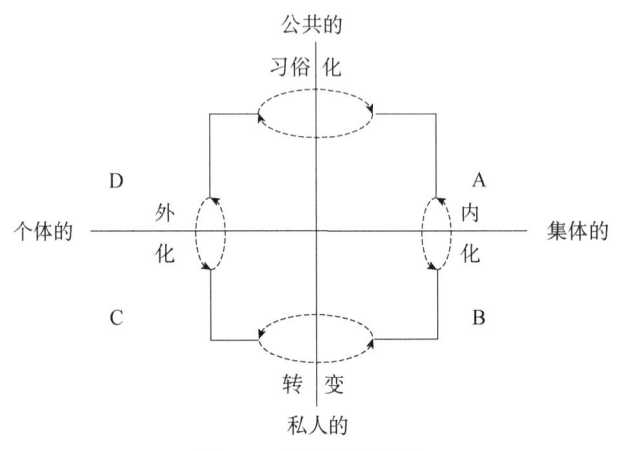

图 6-1 学习环路模型

该模型展示了学习过程中"内化-转变-外化-习俗化"的迭代循环，通过横纵坐标轴来表示维果茨基总结的两个维度，纵轴与横轴分别代表"私人与公共""个体与集体"的连续体，横纵轴交叉形成了"公共-集体"（象限A）、"集体-私人"（象限B）、"私人-个体"（象限C）、个体-公共（象限D）四个象限。四个象限之间可以相互转化，象限A中表明个体与他人共同工作，此时的任务目标需放在集体层面加以讨论，当个体试图结合已有认知来重构所学任务时，将实现由象限A到象限B的过渡；当理解能与实际情境相结合时，将实现由象限B到象限C的过渡；当理解伴随着行为显现出来时，就实现了由象限C到象限D的过渡；当个体行为能够在共同体中为他人所效仿时，则会实现由象限D到象限A的回归。在整个过程中，个体通过学习充分汲取集体的"养分"，通过个体成果的习俗化，进一步促进集体的成长，也开始了新一轮的学习。

2. 图书馆管理制度内化理论模型

国内学者朱明和廖熙铸构建了图书馆管理制度内化理论模型（图6-2），该模

[①] 转引自：毛齐明，蔡宏武. 教师学习机制的社会建构主义诠释[J]. 华东师范大学学报（教育科学版），2012，30（2）：19-25.

型可分为三个模块①。

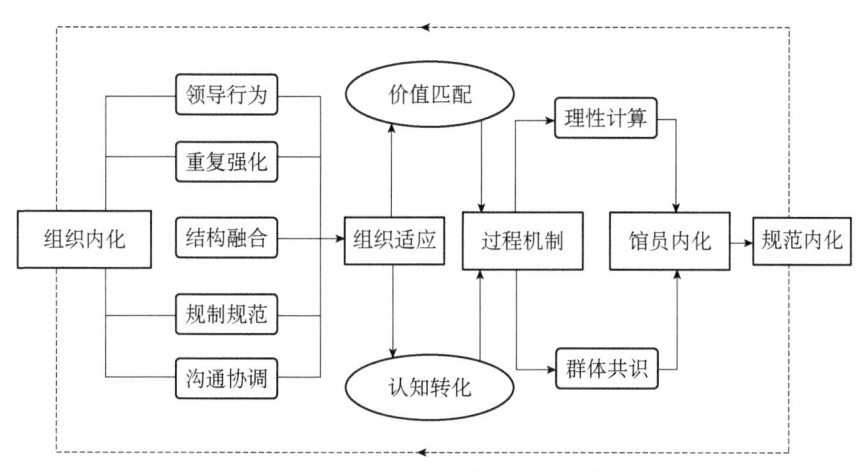

图 6-2　图书馆管理制度内化理论模型

第一模块为组织内化,图书馆通过制度转化过程建立起结构融合的组织层级控制,进而形成能够与图书馆组织运作价值相吻合的组织架构。与此同时,管理层通过领导行为的引导,建立起馆员对于诸如监管评价、激励机制等的重复强化,在此基础上,馆员能够形成适应外部环境的功能认同。此外,组织内的交流沟通亦能降低馆员行为选择的不确定性,最终建立起组织适应的基础与保障。第二模块为过程机制,在图书馆组织内化的过程中,组织的价值系统也会与馆员的价值系统相匹配,同时凭借认知转化过程达成与馆员认知水平相匹配。第三模块为馆员内化,馆员根据自身价值倾向与情感态度进行理性计算,同时借助组织内部的群体共识,对行为选择集合进行自我内化,进而馆员达成自我内化中的情感态度、框架一致②,实现图书馆组织的规范内化,至此在馆员个体层面完成了制度内化,规范内化又会推动新一轮的组织内化,以形成制度内化的迭代循环机制。

---

① 朱明,廖熙铸. 高校图书馆管理制度内化的理论构建——基于扎根理论的探索性研究[J]. 图书情报工作, 2019, 63（5）: 32-41.

② "框架一致"是朱明和廖熙铸在论文《高校图书馆管理制度内化的理论构建——基于扎根理论的探索性研究》（图书情报工作, 2019 年第 5 期）中提到的高校图书馆管理制度内化的一个范畴,其内涵是图书馆员共享制度信念、心理基础形成一致性框架,并主导馆员行为。

（二）运作机制

在学习环路模型中，学习被看作内化、转变、外化和习俗化的迭代循环过程，教育虚拟社区助学者伦理规范应用主要是围绕教育虚拟社区助学者伦理规范的学习展开的，因此应用的逻辑理应遵循助学者学习的规律过程。同时，教育虚拟社区助学者伦理规范的应用不能仅依靠助学者这一独立个体。教育虚拟社区组织包括组织者、技术支持者、社区管理者、助学者、学习者、主题内容引领者、资源提供者[①]。当伦理规范进入教育虚拟社区时，按照前面图书馆管理制度内化理论模型所提到的，首先教育虚拟社区组织应进行内化，在组织适应的基础上才能形成与助学者个体的价值、认知等匹配的社区组织架构。需要注意的是，在助学者学习教育虚拟社区助学者伦理规范的过程中，助学者个体与社区组织始终处于双向互动的关系。至此，我们分析出教育虚拟社区助学者伦理规范应用的运作机制：教育虚拟社区助学者伦理规范首先应由教育虚拟社区组织内化，在此基础上，社区组织遵循助学者学习的内化、转变、外化和习俗化过程，从而形成教育虚拟社区组织与助学者学习双向互动的迭代循环机制，如图6-3所示。

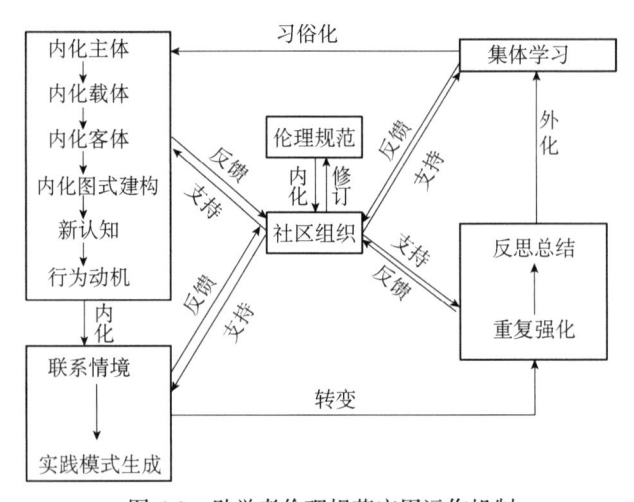

图6-3 助学者伦理规范应用运作机制

---

① 胡凡刚，孟志远，庞茗月，等. 基于欧盟AI伦理准则的教育虚拟社区伦理：规范轮构建与作用机制[J]. 远程教育杂志，2019，37（6）：41-49.

从助学者的学习过程来看,其一是内化,助学者与社区伦理规范接触后,会为助学者提供新视角来觉察自身不足。例如,助学者认为之前自身行为很符合伦理规范,但当看到社区组织对伦理规范的解读之后,意识到了自身不足,产生了进一步学习的需要。对于助学者来说,其内化伦理规范的方式可分为被动内化与主动内化两种。被动内化是指助学者是为了应付社区组织考察而被迫产生的行为,并不一定产生新认知,它割裂了助学者身心与伦理规范的生态关联。主动内化便是助学者进行有意义学习的过程。在此过程中,助学者以社区环境为载体,主动进行内部图式的建构,从而产生按照新认知去行为的动机。通过内化,助学者能够在社区组织的引导下发挥自身主体性,在积极学习伦理规范的过程中开启自我的身心世界,与伦理规范知识进行广泛联系,在认知对接、习惯对抗、情感共鸣等中实现认知的匹配、习惯的重塑与情感的融通。因此,教育虚拟社区助学者伦理规范的内化过程可能是盘根错节的启发与融通过程,其实质是伦理规范知识和现实世界在助学者内部产生关联与融合[①]。在内化这一环节,助学者往往需要依靠社区组织的力量来帮助自己进行内化。其二是转变,内化环节意味着助学者产生了对伦理规范的新认知,产生了行为动机,但却没有与实际情境相联系。因此在转变环节中,助学者需要联系实际情境,如助学者思考当自己去实施伦理规范的时候又将碰到哪些问题,自己能否完整实施这些伦理规范等,进而生成一套如何行为的理论模式,这也便是维果茨基口中的"成熟"概念。其三是外化,当行为理论模式生成后,助学者需要在实践中不断调整这一模式,助学者的行为会在教育虚拟社区助学实践中不断外显出来,如助学者发帖、助学者行为展示等,行为的重复强化会反馈给助学者,进而帮助他们调整自身的实践模式。其四是习俗化,当助学者完成上述三个环节的学习后,不应忽略最后一个环节,助学者个体的实践模式应在社区助学者共同体中得到学习,集体学习中所产生的典型示范又会成为助学者新一轮的学习资源。

从组织内化的过程看,其一,社区组织内化使社区组织内部能够建立起与伦理规范应用相适应的结构,从而为伦理规范提供动力保障。社区组织对于伦理规范的适应性反映了伦理规范应用的水平程度,会对伦理规范应用产生推动作用,社区组织所设定的秩序也能促使助学者尽快熟悉伦理规范。其二,社区组织的价值导向对

---

① 王永明,汪明. 基于教学认识论视角的知识教学发生机制探析[J]. 教育学报,2018,14(2):41-48.

于教育虚拟社区助学者伦理规范应用的价值导向具有决定性作用，助学者会根据社区组织所传递的理念采取相应的态度与行为选择。通过满足助学者在伦理规范应用过程中的价值预期，助学者应用伦理规范的主动性能够得以有效提升，从而确保教育虚拟社区助学者伦理规范的有效执行。其三，社区组织通过一系列举措，使助学者了解并熟悉伦理规范。例如，通过提升助学者在伦理规范应用过程中的知识技能，加强助学者对社区伦理规范的组织依附；通过加强对助学者的伦理规范培训，确保助学者对伦理规范形成全面了解，以实现伦理规范应用与社区组织运作的内在一致性。其四，社区组织内化是一个迭代循环的过程，社区组织通过为助学者学习伦理规范提供反馈，亦会对教育虚拟社区助学者伦理规范进行修正。

从社区组织与助学者学习的相互作用来看，助学者在社区组织的推动下进行有意义学习并完成内化过程，在教育虚拟社区中进行情景体验以促进转变过程发生，进而在社区组织中通过行为的重复强化不断调节自我行为，最终在社区组织中进行评估反思并开展下一轮的学习。

需要注意的是，一方面，助学者学习、社区组织内化以及两者的相互作用是交织在一起的错综复杂过程。例如，助学者严格遵循伦理规范的过程，会被及时反馈到社区组织，社区组织会因此做相应的调整，亦会对伦理规范做出修正。助学者的学习过程同样也是助学者个体价值、认知与社区组织价值、社区伦理规范之间不断"互动"的过程：在内化和转变环节，助学者在社区组织力量的推动下进行新旧观念的碰撞；在外化环节，助学者在社区组织的监督下不断调整实践模式；在习俗化环节，个体学习与集体学习发生相互作用。这也要求在教育虚拟社区助学者伦理规范应用的过程中，教育虚拟社区各主体能各司其职，由此方能最大限度地保障伦理规范应用的有效性。另一方面，助学者的学习过程并不能随意简化，助学者学习过程的复杂性显然难以靠简单的运作机制来表示，真正实施起来会存在一些偏差，但如果省略助学者的部分学习过程，就难以保证教育虚拟社区助学者伦理规范应用的效果。例如，忽视助学者的内化环节，那么助学者就很难得到完满发展，助学者所显现出的符合伦理规范的行为可能只是为了应对考察的"表演"，等考察结束后，助学者的行为则会恢复如初。也正因如此，教育虚拟社区助学者伦理规范应用过程更需强调助学者完整的学习环节。

第二节 教育虚拟社区助学者伦理规范的迭代应用

结合相关研究背景,社区助学者存在伦理规范缺乏应用检验的问题,因而难以判断构建出的伦理规范的有效性。具体而言,教育虚拟社区助学者伦理规范的相关理论探讨并未拓展到应用层面,助学者伦理失范的现实问题依旧存在,这种理论与实践相脱节的现象,不利于研究的深入挖掘与开展。

理论探讨还需经过应用层面的检验,笔者所进行的教育虚拟社区助学者伦理规范应用研究正是出于这一实际需要,通过采用基于设计的研究,在应用中检验教育虚拟社区助学者伦理规范应用的效果,同时为教育虚拟社区助学者伦理规范应用提供可行方案,促进教育虚拟社区助学者伦理规范能够发挥更大作用。

一、教育虚拟社区助学者伦理规范应用设计与分析

(一)应用方法的设计与分析

1. 基于设计的研究

基于设计的研究中的"设计"是面向真实应用情境中的改变而言的。教育虚拟社区是一个较为复杂的学习系统(包括社区组织机构、社区助学者、社区资源等要素),"设计"主要是围绕这些要素的表征展开的,并展望这些要素如何系统促进教育虚拟社区助学者伦理规范应用。"设计"有以下三大特性:第一,设计应是有目标的,设计是来源于教育虚拟社区助学者伦理规范应用中的实际问题,因而目标性与针对性较强,同时问题解决自身便是理论的创造性生化;第二,设计应是能扩展的,也就是说,设计是跟随教育虚拟社区助学者伦理规范应用的过程而逐步变化

的，随着外部环境的改变与应用过程中的反馈而不断更改和修正；第三，设计应实现循环迭代，经历"分析—设计—实施—评价—再分析—再设计—再实施—再评价"的循环过程。

基于设计的研究采用伦理规范应用的形式来优化最初设计，针对设计实施中引发的改变展开研究，其中包含应用过程的记录、应用结果的分析、应用的再次优化等，遵循迭代过程，最终达成理想的教育虚拟社区助学者伦理规范应用效果，在此过程中亦形成指导教育虚拟社区助学者伦理规范应用的理论，以期为日后研究提供借鉴。

2. 访谈法

在质性研究中，访谈法通常用来收集数据。基于会话方式的不同，访谈法有结构化访谈、非结构化访谈两种样态：结构化访谈通常用于以数据分析为主的研究；非结构化访谈通常用于质性研究，可获得诸如征求研究对象的态度等信息[1]。在教育虚拟社区助学者伦理规范应用中，访谈法的目的在于征求助学者对伦理规范应用的态度等，也可为优化教育虚拟社区助学者伦理规范应用提供有用信息，进而在实践中进行调整。

（二）应用思路的设计与分析

基于设计的研究以其直接面向教育应用并能高效解决问题等特征，从提出之初就被研究者关注。伴随着研究的深入，基于设计的研究契合于教育虚拟社区助学者伦理规范的实践需要，能为教育虚拟社区助学者伦理规范应用研究提供指导。

在具体研究中，为验证教育虚拟社区助学者伦理规范的有效性，笔者采取基于设计的研究，按照"逐步改进"方式来优化设计，进而为教育虚拟社区存在的助学者伦理失范问题提供解决思路。

1. 以解决教育虚拟社区的实际问题为出发点

基于设计的研究方法是具备干预主义特点的开放式研究，通过对教育应用中的现象进行分析与实施等，经过研究分析获取结论，为应用问题的解决提供相关

---

[1] [丹]斯丹纳·苛费尔，[丹]斯文·布林克曼. 质性研究访谈[M]. 范丽恒，译. 北京：世界图书出版公司，2013，2.

建议。

结合研究背景发现,教育虚拟社区助学者伦理规范作为有效解决伦理失范问题的手段,伦理规范的作用特点与应用效果密切相关,这同时也确定了教育虚拟社区助学者伦理规范应用的价值。上文在对教育虚拟社区助学者伦理规范进行分析的基础上,提出了教育虚拟社区助学者伦理规范缺乏应用检验等问题。从研究问题提出开始,笔者所进行的教育虚拟社区助学者伦理规范应用研究就以解决教育虚拟社区的实际问题为出发点,深入思考从研究问题到教育虚拟社区助学者伦理规范应用的整个过程,以契合基于设计的研究的相关要求。

2. 在应用中检验伦理规范的有效性

教育虚拟社区助学者伦理规范是一项面向社区应用的研究,目前,研究者在理论方面取得了丰硕成就,在智能时代背景下,随着相关研究的深入,研究浮于表面、难以发挥伦理规范作用等问题逐渐显现。伦理规范的构建需要在应用中进行检验,这样方能体现构建伦理规范的现实意义,从而发挥其作用价值,因此本研究将在应用中检验教育虚拟社区助学者伦理规范的有效性。

针对构建出的教育虚拟社区助学者伦理规范缺乏应用检验这一问题,本研究采用基于设计的研究,按照"逐步改进"的方式,将教育虚拟社区助学者伦理规范应用的构思付诸实施,在实际应用中检验该伦理规范的效果,以迭代循环的方式,根据实践反馈不断完善应用设计,直到排除所有漏洞,最终形成可靠、有效的应用设计[1]。

3. 强调研究的完整性

教育虚拟社区助学者伦理规范应用需要"一体化设计",因为教育虚拟社区助学者伦理规范能否发挥作用,不仅取决于伦理规范本身的质量,更有赖于应用执行的力量。为此,本研究依托曲阜师范大学"学习科学与教育技术"教育虚拟社区平台进行应用,采取"逐步改进"方式,按照"分析—设计—实施—评价—再分析—再设计—再实施—再评价"的路线开展迭代循环,根据迭代循环逐步优化设计,从而改进教育虚拟社区助学者伦理规范,进而根据得到的结论继续优化设计,以最大限度地确保研究的严谨性。

---

[1] 向冬梅. 多媒体教学信息表征设计研究[D]. 重庆:西南大学,2008.

（三）应用方案的设计与分析

结合对教育虚拟社区助学者伦理规范运用机制的把握，笔者将教育虚拟社区助学者伦理规范应用分为内化、转变、外化和习俗化四个阶段。第一阶段，助学者主要通过有意义学习进行伦理规范内化；第二阶段，助学者需要联系实际情境学习伦理规范；第三阶段，助学者在伦理规范实践的反馈中不断调节自身行为；第四阶段，助学者个体与集体在沟通协调中进行反思。接下来，我们将结合实践对具体的应用方案进行探讨。

心理学家凯尔曼（Kelman）将个体动机的转变分为依从、认同与内化三个阶段[1]：在依从阶段，个体的学习主要基于外部压力；在认同与内化阶段，个体能够发挥主观能动性对自我进行调节。阶段越高，自我意识往往发挥着越重要的功能。基于上述分析，我们提出在内化阶段相对应的递进式学习三部曲：创新解读、焦点探讨和理论提升。创新解读阶段是在社区组织的教学下让助学者明晰"怎么做"；焦点探讨阶段是助学者主动参与研讨，总结"难在哪儿""方法是什么"；理论提升阶段注重学理支撑，使助学者能够明晰"为什么这样做"。

在转变阶段中，助学者在联系情境的基础上形成了成熟概念，换句话说，助学者需要将在内化阶段中获得的规范知识与助学者在社区实际的操作情境相联系，进而产生对自己伦理规范行为的设想。然而，成熟概念的形成并非自发的，例如，助学者在经过社区组织的培训后，在与社区组织进行伦理规范相关问题的探讨时总是可以大谈阔论，但当其回到自己社区的岗位时，其发帖、管理等行为可能保持不变。为此，助学者应聚焦"体验学习"来将内化的伦理规范知识与自身经验融通起来，进而生成能够在实际情境中操作的成熟概念。

助学者在情境体验中生成成熟概念后，还要实现与伦理规范实践的不断互动，从而使成熟概念更加具体与完善，最终促使助学者实施伦理规范的行为变化。在"体验学习"中，助学者对伦理规范实践进行了尝试，逐步构建起伦理规范应用的实践模型，而伦理规范的实践情境是错综复杂的，在"体验学习"中的尝试还需不断地经过实践检验，在此过程中，助学者的行为会不断"外化"给其他助学者，如通过社区比赛、社区发帖展示、助学者口头讲述等。然而，这种"外化"需要凭借

---

[1] Kelman H C. Compliance, identification and internalization: Three processes of attitude change[J]. Journal of Conflict Resolution, 1958（2）: 51-60.

其他助学者的悟性来零碎把握，助学者在伦理规范实践中的隐性知识则难以被其他人学习，这对于助学者自身或者其他助学者而言无疑都是"知其然而不知其所以然"，难以合理调整自身的实践模型，因此这种外化是浅层次的[①]。深层次的外化则要求助学者在实践的过程中进行自我反思和总结，进而不断地调整自我实践模型，形成自我的理论体系。因此，转变阶段后，助学者还应通过重复强化、展示考核和自我反思三个环节。

通过以上三个阶段，助学者完成了个体学习过程，实现了伦理规范内化、观念转变和伦理规范实践的行为转变。但助学者在社区中并非独立的个体，而是生活在教育虚拟社区的助学者共同体中，助学者个体学习的结果可能为其他助学者所效仿，或者为助学者共同体所学习，而后者是最理想的情况。这个过程中，助学者可能成为社区内部伦理规范实践某个领域的专家。一般情况下，教育虚拟社区助学者伦理规范在实践展示与评比后就结束了，这无疑不利于社区助学者共同体的发展。因此，在前三个阶段完成后，还应通过"示范引领"来进一步促进社区助学者共同体的发展。

综合上述，在分析助学者内化、转变、外化和习俗化学习过程的基础上，结合实际情况，本研究初步得出教育虚拟社区助学者伦理规范应用的方案：创新解读—焦点探讨—理论提升—体验学习—重复强化—展示考核—自我反思—示范引领。

在本章第一节内容的指导下，本研究初步制定出教育虚拟社区助学者伦理规范应用方案，接下来将以基于设计的研究方法为根据，遵循"分析—设计—实施—评价"的迭代循环过程，在教育虚拟社区助学者伦理规范的具体应用过程中采取"逐步改进"的方式，根据应用反馈来不断优化教育虚拟社区助学者伦理规范的应用设计，以期实现教育虚拟社区助学者伦理规范的合理、有效应用。

（四）应用主体的设计与分析

教育虚拟社区这一系统中主要牵涉应用规范主体、应用设计主体和应用实践主体，如社区组织者、社区管理者、社区助学者、社区学习者、社区主题内容引领者、社区资源提供者。需要注意的是，教育虚拟社区助学者伦理规范应用需要各大

---

① 杨彦军，童慧. 面向信息化的教师实践性知识发展机制研究[J]. 电化教育研究，2013，34（12）：16-21，43.

主体各司其职，才能确保其应用有效性。因此，将主体的关系进行可视化表征，有助于廓清不同主体在应用过程中的属性，进而使教育虚拟社区助学者伦理规范应用"奏出和谐乐章"。

应用规范主体的职责主要包括分析、制定与监管，规范的目的为约束和引导教育虚拟社区助学者伦理规范应用的设计、实践。应用的规范主体——管理者应以应用目的（宏观与微观）、应用需求为依据，充分利用管理理论、学习理论等，在遵循助学者学习规律的基础上规范教育虚拟社区助学者伦理规范应用的设计、实践过程，进而最大限度地消解外因所带来的问题，在应用过程中落实"以理论为引导""以人为本"的思想。教育虚拟社区助学者伦理规范的应用规范是应用的开端，亦是引导应用的基础。首先是应用规范主体的相关能力属性，应用规范主体应具备与应用相关的素质能力，能依据教育虚拟社区助学者伦理规范应用实践问题分析应用的矛盾点、冲突点，并设计相应的解决路径，具备问题剖析能力、管理与学习理论底蕴等。其次是应用规范主体具体的活动，应用规范主体应具备诸如方法设计、规范制定等能力，可以将应用的现实问题与理论相结合，将抽象的理念原则转换为具体可操作的教育虚拟社区助学者伦理规范应用设计、实践的标准。最后是应用规范主体与其余成员的交互，通过建立一定的监督机制，确保合理发挥应用设计主体的能力，较好地融合主体间的关系，通过培训指导等来支持应用实践主体发挥其应有价值，从而在一定程度上规避因应用实践主体缺少相关经验而产生的误用、滥用等问题。例如，在教育虚拟社区助学者伦理规范的应用过程中，应用规范主体应保障社区能够合理有序运行，通过奖惩得当来充分调动助学者的积极兴趣，对教育虚拟社区助学者伦理规范的应用过程实施严格监管，发现伦理失范行为应该及时劝诫，同时应客观评价助学者的伦理规范应用，全面考量助学者的行为数据。

应用设计主体的职责主要包括理论、设计与保障。应用设计是教育虚拟社区助学者伦理规范应用的保障，应用设计主体在改造教育虚拟社区助学者伦理规范应用的过程中应遵循人的发展成长规律，由此才能最大限度地实现应用目标。因此，应用设计主体——社区组织者、相关领域专家以应用规范主体设定的标准为依据，减少人为因素、技术因素等产生的负面问题，同时应用的设计过程应展现出应用的教育本质属性，落实教育理论，厘清应用实践主体的相应需求等。首先，理论应是应用设计主体所具备的能力属性。对于应用设计主体而言，理论功底是教育虚拟社区助学者伦理规范应用过程中的基石,并且教育虚拟社区助学者伦理规范应用还会涉及相关技术使用,因此,应用设计主体一方面要重视技术的设计开发,另一方面还需将教育理念融入教育虚拟社区助学者伦理规范应用中,以满足助学者成长、社区发展等多重需求。其次,设计应作为其实践活动,对于应用设计主体而言,理应具备较强的设计开发能力。教育虚拟社区助学者伦理规范应用的设计主要表现为设计符合发展规律的考核评价、伦理规范呈现与解读等。例如,应用设计主体在进行教育虚拟社区助学者伦理规范解读时,要注重解读的可操作性、通俗性。比如,社区组织把伦理规范预设的内容转移到日常活动中,选择伦理规范与助学者日常活动的契合点来进行解读,进而缩短助学者与伦理规范的"距离",也更易于让助学者认知、认同伦理规范,同时还应注意通俗化,在向助学者解读伦理规范时,用通俗的表达让助学者听得懂、记得住。最后,应注意交互中的反思与调节,应用设计主体在对教育虚拟社区助学者伦理规范应用进行设计部署后,应时刻与应用实践主体协作,如果应用实践主体发现应用过程中存在矛盾问题,应用设计主体应及时为应用实践主体提供改造措施,以确保教育虚拟社区助学者伦理规范的有效应用。例如,社区组织者应确保伦理规范应用以助学者为核心,伦理规范的应用目标、管理办法、相应措施、角色分工、交流协调、对教育虚拟社区助学者伦理规范应用的评价等都应达到"育人为先",对教育虚拟社区助学者伦理规范应用的角色分工进行合理划分,并下达相应的管理办法。

应用实践主体的职责主要包括意向、实践与反馈。教育虚拟社区助学者伦理规范应用的实践主体——社区助学者应具备相应的能力与素养,同时应掌握必要的教育理论,有乐观的实践意向,由此才能主动参与到教育虚拟社区助学者伦理规范应用中去,打破教育虚拟社区系统旧秩序,进而达到新状态,使教育虚拟社区助学者伦理规范应用的反馈能够逐步迭代规范设计。因此,教育虚拟社区助学者伦理规范应用若想更有成效,应用实践主体理应注意以下三点。首先,意向作为其能力属性,对于应用实践主体而言,应具备主动参与教育虚拟社区助学者伦理规范应用的行为意向,唯有助学者乐于参与教育虚拟社区助学者伦理规范应用,才能促使教育虚拟社区系统获得新秩序。其次,应用实践主体在参与教育虚拟社区助学者伦理规范应用过程中应具备一定的能力、理念,才能最大限度地减少甚至杜绝伦理失范行为。同时,应用实践主体应与应用规范主体保持联系,通过培训、指导等策略来促进个体能力的发展,进而更好地参与到教育虚拟社区助学者伦理规范应用中去。最后，反馈作为交互准则，通过为应用设计主体提供相应反馈，逐步迭代优化教育虚拟社区助学者伦理规范应用的设计，通过为应用规范主体展示新需求、反馈新问题，以使应用规范主体解决问题，并提出新方法论以规避应用问题。

二、教育虚拟社区助学者伦理规范应用过程与成效

（一）准实验研究

"学习科学与教育技术"教育虚拟社区是曲阜师范大学传媒学院针对教育技术学专业学生所研发的平台，自创建至2023年已有16余年，在此期间不断运行维护，其结构和功能日趋完善，成为重要的教与学平台。经对平台学习者进行问卷调查、访谈等发现，学习者表示"助学者应加强学习指导""助学者应多多监督学习过程""助学者应实现因材施教"等，学习者表达了他们对于助学者的伦理诉求，亦为后续的研究设计奠定了基础。

参与本次伦理规范应用的对象为教育虚拟社区助学者（包括教师、专家和部分研究生），进行为期1年的实践，他们都具备一定的自主学习能力，使用过"学习科学与教育技术"教育虚拟社区平台，基本掌握了该平台的操作方法。同时，依托于国家社会科学基金教育学一般项目"教育虚拟社区伦理的作用机制及评价研究"，助学者已经对教育虚拟社区助学者伦理规范及其作用有了一定了解，具备完成该伦理规范应用的能力。

为保障教育虚拟社区助学者伦理规范应用方案的合理有效，本研究采取以下策略。一是成立了教育虚拟社区助学者伦理规范应用工作小组。依照本研究需要，我们选取了社区管理者、社区组织者、社区助学者代表、社区学习者代表共12名参与应用方案优化工作。小组主要任务包括选取伦理规范应用的专家组成员、编制伦理规范应用优化方案、依据专家意见及小组讨论对专家意见进行分析处理等。二是邀请专家组成员。本研究联系了包括华南师范大学、首都师范大学、西北师范大学、曲阜师范大学等在内高校的教授、副教授共8名，让他们针对教育虚拟社区助学者伦理规范应用提出建设性意见。三是优化教育虚拟社区助学者伦理规范应用

方案，在与专家组成员进行沟通交流的基础上，结合工作小组的内部讨论，最终制定出教育虚拟社区助学者伦理规范应用方案。基于设计的思想在教育虚拟社区助学者伦理规范应用中贯穿始终，整个研究要经历设计—实施—修改的多个循环周期。为保证本研究的严谨性，在完成一个阶段后，我们将根据教育虚拟社区助学者伦理规范的应用情况对下一阶段进行调整，从而使应用过程顺利开展。

应用过程分三个阶段进行。第一阶段按照以下顺序进行：第一，由管理者对助学者进行伦理规范的创新解读；第二，在管理者解读完后，由助学者、管理者和部分学习者等聚焦于难点、方法进行讨论；第三，讨论完成后，管理者再通过案例让助学者明晰"为什么这样做"；第四，助学者在管理者的引导下实现"用中学"，从而掌握"第一手"的经验；第五，助学者在社区组织的监督下进行为期两周的反复实践，有困惑便及时与社区组织沟通；第六，助学者进行成果展示并由社区组织考核；第七，考核结束后，助学者反思目前仍存在的问题并加以修正；第八，对考核中所选出的优秀案例进行集体学习，并将"闪光点"经集体完善后纳入教育虚拟社区助学者伦理规范实践范式。

根据第一阶段的反馈，第二阶段调整了各环节的应用时间，同时在伦理规范应用创新解读、焦点探讨环节进行了修改与完善。根据第二阶段的反馈，第三阶段更多地调动了助学者的主动性。

（二）半结构访谈

为获得直接的应用反馈，我们在完成每轮应用后对助学者与学习者进行了深度访谈。在第一轮反馈中，助学者反映存在"应用时间相对较短，应用效果并不明显"的问题，学习者反映存在"助学者在社区管理和促学中依然存在考虑不完善的情况"。第二轮反馈中，助学者反映存在"集体学习中对'闪光点'的讨论不够清晰集中，相对发散"的问题，学习者反映"除部分优秀案例外，其余助学者的促学行为往往不是很主动"的问题。第三轮反馈中，教育虚拟社区助学者伦理规范应用基本实现了最初的应用构想，通过对教育虚拟社区助学者伦理规范应用流程的逐步优化，助学者对该伦理规范基本能够"内化于心，外化于行"。

关于访谈，主要围绕以下问题展开：①在应用中，你认为还有哪些需要改进的地方？②你在应用中的体验如何？③你认为应用有哪些优点可以保持？

（三）应用成效

教育虚拟社区助学者伦理规范应用通过三轮迭代研究，基本达到了初始的设计目标，尤其体现在助学者"内化于心，外化于行"方面。可见，教育虚拟社区助学者伦理规范应用由构想转为现实，通过三轮迭代研究，不断改进、优化进而改善了助学者的伦理失范行为。

首先，教育虚拟社区助学者伦理规范应用从教育虚拟社区的实际问题出发，在相关理论的指导下展开应用，目的是促进教育虚拟社区的赓续传承发展；其次，教育虚拟社区助学者伦理规范应用实现"以助学者为中心"在实践维度的表达，应用过程围绕助学者需求展开，应用过程中将助学者纳入其中，充分发挥助学者的主观能动性；最后，相关理论在应用中实现逐步完善，以基于设计的研究为范本，经过多轮的迭代循环，完成了教育虚拟社区助学者伦理规范应用的改进优化。

经过三轮教育虚拟社区助学者伦理规范应用的访谈，助学者对该伦理规范从最初的学习到内化于心，助学者的观念、行为发生了显著变化，同时在实践中检验了教育虚拟社区助学者伦理规范应用理论。

第三节 教育虚拟社区助学者伦理规范应用评价

从本质上说，评价是对于价值的批判与揭示[①]。教育虚拟社区助学者伦理规范应用评价是对应用目的和应用结果两者匹配程度的事实与价值的判断，一方面涉及对教育虚拟社区助学者伦理规范应用"合目的性"的考量，另一方面涉及对应用活动"合理性"的省思性实践。应用质量是好是坏、"逼近"还是"逃离"了应

---

① 张曙光. 过程性评价的哲学诠释[J]. 齐鲁学刊，2012（4）：69-73.

用目的，应基于一定的标准做出判断[①]。本节以 CIPP 评价模式为依托，依据教育虚拟社区助学者伦理规范应用的实际情况，拟定了教育虚拟社区助学者伦理规范应用评价指标体系，以验证教育虚拟社区助学者伦理规范应用的有效性。

一、教育虚拟社区助学者伦理规范应用评价框架

从广义上讲，教育虚拟社区助学者伦理规范应用是在教育虚拟社区中对助学者进行伦理规范教学，是在特定应用理念的支配下进行的教学活动。从这层意义来看，对教育虚拟社区助学者伦理规范应用的评价属于教育评价的范畴。

20 世纪 80 年代起，教育评价由西方国家引入我国，在不断探索与实践的过程中形成了具备本土特色的教育评价模式，亦推动了我国教育事业的进步。教育评价应用中影响最大的是 CIPP 评价模式。它以"评价的目的并非去证明教育，而是要去改进教育"为宗旨，能够在很大程度上满足教育改革评价与教学效果评价等的需要，因此，教育中的各类应用活动以 CIPP 评价模式为参考具备积极意义[②]。

CIPP 评价模式由美国学者斯塔弗尔比姆（Stuffiebeam）提出，这一模式由背景、输入、过程和结果四部分的评价构成。背景评价旨在分析应用环境、明晰应用目标，是对应用环境的影响展开评价；输入评价旨在分析应用方案的可行性，是对达成应用目标的条件等展开评价；过程评价考察应用的表现以及应用组织是否监督反馈，是否对应用方案展开了迭代优化；结果评价是对应用的成效、影响、可推广程度等展开评价。由此可以看出，CIPP 评价模式具有全面性、过程性等显著特征，对教育虚拟社区助学者伦理规范应用具有积极的借鉴意义。

结合 CIPP 评价模式的内涵与教育虚拟社区助学者伦理规范应用的特点，本研究对教育虚拟社区助学者伦理规范应用的综合评价框架主要包含以下四部分：一是系统分析教育虚拟社区助学者伦理规范应用的内部环境；二是对教育虚拟社区助学者伦理规范应用涉及的条件以及助学者进行伦理规范应用的能力等开展综合

[①] 杜明峰. 教育质量评价的科学取向及其伦理反思[J]. 教育发展研究，2022，42（6）：65-70，77.
[②] 蒋国勇. 基于 CIPP 的高等教育评价的理论与实践[J]. 中国高教研究，2007（8）：10-12.

评价；三是审视教育虚拟社区助学者伦理规范的应用方案、应用过程以及助学者、学习者的表现等；四是对教育虚拟社区助学者伦理规范应用目标的达成度，以及应用的成效、影响、可推广程度等展开综合评价。

二、教育虚拟社区助学者伦理规范应用评价指标体系的拟定原则

（一）多层次评价内容

教育虚拟社区助学者伦理规范的应用是一项复杂的系统工程，因此对其进行多层次、多样化、全过程的评价是有必要的。助学者的行为（结果评价）是否发生改变，与社区对助学者的支持（背景评价）、助学者的能力基础（输入评价），以及伦理规范的应用方案（过程评价）密切相关。伦理规范应用效果既包括背景、输入和过程三个方面，又奠定在三者的基础上。因此，我们按照这一层次关系展开评价，可以全方位、分层次地分析教育虚拟社区助学者伦理规范应用，同时能够为进一步改进和完善教育虚拟社区助学者伦理规范应用提供依据。例如，若教育虚拟社区助学者伦理规范应用的效果不佳，可以追溯到其余三大评价层面的评价结果，进而找出教育虚拟社区助学者伦理规范应用效果不佳的根源所在。

（二）多样化评价对象

影响教育虚拟社区助学者伦理规范应用的因素有很多，仅将社区助学者作为评价对象有失偏颇。从 CIPP 评价模式的结构来看，其一是对伦理规范应用社区组织机构的评价，包括社区组织机构的组织保障、应用进度安排等，目的是通过社区成员对社区组织机构的评价，获知社区成员对伦理规范应用的满意度；其二是将社区助学者作为评价对象，判断社区助学者是否掌握了伦理规范的相关内涵和实践应用，以这些反馈信息为依据，从而知悉助学者在伦理规范应用中的实际表现；其三是以社区学习者与其他社区成员为评价对象，判断出助学者的行为、态度变化对

社区成员乃至整个教育虚拟社区的影响，以确定伦理规范应用的整体贡献。综上，教育虚拟社区助学者伦理规范应用的评价对象应面向社区组织机构、社区助学者、社区其他成员（包括社区学习者）等多元主体。多角度、全方位地展开评价，方能得到真实的评价结果。

（三）全过程评价重点

教育虚拟社区助学者伦理规范应用评价不能仅停留在书面考试的层面，其目标并非让助学者将伦理规范内容"背熟于心"，以及了解如何操作，而是使其能够将伦理规范"内化于心，外化于行"，最终促进助学者的发展。因此，评价的重点是助学者的动机、过程与效果三维度的评价，而如何将其转化为可测量的行为与结果，是教育虚拟社区助学者伦理规范应用指标体系构建的重点与难点。

三、教育虚拟社区助学者伦理规范应用评价指标体系的拟定

指标体系是一组具有内部联系、能够整体反映评价对象状况的指标[1]。基于CIPP评价模式的教育虚拟社区助学者伦理规范应用评价指标体系是对伦理规范应用的背景、资源条件、过程实施和结果等进行综合评价的一组指标。本研究首先在分析相关文献的基础上，结合政策文件与专家深度访谈，初步拟定教育虚拟社区助学者伦理规范应用评价指标体系；其次，运用德尔菲法对初步拟定的教育虚拟社区助学者伦理规范应用评价指标体系进行调整、完善；最后，运用问卷调查法对专家与相关领域人员展开指标体系认同度的调查，进而确保教育虚拟社区助学者伦理规范应用评价指标体系的合理性。教育虚拟社区助学者伦理规范应用评价指标体系的解析具体如下。

---

[1] 范涌峰，宋乃庆. 大数据时代的教育测评模型及其范式构建[J]. 中国社会科学，2019（12）：139-155，202-203.

（一）背景评价

背景评价是对项目应用的背景与目标展开评价，即全面掌握所处的外部环境条件、预期目标与各方需求，从而评估项目是否具备实施的根本条件与必要性。教育虚拟社区助学者伦理规范应用的背景评价是指在应用过程中，社区环境所具备的应用潜力，与教育虚拟社区助学者伦理规范应用有关的各方人员是否具备应用意愿或相应需求，应用目标是否合理有效。

1. 社区环境

社区环境是教育虚拟社区助学者伦理规范应用外部环境能力的显现，是制约教育虚拟社区助学者伦理规范应用的客观因素。本研究通过社区组织较为了解教育虚拟社区助学者伦理规范的应用、社区组织比较重视教育虚拟社区助学者伦理规范的应用、社区组织能够大力宣传教育虚拟社区助学者伦理规范应用、社区组织制定了一系列鼓励或引导教育虚拟社区助学者伦理规范应用的政策与措施四项指标来考察教育虚拟社区助学者伦理规范应用的外部环境条件。

2. 各方需求

教育虚拟社区是一个系统，包括社区组织者、管理者、助学者、学习者等诸多主体，其中不同群体对项目应用的需求不尽相同。背景评价中，需要了解社区不同群体的利益诉求。本研究通过社区助学者想要接受教育虚拟社区助学者伦理规范应用、社区学习者愿意开展教育虚拟社区助学者伦理规范应用、社区组织有开展教育虚拟社区助学者伦理规范应用的意愿三个指标来衡量社区群体的需求。

3. 应用目标

教育虚拟社区助学者伦理规范应用的目标是清晰的，即通过教育虚拟社区伦理规范应用来改善助学者的伦理失范行为。但是，根据助学者的身心发展规律、不同类型社区的应用目标、不同社区的实际情况，应用目标应更为细致。本研究是通过教育虚拟社区助学者伦理规范应用符合助学者身心发展规律、教育虚拟社区助学者伦理规范应用符合助学者"内化于心，外化于行"的目标、教育虚拟社区助学者伦理规范应用与社区"赓续传承发展"的目标相符合三个指标来评价社区应用目标的适切性的。

（二）输入评价

输入评价主要是指保障教育虚拟社区助学者伦理规范顺利应用的前提条件，包括对应用所需要的人力与物力等展开评价，是对应用可行性的评估。教育虚拟社区助学者伦理规范应用的输入评价考量能否为应用的顺利开展做好准备，既包括条件准备，也包括组织保障。因此，评价指标包括助学者参与条件、社区指导条件、社区组织保障等。

1. 助学者参与条件

助学者的能力基础是教育虚拟社区助学者伦理规范应用的必要条件。考虑到助学者的身心特点不同，本研究选取了社区助学者普遍接受了必要的教育虚拟社区助学者伦理规范应用指导、社区助学者能够较好地理解并掌握教育虚拟社区助学者伦理规范的基本内涵与应用目标、社区助学者较好地掌握了教育虚拟社区助学者伦理规范应用的方法与技能三个指标展开评价。

2. 社区指导条件

社区指导条件是应用能够顺利开展并实现预期目标的基础保障。本研究通过社区能够组织和管理教育虚拟社区助学者伦理规范指导活动、社区能够与助学者积极沟通交流并完成教育虚拟社区助学者伦理规范指导、社区具备教育虚拟社区助学者伦理规范应用指导的师资队伍等三个指标来考量。

3. 社区组织保障

健全的社区组织和规范的制度安排是教育虚拟社区助学者伦理规范应用取得成效的关键保障。教育虚拟社区助学者伦理规范应用的复杂性决定了完善组织机构与相应制度的重要性。本研究从教育虚拟社区助学者伦理规范应用机制较为完善、社区为教育虚拟社区助学者伦理规范应用提供健全的制度保障，以及教育虚拟社区助学者伦理规范应用已纳入社区的考核体系中，并建立了可行的考核评价制度三个方面进行考量。

（三）过程评价

过程评价是 CIPP 评价模式的关键步骤，其目的是对教育虚拟社区助学者伦理规范应用情况进行测评，能够及时向管理者反馈应用信息，有利于及时改进应用方案，提升应用效率[1]。教育虚拟社区助学者伦理规范应用的过程评价将从社区指导过程、助学者参与过程与应用方案三个维度来考察。

1. 社区指导过程

社区指导过程的评价主要考察是否契合助学者的实际情况与发展需要，指导过程是否激励助学者主动构建起伦理规范认知框架，指导过程是否注重与现实案例相结合，实现寓教于行[2]，指导过程中能否给予助学者及时反馈，此外，指导过程不能影响社区的正常秩序。因此，本研究中的社区指导过程评价具体指标细化为社区开展教育虚拟社区助学者伦理规范应用指导能够与案例相结合并做到"润物无声"、社区开展教育虚拟社区助学者伦理规范应用指导能够以正面激励为主、社区开展教育虚拟社区助学者伦理规范应用指导不会影响或干扰正常的社区秩序、社区能够对助学者的表现给予及时与适恰的评价反馈。

2. 助学者参与过程

助学者在教育虚拟社区助学者伦理规范应用中处于核心地位，因此，助学者参与过程的评价主要考察助学者在教育虚拟社区助学者伦理规范应用过程中的实际表现。本研究通过助学者能够主动发现问题并思考可行的解决办法、助学者在教育虚拟社区助学者伦理规范应用过程中保持了良好的状态、助学者在社区中能够积极参与教育虚拟社区助学者伦理规范应用相关话题的讨论与互动、助学者在教育虚拟社区助学者伦理规范应用成果展示中表现较好四个具体指标来考量。

3. 应用方案

应用并非向助学者单向灌输伦理规范，更应该是应用主体间的良性互动。那么，应如何实现应用主体间的良性互动？显然，这需要结合主体间的实际情况制定适恰的应用方案。本研究中的应用方案指标具体细化为助学者能够积极参与并共同研究教育虚拟社区助学者伦理规范应用方案、社区能够按照应用目标对教育虚拟社区助学者伦理规范应用方案进行全面修订、助学者的应用进度安排和考核评价机制等已根据应用目标做了全面调整与完善。

---

[1] 李俊堂. 综合实践活动四十年：发展历程、基本问题与未来展望[J]. 湖南师范大学教育科学学报，2018，17（6）：9-16.

[2] 青觉，吴鹏. 使命、困境与超越：中小学民族团结进步教育研究——基于中华民族共同体意识视域的理论分析[J]. 黑龙江民族丛刊，2019（5）：1-7.

（四）结果评价

结果评价是对项目应用的成效进行分析评价，是利益相关方对应用结果的评估，进而获得再决策的根据。结果评价是全方位考察应用方案的效用性，是判断应用能否进一步推广的关键环节。因此，教育虚拟社区助学者伦理规范应用结果评价应包括应用效果与实施反响两方面。

1. 应用效果

考虑到教育虚拟社区助学者伦理规范应用主要涉及社区组织者、助学者和学习者三大主体，因此我们需要考量三大主体对教育虚拟社区助学者伦理规范应用成效的价值判断，这种多主体评价不仅能进一步丰富评价信息，使得评价结果更为真实有效，还能增强评价主体对教育虚拟社区助学者伦理规范应用的参与感与责任感。本研究中的应用效果指标具体细化为助学者所开展的教育虚拟社区助学者伦理规范应用的目标达成度比较高、学习者对助学者开展的教育虚拟社区助学者伦理规范应用的满意度比较高、助学者在教育虚拟社区助学者伦理规范应用过程中有较强的获得感、社区组织对教育虚拟社区助学者伦理规范应用的满意度较高。

2. 实施反响

除应用效果外，还应注重应用对社会整体是否产生深刻影响。此评价可从应用方案是否产生社会影响、应用方案多大程度能持续实施、应用方案是否能够应用于其他区域等方面进行[1]。因此，本研究从教育虚拟社区助学者伦理规范应用得到同行专家的一致认可、教育虚拟社区助学者伦理规范应用方案值得同行借鉴、教育虚拟社区助学者伦理规范应用方案具有较好的示范性与推广价值三个指标出发开展评价。

综上所述，本研究初步构建的教育虚拟社区助学者伦理规范应用评价指标体系如表 6-1 所示。

表 6-1 教育虚拟社区助学者伦理规范应用评价指标体系

一级指标	二级指标	三级指标
背景评价	社区环境	社区组织较为了解教育虚拟社区助学者伦理规范的应用
		社区组织比较重视教育虚拟社区助学者伦理规范的应用

---

[1] 骆徽. 我国高等教育公平指标体系研究——基于 CIPP 评价模式的视角[J]. 教育发展研究，2012，32（21）：59-64.

续表

一级指标	二级指标	三级指标
背景评价	社区环境	社区组织能够大力宣传教育虚拟社区助学者伦理规范应用
		社区组织制定了一系列鼓励或引导教育虚拟社区助学者伦理规范应用的政策与措施
	各方需求	社区助学者想要接受教育虚拟社区助学者伦理规范应用
		社区学习者愿意开展教育虚拟社区助学者伦理规范应用
		社区组织有开展教育虚拟社区助学者伦理规范应用的意愿
	应用目标	教育虚拟社区助学者伦理规范应用符合助学者身心发展规律
		教育虚拟社区助学者伦理规范应用符合助学者"内化于心，外化于行"的目标
		教育虚拟社区助学者伦理规范应用与社区"赓续传承发展"的目标相符合
输入评价	助学者参与条件	社区助学者普遍接受了必要的教育虚拟社区助学者伦理规范应用指导
		社区助学者能够较好地理解并掌握教育虚拟社区助学者伦理规范的基本内涵与应用目标
		社区助学者较好掌握了教育虚拟社区助学者伦理规范应用的方法与技能
	社区指导条件	社区能够组织和管理教育虚拟社区助学者伦理规范指导活动
		社区能够与助学者积极沟通交流并完成教育虚拟社区助学者伦理规范指导
		社区具备教育虚拟社区助学者伦理规范应用指导的师资队伍
	社区组织保障	教育虚拟社区助学者伦理规范应用机制较为完善
		社区为教育虚拟社区助学者伦理规范应用提供了健全的制度保障
		教育虚拟社区助学者伦理规范应用已纳入社区的考核体系中，并建立了可行的考核评价制度
过程评价	社区指导过程	社区开展教育虚拟社区助学者伦理规范应用指导能够与案例相结合并做到"润物无声"
		社区开展教育虚拟社区助学者伦理规范应用指导能够以正面激励为主
		社区开展教育虚拟社区助学者伦理规范应用指导不会影响或干扰正常的社区秩序
		社区能够对助学者的表现给予及时与适恰的评价反馈
	助学者参与过程	助学者能够主动发现问题并思考可行的解决办法
		助学者在教育虚拟社区助学者伦理规范应用过程中保持了良好的状态
		助学者在社区中能够积极参与教育虚拟社区助学者伦理规范应用相关话题的讨论与互动

续表

一级指标	二级指标	三级指标
过程评价	助学者参与过程	助学者在教育虚拟社区助学者伦理规范应用成果展示中表现较好
	应用方案	助学者能够积极参与并共同研究教育虚拟社区助学者伦理规范应用方案
		社区能够按照应用目标对教育虚拟社区助学者伦理规范应用方案进行全面修订
		助学者的应用进度安排和考核评价机制等已根据应用目标做了全面调整与完善
结果评价	应用效果	助学者所开展的教育虚拟社区助学者伦理规范应用的目标达成度比较高
		学习者对助学者开展的教育虚拟社区助学者伦理规范应用的满意度比较高
		助学者在教育虚拟社区助学者伦理规范应用过程中有较强的获得感
		社区组织对教育虚拟社区助学者伦理规范应用的满意度较高
	实施反响	教育虚拟社区助学者伦理规范应用得到同行专家的一致认可
		教育虚拟社区助学者伦理规范应用方案值得同行借鉴
		教育虚拟社区助学者伦理规范应用方案具有较好的示范性与推广价值

四、教育虚拟社区助学者伦理规范应用评价指标权重的分配

在通过初步构建教育虚拟社区助学者伦理规范应用指标体系来确定指标权重的思路下，我们采取研究领域较为常用的方法——德尔菲法，通过征询专家的意见来明晰各指标的重要程度。根据此方法，首先拟定调查表，遵循程序通过函件来征求专家组意见，专家组之间匿名交流意见，若干轮反馈后集中专家意见，以最终获得具有统计意义的专家评价结果[①]。其次，通过层次分析法计算指标的权重，即依据上轮专家组的评价结果，以塞蒂（Saaty）专家提出的方法来构建判断矩阵，对

---

① 袁勤俭，宗乾进，沈洪洲. 德尔菲法在我国的发展及应用研究——南京大学知识图谱研究组系列论文[J]. 现代情报，2011，31（5）：3-7.

数据进行计算，求解判断矩阵的最大特征值与相应的特征向量，依据一致性检验，即可获得不同指标的权重。下文以教育虚拟社区助学者伦理规范应用评价体系一级指标的权重计算进行说明。

首先是构建一级指标判断矩阵，进而求取一致性指标（consistency index，CI）、查找平均随机指标（random index，RI）与一致性比率（consistency ratio，CR），结果发现，CI 值为 0.015，RI 值为 0.890，CR 值为 0.017（小于 0.1），表明一致性检验通过。因此，上述一级指标的判断矩阵具备一致性。按此方法，进而求解二级和三级指标权重，最终结果如表 6-2 所示。

表 6-2　教育虚拟社区助学者伦理规范应用评价指标体系权重

一级指标	权重	二级指标	权重	三级指标	权重
背景评价	0.15	社区环境	0.17	社区组织较为了解教育虚拟社区助学者伦理规范的应用	0.17
				社区组织比较重视教育虚拟社区助学者伦理规范的应用	0.21
				社区组织能够大力宣传教育虚拟社区助学者伦理规范应用	0.19
				社区组织制定了一系列鼓励或引导教育虚拟社区助学者伦理规范应用的政策与措施	0.43
		各方需求	0.50	社区助学者想要接受教育虚拟社区助学者伦理规范应用	0.38
				社区学习者愿意开展教育虚拟社区助学者伦理规范应用	0.36
				社区组织有开展教育虚拟社区助学者伦理规范应用的意愿	0.26
		应用目标	0.33	教育虚拟社区助学者伦理规范应用符合助学者身心发展规律	0.53
				教育虚拟社区助学者伦理规范应用符合助学者"内化于心，外化于行"的目标	0.26
				教育虚拟社区助学者伦理规范应用与社区"赓续传承发展"的目标相符合	0.21
输入评价	0.23	助学者参与条件	0.38	社区助学者普遍接受了必要的教育虚拟社区助学者伦理规范应用指导	0.20
				社区助学者能够较好地理解并掌握教育虚拟社区助学者伦理规范的基本内涵与应用目标	0.31
				社区助学者较好掌握了教育虚拟社区助学者伦理规范应用的方法与技能	0.49
		社区指导条件	0.38	社区能够组织和管理教育虚拟社区助学者伦理规范指导活动	0.17
				社区能够与助学者积极沟通交流并完成教育虚拟社区助学者伦理规范指导	0.44
				社区具备教育虚拟社区助学者伦理规范应用指导的师资队伍	0.39

续表

一级指标	权重	二级指标	权重	三级指标	权重
输入评价	0.23	社区组织保障	0.25	教育虚拟社区助学者伦理规范应用机制较为完善	0.31
				社区为教育虚拟社区助学者伦理规范应用提供健全的制度保障	0.20
				教育虚拟社区助学者伦理规范应用已纳入社区的考核体系中，并建立了可行的考核评价制度	0.49
过程评价	0.43	社区指导过程	0.21	社区开展教育虚拟社区助学者伦理规范应用指导能够与案例相结合并做到"润物无声"	0.26
				社区开展教育虚拟社区助学者伦理规范应用指导能够以正面激励为主	0.22
				社区开展教育虚拟社区助学者伦理规范应用指导不会影响或干扰正常的社区秩序	0.15
				社区能够对助学者的表现给予及时与适恰的评价反馈	0.37
		助学者参与过程	0.24	助学者能够主动发现问题并思考可行的解决办法	0.16
				助学者在教育虚拟社区助学者伦理规范应用过程中保持了良好的状态	0.28
				助学者在社区中能够积极参与教育虚拟社区助学者伦理规范应用相关话题的讨论与互动	0.18
				助学者在教育虚拟社区助学者伦理规范应用成果展示中表现较好	0.37
		应用方案	0.55	助学者能够积极参与并共同研究教育虚拟社区助学者伦理规范应用方案	0.26
				社区能够按照应用目标对教育虚拟社区助学者伦理规范应用方案进行全面修订	0.33
				助学者的应用进度安排和考核评价机制等已根据应用目标做了全面调整与完善	0.41
结果评价	0.20	应用效果	0.63	助学者所开展的教育虚拟社区助学者伦理规范应用的目标达成度比较高	0.30
				学习者对助学者开展的教育虚拟社区助学者伦理规范应用的满意度比较高	0.29
				助学者在教育虚拟社区助学者伦理规范应用过程中有较强的获得感	0.20
				社区组织对教育虚拟社区助学者伦理规范应用的满意度较高	0.21
		实施反响	0.38	教育虚拟社区助学者伦理规范应用得到同行专家的一致认可	0.33
				教育虚拟社区助学者伦理规范应用方案值得同行借鉴	0.33
				教育虚拟社区助学者伦理规范应用方案具有较好的示范性与推广价值	0.33

五、教育虚拟社区助学者伦理规范应用评价结果分析

教育虚拟社区助学者伦理规范应用评价涉及社区组织、学习者、助学者等多主体，因此，一方面需要以调查问卷的形式进行量化考核，另一方面需要通过专家打分的形式，邀请教育技术相关领域专家、社区管理者、助学者和学习者代表对教育虚拟社区助学者伦理规范应用做出评价并进行量化赋值。调查问卷的题目按照教育虚拟社区助学者伦理规范应用评价指标体系来设定，调查问卷按照利克特五点计分量表来设定，从 1 到 5 分分别设定为不同意、比较不同意、一般、比较同意与同意五种，分值与调查对象的评价成正比。我们选取了"学习科学与教育技术"教育虚拟社区平台中的 60 名助学者作为调查对象。

数据处理过程分为三部分：首先，将三级指标得分均值与对应权重线性加权，获得二级指标得分；其次，将二级指标得分均值与对应权重线性加权，获得一级指标得分；最后，将一级指标得分均值与对应权重线性加权，获得教育虚拟社区助学者伦理规范应用评价得分（表 6-3）。

表 6-3　教育虚拟社区助学者伦理规范应用评价得分

整体得分	一级指标	评分	二级指标	评分	三级指标	评分
4.23	背景评价	3.98	社区环境	4.14	社区组织较为了解教育虚拟社区助学者伦理规范的应用	4.32
					社区组织比较重视教育虚拟社区助学者伦理规范的应用	4.29
					社区组织能够大力宣传教育虚拟社区助学者伦理规范应用	4.04
					社区组织制定了一系列鼓励或引导教育虚拟社区助学者伦理规范应用的政策与措施	4.05
			各方需求	3.92	社区助学者想要接受教育虚拟社区助学者伦理规范应用	3.94
					社区学习者愿意开展教育虚拟社区助学者伦理规范应用	3.88
					社区组织有开展教育虚拟社区助学者伦理规范应用的意愿	3.96
			应用目标	4.00	教育虚拟社区助学者伦理规范应用符合助学者身心发展规律	4.03

第六章 教育虚拟社区助学者伦理规范的应用

续表

整体得分	一级指标	评分	二级指标	评分	三级指标	评分
4.23	背景评价	3.98	应用目标	4.00	教育虚拟社区助学者伦理规范应用符合助学者"内化于心，外化于行"的目标	4.13
					教育虚拟社区助学者伦理规范应用与社区"赓续传承发展"的目标相符合	3.73
	输入评价	4.19	助学者参与条件	4.32	社区助学者普遍接受了必要的教育虚拟社区助学者伦理规范应用指导	4.19
					社区助学者能够较好地理解并掌握教育虚拟社区助学者伦理规范的基本内涵与应用目标	4.38
					社区助学者较好掌握了教育虚拟社区助学者伦理规范应用的方法与技能	4.34
			社区指导条件	4.23	社区能够组织和管理教育虚拟社区助学者伦理规范指导活动	4.22
					社区能够与助学者积极沟通交流并完成教育虚拟社区助学者伦理规范指导	4.24
					社区具备教育虚拟社区助学者伦理规范应用指导的师资队伍	4.22
			社区组织保障	3.94	教育虚拟社区助学者伦理规范应用机制较为完善	3.95
					社区为教育虚拟社区助学者伦理规范应用提供健全的制度保障	3.88
					教育虚拟社区助学者伦理规范应用已纳入社区的考核体系中，并建立了可行的考核评价制度	3.96
	过程评价	4.18	社区指导过程	4.30	社区开展教育虚拟社区助学者伦理规范应用指导能够与案例相结合并做到"润物无声"	4.43
					社区开展教育虚拟社区助学者伦理规范应用指导能够以正面激励为主	4.35
					社区开展教育虚拟社区助学者伦理规范应用指导不会影响或干扰正常的社区秩序	3.88
					社区能够对助学者的表现给予及时与适恰的评价反馈	4.36
			助学者参与过程	4.23	助学者能够主动发现问题并思考可行的解决办法	4.26
					助学者在教育虚拟社区助学者伦理规范应用过程中保持了良好的状态	4.38
					助学者在社区中能够积极参与教育虚拟社区助学者伦理规范应用相关话题的讨论与互动	4.37
					助学者在教育虚拟社区助学者伦理规范应用成果展示中表现较好	4.03
			应用方案	4.12	助学者能够积极参与并共同研究教育虚拟社区助学者伦理规范应用方案	3.99

续表

整体得分	一级指标	评分	二级指标	评分	三级指标	评分
4.23	过程评价	4.18	应用方案	4.12	社区能够按照应用目标对教育虚拟社区助学者伦理规范应用方案进行全面修订	3.96
					助学者的应用进度安排和考核评价机制等已根据应用目标做了全面调整与完善	4.33
	结果评价	4.55	应用效果	4.58	助学者所开展的教育虚拟社区助学者伦理规范应用的目标达成度比较高	4.68
					学习者对助学者开展的教育虚拟社区助学者伦理规范应用的满意度比较高	4.51
					助学者在教育虚拟社区助学者伦理规范应用过程中有较强的获得感	4.63
					社区组织对教育虚拟社区助学者伦理规范应用的满意度较高	4.50
			实施反响	4.50	教育虚拟社区助学者伦理规范应用得到同行专家的一致认可	4.60
					教育虚拟社区助学者伦理规范应用方案值得同行借鉴	4.47
					教育虚拟社区助学者伦理规范应用方案具有较好的示范性与推广价值	4.43

从表6-3可以看出，助学者伦理规范应用整体评分为4.23分，水平较高。从一级指标来看，结果评价得分最高，其次为输入评价、过程评价和背景评价。除背景评价得分分值接近4分外，其余三项皆超过了4分，即基本得到了调查对象的认同。这说明教育虚拟社区助学者伦理规范应用虽有待完善，但调查对象对思想、行为的改善持肯定态度，也得到了社区成员的认可。可以说，教育虚拟社区助学者伦理规范的应用基本达到预期目标。

在对应用背景的评价中，调查对象对社区环境的满意度最高，对各方需求的满意度最低，各方需求中的社区学习者愿意开展教育虚拟社区助学者伦理规范应用指标的得分最低；另外，教育虚拟社区助学者伦理规范应用与社区"赓续传承发展"的目标相符合、社区助学者想要接受教育虚拟社区助学者伦理规范应用、社区组织有开展教育虚拟社区助学者伦理规范应用的意愿的满意度均相对较低。满意度反映的是调查对象的兴趣和关注度，评价的结果也将指向教育虚拟社区助学者伦理规范应用中待完善的部分。就"学习科学与教育技术"教育虚拟社区平台而言，其伦理规范的应用还需契合于社区"赓续传承发展"的目标，同时教育虚拟社区助学者伦理规范应用的各方（助学者、学习者和社区组织）需求还需得到满足。

在对应用输入的评价中,调查对象对助学者参与条件的满意度最高,对社区组织保障的满意度最低,社区组织保障中各个三级指标的得分均相对较低。这表明教育虚拟社区助学者伦理规范应用应加强社区组织的保障。

在对应用过程的评价中,各项指标的满意度均较高,需要注意的是,社区开展教育虚拟社区助学者伦理规范应用指导不会影响或干扰正常的社区秩序、助学者能够积极参与并共同研究教育虚拟社区助学者伦理规范应用方案、社区能够按照应用目标对教育虚拟社区助学者伦理规范应用方案进行全面修订这三个指标的得分均相对较低,表明教育虚拟社区助学者伦理规范应用秩序的管理与应用方案的修订仍需加强。

在对应用结果的评价中,各项指标的满意度较高,表明教育虚拟社区助学者伦理规范应用的整体实施与推广得到一致认可。

对比一级指标的分值可以发现,结果评价得分高于输入评价得分,输入评价得分高于过程评价得分,过程评价得分高于背景评价得分,说明虽然教育虚拟社区助学者伦理规范的应用效果得到广泛认可,应用反响较好,但仍然存在待完善之处。未来需根据评价结果洞察存在的问题,持续改善教育虚拟社区助学者伦理规范的应用。

第四节 教育虚拟社区助学者伦理规范应用总结与展望

在面对未来不确定性时,人们往往会根据两种原则:一是预防性原则,即充分预料到事件的严重后果,进而审慎抉择;二是主动性原则,即以积极乐观的态度来面向事物,并认为事物能够朝好的方向发展,因此应主动迎接即将到来的风险挑战,以促进事物向好的状态过渡[①]。未来教育虚拟社区助学者伦理规范应用会逐步

---

① 史蒂夫·富勒,邹痴成.意识形态冲突的未来[J].南风窗,2012(12):88.

转变，但无论其转变到何种程度，确保其朝着有利于社区发展的方向前进，是其最终价值旨归。

本章关于教育虚拟社区助学者伦理规范应用的研究取得了一定的成果，教育虚拟社区助学者伦理规范对于有效推动社区的赓续传承发展，以及有效改善助学者的伦理失范行为的作用经过了应用层面的检验。前文从应用指导、实际应用、应用评价层面对教育虚拟社区助学者伦理规范应用如何基于相关原则与助学者的规范进行内化、如何构建相应的伦理规范应用方案并在此基础上采取适恰评价等进行了探讨，取得了一定的成效。

但教育虚拟社区助学者伦理规范应用依旧具有"未完成性"。一方面，教育虚拟社区助学者伦理规范应用是在智能技术的推动下完成的，未来的技术路线具有不确定性；另一方面，教育虚拟社区助学者伦理规范应用是一种新的实践方式，在这种实践方式中所获取的经验将促使各主体产生反思。然而，部分有关教育虚拟社区助学者伦理规范应用的反省是前瞻性与预防性的，不可能在目前的实践中全部存在。反过来，前瞻性与预防性的反省又将反哺于教育虚拟社区助学者伦理规范应用，按照主体的价值选择逐步调整发展方向。基于此，未来的教育虚拟社区助学者伦理规范应用在技术上仍处于未完成状态，在实践中亦处于未完成状态。因此，在未来研究中还需夯实基础、逐步前进。我们认为，在教育虚拟社区助学者伦理规范应用中应注意以下几个方面。

一、夯实应用根基，推动教育虚拟社区助学者伦理规范应用理论完善与实践反哺

在学者迪尔登（Dearden）看来，理论和实践两者中任意一者绝不能优于另一者，两者是以互相推进的方式而共同存在的[1]。按照理论与实践的一般关系，实践是理论的来源，理论又指导着实践，故教育虚拟社区助学者伦理规范应用实践是教育虚拟社区助学者伦理规范应用理论的来源，教育虚拟社区助学者伦理规范应用

---

[1] 瞿葆奎. 教育学文集·教育与教育学[M]. 北京：人民教育出版社，1993，235.

理论又指导着教育虚拟社区助学者伦理规范应用实践。一方面,教育虚拟社区助学者伦理规范应用理论以规范应用的规律探索为旨趣,它属于人类活动范畴,也自然受到实践规约,具备实践性。教育虚拟社区助学者伦理规范应用理论有实践客体与实践主体,且实践客体与实践主体展开双向对象化活动。教育虚拟社区助学者伦理规范应用的理论并非先验地存在,也并非一成不变。正如石中英在其论著《教育学的文化性格》中所言:既非形而上、技术性知识,而是实践性知识,一种关于如何实践"善"的知识[1]。这也表明了教育虚拟社区助学者伦理规范应用理论自身的实践品性。另一方面,教育虚拟社区助学者伦理规范应用实践肩负着应用理论来源的重任,这既体现为教育虚拟社区助学者伦理规范应用实践在应用理论诞生过程中的理论性贡献,亦体现为教育虚拟社区助学者伦理规范应用实践对其的理论性推动。教育虚拟社区助学者伦理规范应用理论有其发展与完善的过程,教育虚拟社区助学者伦理规范应用实践既存在对应用理论的孕育,又表现出对应用理论的运用。总的来说,教育虚拟社区助学者伦理规范应用的理论与实践两者相互转化,有了理论就要回归到实践中,同时实践又会反哺理论的发展。因此,要想夯实教育虚拟社区助学者伦理规范应用根基,需从理论与实践两方面着手。

  从理论层面看,要完善教育虚拟社区助学者伦理规范应用理论。其一是设计面向不同社区的完整应用案例,在教育虚拟社区助学者伦理规范应用部分,尽管本研究在阐释每个阶段应用理论的过程中都展开了相关说明,且应用方案的选择尽可能符合多数社区,但是,一方面,受文章篇幅的局限,我们不可能涵盖所有社区,同时省略了部分详细的应用过程;另一方面,我们在对应用方案设计过程中的具体理论点进行阐释时均是选择符合我们需求的部分加以说明。在理论层面,这些阐释能通过教育虚拟社区助学者伦理规范应用的检验而实现有意义的呈现,但对于其他社区的助学者伦理规范应用者来说,进行完整详细的助学者伦理规范应用设计还存在挑战。因此,后续研究需要从不同社区出发,基于应用理论设计完整的应用案例,为助学者提供操作指南。其二是及时吸收应用理论的新成果,前文谈到的图书馆管理制度内化理论模型与学习环路模型目前具备一定的代表性,但随着智能时代的逐步推进,这些理论是否抑或能在多大程度上具备有效性,答案还尚未可知。因此,教育虚拟社区助学者伦理规范应用理论应与时代发展"齐头并进",充分吸收与汲取新时代的理论成果,并将其用于自身的完善,在此基础上还可进行应

---

[1] 石中英. 教育学的文化性格[M]. 太原:山西教育出版社,1999,329.

用理论的创新，以确保自身的全面性、前瞻性和适切性。

　　从实践层面看，要通过教育虚拟社区助学者伦理规范应用实践来逐步优化设计理论。其一是持续的实践检验，教育虚拟社区助学者伦理规范应用是教育领域长期呼吁并开展的话题，虽然目前已形成了具有一定价值的理论实践成果，但从理论与实践层面深入伦理规范应用运作机理、应用方案来进行系统设计方面来说，本研究可以称得上是初步尝试。本研究聚焦于以图书馆管理制度内化理论模型与学习环路模型为基础的伦理规范应用的理论设计，经推理之后的理论建构任务基本完成，设计出相应的应用方案并进行了实施。但理论需要在持续的实践反哺中进行完善和优化，因此，未来研究还需要在实践中发现并解决问题，在持续实践过程中关注理论的适切性及其对不同社区的价值效益，在持续性的实践检验中得到更加符合发展规律与应用需求的理论体系。其二是组建实践共同体，教育虚拟社区助学者伦理规范应用的理论工作者与实践工作者应转变自身参照系，在"对话"中发现并解决问题，能够围绕实践中的实际问题展开互动，理论工作者并非"说者"的身份，实践工作者也并非"听者"的身份，两者均以应用理论与实践的优化为目的，而非以外在利益为目的。

　　理论或者是描述过去的实践，或者是指向未来的实践，并且在某种程度上，理论自身就是一种实践，纯粹的实践是带有某种理念的实践[①]。教育虚拟社区助学者伦理规范应用的理论是关于实践的理论，没有关照实践的理论是不存在的，偏激地说，教育虚拟社区助学者伦理规范应用的理论亦是一种实践。教育虚拟社区助学者伦理规范应用的实践是在理论指导下的实践，没有关照理论的实践是不存在的。对此，未来对于教育虚拟社区助学者伦理规范应用的研究还需要在理论与实践的相互转化中寻求新的生长点。

二、瞄准应用创新，寻求教育虚拟社区助学者伦理规范应用变革的智能方式

　　行为的"技术"蕴含着这一行为所要采取手段的内涵，合理的技术蕴含着有意

---

① 王彦明. 在理想与现实之间——教育理论与实践关系的再思考[J]. 教育发展研究，2010，30（4）：30-35.

识地采取以深思熟虑为意向的方式的内涵。韦伯（Weber）曾指出，个体所预想的行为必有技术成分的参与，在行为中，技术始终作为手段参与着，技术将行为变得现实化[①]。自然，技术在教育应用中发挥着不可替代的作用，技术的变革将重新建构教育世界，元宇宙、人工智能、大数据等技术已在教育领域形成颠覆性影响，成为引领教育变革的驱动力。聚焦到教育虚拟社区助学者伦理规范应用，技术的发展为其创造了更多可能，也为其提供了更好的资源配置条件。在元宇宙、人工智能、大数据等技术助力下，教育虚拟社区助学者伦理规范应用呈现多样化发展趋势，例如，教育虚拟社区助学者伦理规范应用评价方法的升级，数据驱动的全过程评价将为应用的创新提供可行方向。因此，未来要瞄准应用创新，寻求教育虚拟社区助学者伦理规范应用变革的智能方式。

其一，利用智能技术促进教育虚拟社区助学者伦理规范应用者的发展。对于人而言，作为方法的技术与作为人工造物的技术皆外在于人，而恰恰是这种外在性让技术成为无法替代的根源。斯蒂格勒（Stiegler）曾在论及人类起源时谈到，技术通过"代具性"的作用来补偿人的存在缺陷[②]，其核心观点在于，作为有限生命的人，需凭借外在方式来创造更多能动性。智能技术能够扩展教育虚拟社区助学者伦理规范的应用范围，使伦理规范应用者能够追寻更大范围的应用目标。智能技术对于伦理规范应用者的外在作用不单在于力量的附加，还在于一种内在取向的成就。虽然教育虚拟社区助学者伦理规范应用的目标要追寻高位，但要把应用目标置于可诉诸现实的基础上，智能技术是以外在方式在限定应用目标的基础上成就教育虚拟社区助学者伦理规范应用的目的。例如，运用虚拟现实技术使应用者身临其境，获得最真实的体验，还能提升应用者的感知能力；在应用过程中学习分析技术，帮助收集和分析助学者的实际表现、心理变化等数据，从而把握助学者的实践规律；AI 教师能够帮助社区管理者、组织者进行培训教学，以"类他者"的身份参与到教育虚拟社区助学者伦理规范应用中去。

其二，利用智能技术升级教育虚拟社区助学者伦理规范应用方法。原初意义的智能技术属于技艺，是技能与技巧的搭配，同时也是脑与手相配合的能力[③]。古往

---

① [德]马克斯·韦伯. 经济与社会（上卷）[M]. 林荣远, 译. 北京：商务印书馆, 1997, 87.
② [法]贝尔纳·斯蒂格勒. 技术与时间：爱比米修斯的过失[M]. 裴程, 译. 南京：译林出版社, 2012, 203-204.
③ 姜振寰, 袁晓霞. 历史中的技术与艺术[J]. 自然辩证法通讯, 2009, 31（1）：10-15, 110.

今来，苏格拉底的"产婆术"、孔子的启发式教学、杜威的"五步法"都推动了教育的进步。当教育理论汲取了技术成分之后，更多教育方法接踵而至，这主要集中在教育评价、管理等领域，在方法的推动下，教育应用获得长足发展，如档案袋评价、翻转课堂等。教育虚拟社区助学者伦理规范应用离不开方法，方法也将推动教育虚拟社区助学者伦理规范应用的进步。以教育虚拟社区助学者伦理规范应用评价为例，在智能技术的支持下，教育虚拟社区助学者伦理规范应用可开展全过程评价，一方面，利用面部识别、姿态识别等技术对教育虚拟社区助学者伦理规范应用过程中的助学者表现进行自动分析评价，同时可在社区安装能够实时反馈数据的客户端，以便社区组织者、管理者实时获得反馈数据，掌握全体助学者的表现情况，从而及时调整应用方案并对助学者加以提醒；另一方面，运用物联感知技术、视频监控技术等对教育虚拟社区助学者伦理规范应用评价数据进行全过程、多维度采集。全过程是指依托平台设备记录助学者应用过程中的各项数据，由"间断性评价"转变为"全过程评价"；多维度是指采集数据类型更多样，包括助学者的行为数据、情感数据等。

其三，依托智能技术更新教育虚拟社区助学者伦理规范应用资源条件。虽然教育界流行着著名的"乔布斯之问"，但其实今日的教育应用已经在技术的支持下发生了改变，教育应用所需的资源条件会因技术的发展而不断更新换代，教育应用的深度与广度也会随资源条件的改变而改变。正如学者波兹曼（Postman）所认为的，凭借技术对环境的更新来体现教育的时代变革[1]。从教育应用的发展史来看，推动教育应用发展的资源条件数不胜数，如电子化教具、多媒体教学设备、虚拟现实与人工智能教育装备等，这些都改变着教育应用的内在结构并促使教育应用向纵深处变革。元宇宙开启了独立于现实世界的虚拟空间，成为教育虚拟社区助学者伦理规范应用资源条件改善的创新突变基点[2]。在伦理规范应用过程中，元宇宙能够为助学者构造不同于真实却又超越真实的外部环境，助学者能在可感知的场域中进行行为体验，从而极大地调节教育虚拟社区助学者伦理规范应用的内在结构并推动其变革。

从某种程度来说，能够注重技术方法的人亦是具有使命感的教育虚拟社区助学者伦理规范应用创新的理想建构者。智能技术并非教育虚拟社区助学者伦理规

---

[1] ［美］尼尔·波兹曼. 娱乐至死[M]. 章艳，译. 北京：中信出版社，2015，132.
[2] 胡凡刚，王绪强. 元宇宙赋能教育虚拟社区的伦理审视[J]. 现代教育技术，2022，32（11）：5-14.

范应用的"死敌",反而是教育虚拟社区助学者伦理规范应用不可替代的组成部分。技术化是教育虚拟社区助学者伦理规范应用创新的必然表征,因此,未来的研究重点不在于忽略智能技术去追寻教育虚拟社区助学者伦理规范应用的创新,而是在将智能技术作为教育虚拟社区助学者伦理规范应用的本体性要素的前提下研究如何实现应用创新。

三、加强应用推广,厘清教育虚拟社区助学者伦理规范应用的创新扩散机制

从传播学视角看,以"内化于心,外化于行"为目标的教育虚拟社区助学者伦理规范应用,从个体维度上讲,其实质在于助学者对新事物的接纳过程(创新的接纳);从整体维度上讲,其实质在于新事物被更多的人所采纳的过程(创新的扩散)。按照这个角度,教育虚拟社区助学者伦理规范应用推广的进程,不仅需要应对教育虚拟社区助学者伦理规范应用推广中的挑战,而且需要从创新扩散视域关注教育虚拟社区助学者伦理规范应用推广的规律、本质等。正如美国学者罗杰斯(Rogers)指出:某个观点、物体被某个人或组织认为是新事物的时候,它便是一种创新[①]。教育虚拟社区助学者伦理规范应用作为综合性教育创新,其推广过程就是教育虚拟社区助学者伦理规范应用创新的扩散过程,即教育虚拟社区助学者伦理规范应用被其他个体与社区组织所接受的过程。我们认为,教育虚拟社区助学者伦理规范应用可以从以下几个方面着手。

其一,要积极关注不同社区助学者的伦理规范应用倾向。一方面,把了解助学者应用特点作为第一要务,应用倾向是助学者为实现应用诉求,将应用需要付诸应用行为,表现为应用特点的一种趋势。智能时代教育虚拟社区助学者伦理规范应用的主要目的是改善自我行为与符合社区要求,实用性应用是教育虚拟社区助学者伦理规范应用的主要内容,带有一定的功利主义色彩。在应用倾向上,多数助学者对伦理规范的应用与社区评比等有关,能收到立竿见影的效果成为他们的首要目

---

① [美]罗杰斯. 创新的扩散(第五版)[M]. 唐兴通,郑常青,张延臣,译. 北京:电子工业出版社,2016,14.

标，教育虚拟社区助学者伦理规范应用呈现出通俗化倾向。另一方面，要将观念由被动转化为主动出击，智能时代信息的传播速度更为迅捷，知识更新速度亦逐步加快，社区的应用思想应逐步调整来应对不断发展的应用需求的变化。社区需实时了解助学者的心理需求，认真研究不同社区、不同类型的助学者的应用需求，才能对应用推广工作进行精准定位，才能在设计应用活动时"对症下药"，进而调动起助学者的应用兴趣。为此，社区应调整理念，将被动转化为主动，加强与助学者的沟通联系，建立社区与助学者互动的社交系统，利用网络宣传等措施展开活动，建立功利主义色彩，营造宽松的应用环境，激励助学者"精应用""深应用"。

其二，要注重不同社区组织间的合作。相较于在"学习科学与教育技术"教育虚拟社区的单体应用，实现教育虚拟社区助学者伦理规范应用推广要高度重视社区组织间的合作。"学习科学与教育技术"教育虚拟社区中助学者伦理规范的应用为社区内部的自我应用，而应用推广作为长期性战略设计，其中涉及不同社区，这需要借助社区多元主体的协作。首先，各级社区组织者、管理者等领导层组建教育虚拟社区助学者伦理规范应用推广共同体。应用推广是一项系统性的工作，所涉及的社区较多，需要凭借应用推广共同体达成共识来助推这一战略的落地。其次，凭借推广共同体的应用优势，拓展共同体合作的广度和深度。不同社区领导层在应用实践中各自培育了不同优势，如A社区具备师资队伍培训优势，B社区具备应用机制优势等，积极促进共同体应用优势的联合，既能为教育虚拟社区助学者伦理规范应用提供更多的推广方案，还能深化不同社区组织间的合作。最后，立足应用推广情况，为不同社区组织搭建协商合作平台，通过借助大数据等技术手段，使社区组织间及时分享和推广信息，不仅能降低社区组织间的协商成本，还能在一定程度上加速推广进程。

其三，要形成差异化，提升推广竞争力。我们试图以"学习科学与教育技术"教育虚拟社区为示范，进而将教育虚拟社区助学者伦理规范推广到各个社区，但并不意味着教育虚拟社区助学者伦理规范应用在其他社区时要趋于同质化，不同社区有着不同的发展历史和组织结构，教育虚拟社区助学者伦理规范应用的推广也要因地制宜，使其适应不同社区，这也是不同社区为迎接新挑战而不断强化社区的过程。若不同社区间的伦理规范应用趋向同质化，不仅难以取得良好的应用效果，还会降低助学者的积极性。教育虚拟社区助学者伦理规范应用推广要重视不同社区间的差异化建构与高层次追求，充分体现出不同社区间的资源优势。例如，A社区物质资源充足，在教育虚拟社区助学者伦理规范应用中提供了较为丰厚的奖励，在很大程度上激励了助学者的应用积极性；B 社区师资力量雄厚，在教育虚拟社区助学者伦理规范应用指导这一环节中的优势较为明显，助学者经过指导后的行为改善程度较大；C 社区拥有较为先进的智能技术，运用大数据、人工智能等技术及时反馈助学者表现，通过收集的数据能够精准把控助学者的状态。各个社区要结合自身的资源优势，开发具有自身独特风格的应用方案或应用模式，同时应保持与时俱进，向其他社区学习，取长补短，以提升社区的差异化竞争力。

教育虚拟社区助学者伦理规范应用推广应成为社区工作的一部分，应深入到社区的运营与管理中去，而非简单零碎的单次活动，它是一种长期的活动，需要各社区制定长期战略计划，此外还需要有针对某一步骤的具体详细计划。笔者以"学习科学与教育技术"教育虚拟社区为借鉴案例，保持对助学者应用需求的敏感性，以创新精神来开拓教育虚拟社区助学者伦理规范应用推广工作的思路、方法。

四、回归应用本质，以互利共生促进教育虚拟社区助学者伦理规范应用与社区整体和谐

德国学者德贝里（de Bary）最先提出"共生"概念，在他看来，"共生"是类型不同的生物紧密生长在一起的关系[1]。在共生状态下，群体间相互提供生存帮助，体现出个体或群体间的互利共生特质，进而协同适应复杂多变环境。共生是指共生单元间在共生环境下遵循共生模式而产生的生态式关系[2]，它为教育虚拟社区助学者伦理规范应用提供了可借鉴的分析框架。共生指两者间形成紧密无间的互惠关系，一方为另一方提供有利条件时，也将接受另一方的帮助。本研究在"学习科学与教育技术"教育虚拟社区平台中展开了助学者伦理规范应用，引发了社区系统的诸要素变革，那么，如何实现教育虚拟社区助学者伦理规范应用与社区结构的契合应是我们未来考虑的问题。引进"共生"理论的目的在于倡导互利共生，促进教育虚拟社区助学者伦理规范应用与社区结构间形成双向建构和稳定互动

---

[1] Douglas A E. The symbiotic habit[J]. Bioscience, 2015, 61 (4): 326-327.
[2] 袁纯清. 共生理论：兼论小型经济[M]. 北京：经济科学出版社，1998，9.

的生态关系，进而将两者融为动态平衡的社区生态系统。

其一是将教育虚拟社区助学者伦理规范应用作为推动社区发展的重要考量。教育虚拟社区助学者伦理规范应用在社区的赓续传承发展方面发挥着重要作用，社区应置身于开放融合的智能时代背景与迫切的教育虚拟社区助学者伦理规范应用现状，从思想上、设计上重视教育虚拟社区助学者伦理规范应用，并将其作为社区发展的重要考量。一方面，以教育虚拟社区助学者伦理规范应用理念革新来谋求社区结构变革。通常来讲，理念是以规律为基础的"远见卓识"[①]，能够为事物发展廓清方向，教育虚拟社区助学者伦理规范应用以前瞻性理念为引领，与现有的社区结构冲突促逼社区成员主动寻求社区结构变革，通过调整社区结构以实现社区系统内部的动态平衡，变革的结果是以教育虚拟社区助学者伦理规范应用理念为引领，来推进社区的结构性变革。另一方面，将教育虚拟社区助学者伦理规范应用纳入社区的发展进程。从宏观设计来看，把教育虚拟社区助学者伦理规范应用纳入社区发展整体规划，努力发挥社区的资源优势，以多种多样形式开展教育虚拟社区助学者伦理规范应用，以增强其生命力。此外，社区应抓住社区宣传、环境塑造等具体环节，选择适恰时机，深入开展教育虚拟社区助学者伦理规范应用宣传，以及构建教育虚拟社区助学者伦理规范应用阵地，形成有利于教育虚拟社区助学者伦理规范应用的社区氛围，使社区成员自觉将其作为精神追求。

其二是实现教育虚拟社区助学者伦理规范应用与社区发展相互依存。若不将教育虚拟社区助学者伦理规范应用与社区发展相挂钩，仅将其当作一次演练活动，那么两者之间是独立存在的；但若将两者展开生态式融合，那么它们会进行物质、能量的全面交换，两者相互调适并最终形成动态平衡、双向互动的关系。当社区发展受到教育虚拟社区助学者伦理规范应用这一因素的干扰时，它会按照某种规律将其部分转化为内在要素，实现对外部干扰的适应与自身掌控。本质上讲，这是社区发展因教育虚拟社区助学者伦理规范应用的介入，按照规律将其内化为社区发展的基本要素之一。反之亦然，教育虚拟社区助学者伦理规范应用将社区发展纳入其影响范围之内，依据社区发展需求提升自身的适应性，以此推动社区发展。由此看来，教育虚拟社区助学者伦理规范应用与社区发展持续地相互影响，两者相互依存、相互制约。例如，教育虚拟社区助学者伦理规范应用能够推动社区多元化伦

---

① 王冀生. 现代大学的教育理念[J]. 辽宁高等教育研究，1999（1）：31-34.

体系的发展，而社区伦理体系的发展又会为教育虚拟社区助学者伦理规范应用注入新的活力，教育虚拟社区助学者伦理规范应用根据新的伦理体系进行适应性动态调节，两者建立动态平衡，在一定程度上实现契合。

其三是教育虚拟社区助学者伦理规范应用与社区发展深度融合。共生理论强调教育虚拟社区助学者伦理规范应用与社区发展相互促进，两者打破各自边界，创设交融式的内在联系，企图"融"为一体。在社区中，社区组织机构作为教育虚拟社区助学者伦理规范应用的主要管理者，需要深入了解其对社区发展的主要功能与作用，按照教育虚拟社区助学者伦理规范应用最简约服务社区发展和最优化提升社区发展效果的原则，适时抓住教育虚拟社区助学者伦理规范应用与社区发展的契合点，使两者实现整体和谐共生状态。

教育虚拟社区助学者伦理规范应用与社区发展并非一个孤立的问题，而是关涉社区理念、思维方式、应用方式的革命性变革。

五、立足应用现状，助推教育虚拟社区助学者伦理规范由他组织应用走向自组织应用

他组织是指依赖外部指令促进组织朝有序化方向演化，进而被动地由无序转向有序[1]，他组织应用是以他组织理念为基础的一种应用形式，具有高度集中、控制式等特征，把追寻规律简单性作为最高导向。相反，自组织是强调事物的自发、有序演化，无须外部指令推动的过程[2]。从某种程度上讲，本研究中的教育虚拟社区助学者伦理规范应用所采取的是他组织理念主导下的应用。不可否认，他组织理念主导下的应用能够极大地确保本研究的有效性，但回归到现实的教育虚拟社区助学者伦理规范应用中，部分助学者可能会出现为了应用而应用的情况，脱离了应用需求而夸大他组织的功效。而一旦过于依仗他组织，教育虚拟社区助学者伦理规范应用就会变为被强行控制的系统，他组织与教育虚拟社区助学者伦理规范应用

---

① 吴彤. 自组织方法论研究：清华科技与社会丛书[M]. 北京：清华大学出版社，2001，3.
② 周裕兰. 试论当代自组织方法论视野下的教学研究[J]. 中国石油大学胜利学院学报，2009（3）：68-71.

可能出现难以调和的矛盾，自然也就陷入了他组织应用的泥潭。例如，在教育虚拟社区助学者伦理规范应用的设计中，为达到预期效果，我们制定了相应的应用方案，但如果教育虚拟社区助学者伦理规范应用只沉醉于"形式"的浮华，一味追求他组织应用带来的高效，预设教育虚拟社区助学者伦理规范应用的每一个环节，那么将难以欣赏助学者"未曾预约的精彩"，同时也会消解助学者的核心地位，遮蔽对助学者的人文关怀，导致教育虚拟社区助学者伦理规范应用的人文性丧失。因此，应立足应用现状，助推教育虚拟社区助学者伦理规范由他组织应用走向自组织应用。

其一是突破思维瓶颈。未来教育虚拟社区助学者伦理规范的持续应用能否取得效果，关键在于人们以怎样的思维看待它。在教育虚拟社区助学者伦理规范应用的过程中，我们面临各种复杂情境与因素的叠加影响，教育虚拟社区助学者伦理规范应用固然取得了一定的成效，但仍未达成最理想的状态，其中一个明显表现为：失去他组织的领导，助学者思维观念的转变会滞后。由此看来，突破思维瓶颈是教育虚拟社区助学者伦理规范应用改革的关键所在。首先，以过程理性思维来审视教育虚拟社区助学者伦理规范应用中的问题变化，社区组织者、管理者应注重引导助学者重视对问题原因的分析，培养助学者辨别、整理信息的能力和探究问题解决方式的能力。其次，以关系思维看待教育虚拟社区助学者伦理规范应用系统的要素关系，设计多样化应用组织形式，创设良好社区环境，引导助学者发挥其自主性。最后，以复杂性思维看待教育虚拟社区助学者伦理规范应用，认识并廓清这一过程中的复杂关系，从多视角寻找助学者解决问题的突破点。

其二是强化应用方案的开放性。耗散结构理论认为，系统要想保持有序状态，首要条件便是开放，由此才能使得"耗散"成为可能[1]。实际上，自组织教育虚拟社区助学者伦理规范应用是讲究自我发展与调控的应用，只有教育虚拟社区助学者伦理规范应用具备一定的开放性，当干扰与问题出现时，才能引发自组织的产生。教育虚拟社区助学者伦理规范应用的设计过程较为复杂，需要以助学者学习规律、社区结构等为依据来分析问题，采取开放式的应用设计更能发挥助学者的主观能动性。一方面，社区组织者、管理者可以采取提纲式的应用设计形式，保持一定开放性，也就是一定程度地"留白"，为教育虚拟社区助学者伦理规范应用

---

[1] 刘冬. 信息技术环境下课堂"自组织"教学模式的探索与实践[D]. 长春：吉林大学，2014.

可能出现的各种情况留出充分调整空间；另一方面，在应用设计阶段，并非所有应用设计越详细越好，而是要综合考虑社区结构、助学者特点、学习者特点等因素，将其进行整合设计并提高设计质量，从而避免应用形式的僵化。

其三是以非线性的应用过程为导向。自组织应用注重应用活动是非线性过程，由此可见，教育虚拟社区助学者伦理规范应用不应仅关注指导与接受的关系，而更应注重培养助学者的伦理规范意识，改善助学者的伦理失范行为，加强助学者与社区、生活的联系，让助学者学会知识迁移。社区组织者、管理者在指导过程中，应尽量考虑多因素对教育虚拟社区助学者伦理规范应用的影响，协调各因素间的非线性作用，鼓励助学者在伦理规范应用时的思维能够向不同方向扩散，可以设置应用过程中的"涨落点"，以引发助学者的更多思考，使其不拘泥于某一路径、不局限于某一理解，尽可能激发助学者产生更多的想法，最大限度地满足助学者自我发展及能力提升的需要。在任何背景下，程式化永远取代不了社区管理者、组织者的关爱，唯有在开放包容的社区环境下，助学者才能从情感上投入到伦理规范应用中去，此时的应用才是富有成效的。卓越的应用是伦理和有效两者的统一，绝不能因为有效而丧失了伦理。非线性应用能有效地将助学者的被动应用转变为主动应用，既能有效提升应用质量，又能促进助学者能力发展。

需要注意的是，由他组织应用向自组织应用转变并非指完全抛弃他组织，他组织能够使教育虚拟社区助学者伦理规范应用自组织的过程具有方向感，后劲更加充盈[1]。因此在未来研究中，应继续探讨他组织应用与自组织应用的互补性建设。

六、健全应用管理，完善教育虚拟社区助学者伦理规范应用保障体系

人类有限理性与外部世界不确定性两者间的矛盾，也使得社会在所难免地与风险相伴随[2]，总会存在一些可能的风险，哪怕这些风险出现的可能性非常小甚至

---

① 胡凡刚. 简论教育虚拟社区[J]. 电化教育研究，2005（9）：42-46.
② 徐瑞萍. 科技时代的社会风险和政府管理——贝克的风险社会理论及其对政府危机管理的启示[J]. 自然辩证法通讯，2006（4）：60，71-75，111.

到可以忽略不计的时刻，风险依旧难以避免[①]。对于教育虚拟社区助学者伦理规范应用而言，亦存在不可避免的风险，是"非常态"中的"常态"。为此，要确保教育虚拟社区助学者伦理规范应用的持续发展，通过发挥人的主观能动性转变风险发生条件，以减少风险所导致的损失。社区组织者、管理者一方面需要对未来的人工智能、元宇宙等技术发展及影响保持敞开的态度，另一方面需要对无法预测的未来做好准备。目前，教育虚拟社区助学者伦理规范应用的监管能力提升速度远低于其革新速度，为保证未来教育虚拟社区助学者伦理规范应用的良性运转，必须对其进行相应的审查监管，健全应用管理，完善教育虚拟社区助学者伦理规范应用保障体系。

其一是加强教育虚拟社区助学者伦理规范应用的顶层制度建设。教育虚拟社区助学者伦理规范应用是一项系统工程，需要严密的顶层设计来加以实现，顶层设计的核心理念在于"顶"，对于整个教育虚拟社区助学者伦理规范的应用起决定性作用。科学的顶层设计应做到责任清晰、目标适宜、操作便捷和要求细腻，还应考虑到社区自身特色。社区要划拨专项资金保障教育虚拟社区助学者伦理规范的应用，出台相应的文件支持教育虚拟社区助学者伦理规范应用，配备相应人员进行管理、服务等工作，在教育虚拟社区助学者伦理规范应用的师资储备、方案设计、指导形式、硬件设备采购、考核机制等多方面做好工作，以实现实践和理论的契合、可操作性和可指导性的统筹，此外还要能够善于倾听社区不同成员（如助学者、学习者、技术支持者）的意见，采纳有利的建议，不断充实与调整顶层设计。社区要从全局出发，制定教育虚拟社区助学者伦理规范应用的整体框架，在保障体系建设方面能够提出相应方案与指导依据，加强社区与外部合作，将有效资源统筹规划，与此同时，可以将教育虚拟社区助学者伦理规范应用与其他相关应用合并为"必修体系"。此外，主渠道与主阵地两者要同时发力，在为助学者讲述伦理规范的同时，深入助学者的伦理规范的应用实践，了解助学者思想行为，增强教育虚拟社区助学者伦理规范应用的亲和力、感染力。

其二是建立应用监测评估机制。完善的监管机制与政策体系如同"一体两翼"[②]，可以实现教育虚拟社区助学者伦理规范应用的价值回归。仅从顶层设计进

---

① 乌尔里希·贝克，王武龙. 从工业社会到风险社会（上篇）——关于人类生存、社会结构和生态启蒙等问题的思考[J]. 马克思主义与现实，2003（3）：26-45.

② 刘晨，康秀云. 加拿大高校科研伦理规范的监管机制、政策体系及实践启示[J]. 黑龙江高教研究，2018，36（4）：78-82.

行优化变革还不够,还应建立监测评估机制,以保证教育虚拟社区助学者伦理规范应用的常态化实施。首先是进行教育虚拟社区助学者伦理规范应用常态检测,建立"教育虚拟社区助学者伦理规范应用状态数据库",对其展开信息采集工作,实施常态化检测;引进第三方评价制度,对教育虚拟社区助学者伦理规范的应用质量进行调查分析,划分年度发布"教育虚拟社区助学者伦理规范应用质量评价报告",在全社区范围内进行报道分析,多途径及时反馈质量信息,促进应用改进方向。其次是强化教育虚拟社区助学者伦理规范应用质量督导,一方面,充分发挥社区论坛作用,聘请领域相关专家就应用理念、方向等做专题讲座,增强教育虚拟社区助学者伦理规范应用的有效性;另一方面,发挥社区领导层的督导作用,组织对应用过程、应用管理、应用质量等展开全方位的指导与督查,针对教育虚拟社区助学者伦理规范应用中的薄弱环节,重点加强对其的监督与审查。最后是开展教育虚拟社区助学者伦理规范应用评估认证,积极推进教育虚拟社区助学者伦理规范应用专业认证,促进遵循"以人为本、逐步改进"的应用理念,实行社区与外部两级评估制度,诊断存在的问题,促进教育虚拟社区助学者伦理规范应用的改进与发展。

其三是提升助学者专业化水平。助学者自身因素是影响教育虚拟社区助学者伦理规范应用成效的关键因素。在助学者的学习过程中,所谓"言传身教",指导者起到引领示范的作用,因此扎实的师资队伍尤为重要。首先是为指导者开设伦理规范课程,并定期进行培训,使伦理规范所蕴含的理念、目标等深入每一位指导者的心中,同时将伦理规范指导的内容与方法传授给指导者,使其在日常指导中能够灵活运用学到的内容。其次是培训者与指导者应"结对成子",展开一对一帮扶与互动交流,帮助指导者制定既适用于指导,又能提升助学者素养的应用大纲,在具体的应用过程中,培训者要给予密切关注与引导,帮助指导者解决助学者心理、思想等方面的问题。

教育虚拟社区助学者伦理规范的应用并非一蹴而就的,而是一个漫长且曲折的发展过程,我们只有不断检视应用过程中的风险,对应用方式与应用模式进行深刻反思,以高度的思想自觉来创新应用风险的应对机制,方能达到"目的合理性"。